RECLAM-BIBLIOTHEK

Der größte Teil der Literatur zu Nietzsches politischer Philosophie bewegt sich in Extremen: einerseits ereilt Nietzsche das Verdikt »Zerstörung der Vernunft«, andererseits gibt es zahlreiche Versuche, das Idol reinzuwaschen.
Taurecks differenzierte, mit präzisen Belegen fundierte Darstellung grenzt sich von den Pauschalurteilen ab und verdeutlicht die Ambivalenz von Nietzsches Philosophie. Weder Idealisierung noch Verteufelung können ihr gerecht werden. Taureck arbeitet ihre zentralen politischen Motive heraus; er zeigt, wie sie für die Bewegungen des deutschen und italienischen Faschismus verwendbar waren.

Bernhard H. F. Taureck lehrt Philosophie an der Technischen Universität Braunschweig. Zuletzt erschien bei Reclam Leipzig sein »Nietzsche-ABC« (1999).

Bernhard H. F. Taureck

Nietzsche und der Faschismus

Ein Politikum

RECLAM VERLAG LEIPZIG

ISBN 3-379-01687-X

Reclam-Bibliothek Band 1687
1. Auflage, 2000
Reihengestaltung: Hans Peter Willberg
Umschlaggestaltung: Kay Krause und Alexander Fleischmann, Leipzig, unter Verwendung von Porträtfotos (Foto: Ullstein)
Gesetzt aus Meridien
Satz: Peter Conrad, Brandis
Druck und Bindung: Ebner Ulm
Printed in Germany

Inhalt

Teil III
Protofaschismus? Versuch einer Antwort mit Hilfe von Nietzsches Vernunftkritik

Einleitung

War Nietzsche ein philosophischer Wegbereiter des Faschismus? Es gibt verschiedene Wege, diese Frage zu beantworten. Der erste, mir bekannte präfaschistische Zugriff auf Nietzsche stammt nicht aus Italien oder Deutschland, sondern aus den Vereinigten Staaten. Nietzsche wird hier bereits 1904 in einer Bemerkung des amerikanischen Psychologen G. Stanley Hall in den Dienst einer nachträglichen Rechtfertigung eines Völkermords (an den Indianern) gestellt. Die starken Rassen sollen und werden überleben, die niederen werden wie Unkraut ausgejätet. Mitleid und Sympathie sind laut Nietzsche eine Krankheit, und die Welt würde bald überbevölkert sein, wenn man nicht Selektion betreibe.[1]

Um die Frage nach Nietzsches Vorläuferschaft für den Faschismus zu beantworten, besteht zunächst der lexikalische Weg. Er führt unmittelbar zum Ziel: In keinem einzigen Text Nietzsches tauchen die Wörter »Faschismus« oder »faschistisch« auf. Anders verhält es sich mit Vokabeln wie »Nationalismus« und »Sozialismus«. Nietzsche haßte beide. Folgt daraus nicht a fortiori, daß er auch deren Kombination zu »Nationalsozialismus« gehaßt hätte? Jeder weiß jedoch, daß diese Wortkombination anders gemeint war und zur Tarnung von Rassismus und Gewalttätigkeit diente.

Führt der lexikalische Weg also nicht weiter, so gibt es einen zweiten Weg, den der Phantasie des irrealen Bedingungssatzes. Was wäre gewesen, wenn Hitler England und die Sowjetunion erobert hätte? Jeder, – so der amerikanische Philosoph R. Rorty – der in dieser Situation erfolgreich sein wollte, hätte der Partei der Nationalsozialisten beitreten müssen. Rorty folgert weiter, daß dann jedes Parteimitglied langweilige Kurse in »the philosophy of Nietzscheanism-Hitlerism« bei drittrangigen Funktionären hätte absolvieren müssen.[2] Woher will man jedoch wissen, daß es so gekommen wäre? Der Grund scheint eine Analogie zum Ostblock zu bilden, wo eine allgemeine Belehrung im Sinn des Marxismus-Leninismus stattfand. Dieser Analogie zufolge gilt es als ausgemacht, daß Faschismus und Sozialismus totalitär sind. Vergessen wird dabei allerdings, daß Zerstörung in beiden Konzepten einen anderen Stellenwert einnimmt. Diskurse, die sich unmittelbar für Zerstörung und Krieg um der Gewalttätigkeit willen einsetzen, können zum Umkreis des Faschismus gerechnet werden, gleichgültig, ob sie sich selbst als »futurismo«, »fascismo« oder »Nationalsozialismus« bezeichnen. Das »Manifest des Futurismus« von 1909 sprach – lange vor Mussolini und Hitler – diesbezüglich eine deutliche Sprache. »Wir wollen den Krieg – diese einzige Hygiene der Welt – verherrlichen, den Militarismus [...] Die Kunst kann in der Tat nur Gewalt, Grausamkeit und Ungerechtigkeit sein.«[3] Der Futurismus verstand sich von Anfang an als Einheit von Kunst und Politik.

Nietzsche gehört sicher weitaus mehr in die Nähe dieser Äußerungen als in den Umkreis der Aufrufe zu einer politischen Solidarität der Arbeiterinnen und Arbeiter in seiner Zeit. Der Aufstand der Pariser Kommune von 1870 hat ihn zutiefst erschreckt. »Die Furcht vor dem ›Sklavenaufstand‹, vor der Revolution des Proletariats durchzieht deutlich erkennbar Nietzsches gesamtes Denken, sie liegt der negativen Sicht seiner Epoche, seiner Kritik an der liberalen Bourgeoisie und ihrer in seinen Augen gegenüber der Arbeiterschaft nicht genügend repressiven Politik zugrunde, sie bestimmt sein Bestreben, mittels seiner Philosophie eine grundlegende Wende in der Menschheitsgeschichte herbeizuführen. Seine Zukunftsvisionen von den neuen ›Herren der Erde‹ und vom ›Übermenschen‹ entstanden offensichtlich als Gegenkonzeption zu den sozialistischen Zielvorstellungen einer von Ausbeutung und Unterdrückung befreiten Gesellschaft.«[4]

Nietzsche blieb unberührt und ungerührt von den sozialen Freiheitsbewegungen seiner Zeit: »Als Nietzsche Kind war, erschien das *Kommunistische Manifest*. Als er Sanitätssoldat war, wurde die Pariser Kommune niedergeschlagen. Als er die *Unzeitgemässen Betrachtungen* schrieb, schlossen sich die deutschen Arbeiterparteien unter dem *Gothaer Programm* zur Sozialdemokratie zusammen. Nietzsches Kultur- und gesellschaftspolitische Vorstellungen blieben davon unberührt. Er verfolgte weiter die romantische Linie einer Glorifizierung vorkapitalistischer Zustände – nun allerdings nicht mehr des feudalen Mittelalters (wie zum Beispiel Novalis, Schlegel, Görres), sondern der antiken Sklavenhaltergesellschaft. Das macht seine Sonderstellung in der Geistesgeschichte des 19. Jahrhunderts aus.«[5]

Kein anderes politisches Projekt der späteren Zeit stand ihm näher als das des Faschismus. Es fragt sich, ob und in welchem Ausmaß seine Überlegungen diese Nähe mitverursacht haben. Um dies zu beantworten, ist es unpassend, Nietzsche als »Faschisten« zu bezeichnen. Angemessen erscheint dagegen, abgrenzend gegen »Faschismus« den Begriff eines »Protofaschismus« zu bilden. »Faschismus« läßt sich beschreiben als eine propagandistisch flankierte Praxis charismatischer Herrschaft, die vor allem vier Züge aufweist: Egoismus des Herrschenden, Abschneiden von Begründungen, Rassismus und schließlich die Utopie einer Wiederholung der Renaissance unter der Bedingung moderner Waffentechnik.[6] Im Unterschied dazu läßt sich unter »Protofaschismus« jede Ansicht verstehen, die zeitlich vor den Faschismen auftrat und die Frage »Wann wird es möglich, daß Metaphysik nicht mehr möglich und daß Nihilismus nicht mehr nötig ist?« damit beantwortete, daß Gewalt ohne weiteres Ziel gerechtfertigt wird. Protofaschismus ersetzt den moralischen Gott (Metaphysik) und die Unbegründbarkeit von Werten (Nihilismus) durch einen normativen Diskurs von Gewalt, Krieg, Grausamkeit, Sklaverei um der Gewalt, des Krieges, der Grausamkeit und der Sklaverei willen. Der Faschismus fügt diesem protofaschistischen Denken noch weitere Ansichten und vor allem das politische Tun hinzu.

Nietzsche versammelt wie kein anderer Züge des Protofaschismus. Bereits im 18. Kapitel seines 1872 erschienenen ersten Buches *Die Geburt der Tragödie aus dem Geiste der Musik* bringt er die moderne Kultur seiner Zeit mit der spätantiken Zeit von Alexandria zusammen und schreibt: »Man soll es merken: die alexandrinische Cultur braucht einen Sclavenstand, um auf die Dauer existieren zu können: aber sie leugnet, in ihrer optimistischen Betrachtung des Daseins, die Nothwendigkeit eines solchen Standes und geht deshalb, wenn der Effect ihrer Verführungs- und Beruhigungsworte von der ›Würde des Menschen‹ und der ›Würde der Arbeit‹ verbraucht ist, allmählich einer grauenvollen Vernichtung entgegen.« Die moderne Gesellschaft der Zeit Nietzsches erhebt die universellen Menschenrechte mehr und mehr zu politischen Verfassungsgrundlagen. Das aber sei auf Dauer ruinös. Ein Blick auf die Spätantike könnte – durch Bekenntnis zur Sklaverei – Abhilfe schaffen. So einfach – denkt Nietzsche – ist das.

Protofaschismus ist kein Satanismus, sofern unter »Satanismus« eine Ansicht verstanden wird, die Zerstörung durch Wirken dämonischer Kräfte in menschlichen Akteuren erklärt. Der normative Diskurs der Destruktion kommt als Protofaschismus ohne dämonologische Annahmen aus. Zerstörung erscheint ihm als das geringere Übel.

Benito Mussolini war sechs Jahre alt, als der Philosoph Friedrich Nietzsche (1844–1900) in geistige Umnachtung fiel; Adolf Hitler wurde im selben Jahr – 1889 – geboren. Nietzsche hat keine politische Partei gründen wollen, und Mussolini bzw. Hitler haben nicht an philosophischen Werken gearbeitet. Zwischen dem Schaffen Nietzsches und der faschistischen Herrschaft liegen vierzig, fünfzig Jahre. Nietzsche hatte keine Gelegenheit, sich profaschistisch zu profilieren und zu kompromittieren wie Philosophen des 20. Jahrhunderts.

Eher scheint es, daß Nietzsche politisch dreimal mißbraucht wurde. Zunächst rechnete man ihn außerhalb Deutschlands zu den Mitschuldigen am Ersten Weltkrieg. Dann setzten ihn die Faschisten Italiens und Deutschlands auf ihre Fahnen. Nach 1945 zählte man ihn – aus konservativer Sicht – zu den Mitschuldigen an der faschistischen Unrechtsherrschaft. Inzwischen ist all das Vergangenheit. Nietzsche fand sich nicht nur »entnazifiziert«, – er gilt als einer der tiefsten Denker unserer Zeit. Was er selber sich im Schmerz seiner Einsamkeit häufig erhofft hatte, ist über das Erhoffte hinaus eingetroffen. Immer neue Implikationen seiner verstreuten, nie zu zusammenhängenden Abhandlungen geratenen Gedanken werden entdeckt, sei es für die Wahrheitstheorie, die Sprache, die Naturwissenschaft, die Ökologie, den Frieden mit der Natur, die Ethik, die Ästhetik.

Über den Mangel eines zentralen Platzes im heutigen Denken hätte sich Friedrich Nietzsche also nicht zu beklagen. Und doch gibt es etwas, dessen Abwesenheit – gemessen an seinen Äußerungen zu ähnlichen Phänomenen seiner Zeit – ihn auf äußerste Distanz zur heutigen Präsenz seiner Gedanken gehen ließe. In dem Meer der jetzigen Sympathien müßte er ein Geräusch vermissen: den Ton dessen, was er »große Politik« nannte. Alles, was sich gegenwärtig pronietzscheanisch gibt, artikuliert sich im Rahmen demokratischer Spielregeln und in einer von keiner bisherigen Philosophie gekannten Freiheit von Diskursen. Alles, was heute »Politik« heißt, ist von Friedrich Nietzsche vor 100 Jahren als Verfall, Dekadenz, Degeneration und Nihilismus tituliert worden. Von Anfang an trat Friedrich Nietzsche für eine Kultur ein, zu deren Bedingungen »Sklaverei« und zu deren Zielen Rang- und Kastenordnung gehören. Wenn der französische Philosoph Jacques Derrida gegenwärtig feststellt, daß einzige Nietzsche entsprechende pädagogische Konzept unseres Jahrhunderts sei das nationalsozialistische gewesen, so muß erweiternd bemerkt werden: Die einzige politische Bewegung, die Ähnlichkeiten mit Nietzsches politischen Maßlosigkeiten besitzt, ist die des Faschismus.

Der politische Teil von Nietzsches Philosophie stellt, trotz vieler Widersprüche, *eine* Suche dar: nach *Endlösungen für die Sicherung der Ungleichheiten der Menschen untereinander*. Es ist nicht unbedingt leicht, sich dies einzugestehen. Gewöhnt an die Annahme vom faschistischen »Mißbrauch« Nietzsches, zieht man es vor, von Nietzsches Öffnungen zum Faschismus zu schweigen, auch wenn Nietzsche eine unüberhörbare Sprache geredet hat. Wovon man aber nicht schweigen kann, darüber muß man reden.

*

Nietzsche selber hat nie einen Zweifel darüber aufkommen lassen, daß es, politisch gesehen, um Endlösungen zur Sicherung dessen geht, was bisher verborgen und verschwiegen wurde: Sicherung der Ungleichheiten der Menschen. »Denn so redet *mir* die Gerechtigkeit: ›die Menschen sind nicht gleich.‹ Und sie sollen es auch nicht werden!« (Also sprach Zarathustra II, Von den Taranteln). Im Nachlaß vom Juni–Juli 1885 heißt es: »Wo aber dürfte ich mit einiger Hoffnung nach meiner Art von Philosophen [...] suchen? Dort allein, wo eine vornehme Denkweise herrscht, eine solche, welche an Sklaverei und an solche Grade der Hörigkeit als an die Voraussetzung jeder höheren Kultur glaubt [...] Das Zeitalter hat die umgekehrten Instinkte [...] es will [...], daß Jeder mit tiefster Unterthänigkeit vor der größten aller Lügen – diese Lüge heißt ›Gleichheit aller Menschen‹ – auf dem Bauche liegt, und ehrt ausschließlich die *gleichmachenden, gleichstellenden* Tugenden« (Kritische Gesamtausgabe Bd. VII, 3, S. 315f., Nr. 37 [14]). Nietzsches Gegenideal heißt: Sklaverei, Rangordnung, Kastenordnung, Machiavellismus, Krieg.

Damit sind wir mitten im Faschismus. »Der Staat ist in seinem Ursprung ein System von Rangordnung« (Benito Mussolini, zit. nach: Montemaggiori 1934, S. 369). »Die Dekadenz der Rangordnungen bedeutet die Dekadenz der Staaten« (Benito Mussolini, ibd.). Ein anderer Italofaschist, Alfredo de Marsico, preist die Gleichheit als Beziehung der Gleichen und die Rangordnung als Hierarchie der Ungleichen: »Die Rangordnung unterdrückt die Gleichheit (l'ugualianza) nicht, sondern korrigiert sie. Es kann weder in der physikalischen Welt die Ungleichheit der Kräfte (forze) noch in der Rechtswelt die Ungleichheit der Fähigkeiten (capacità) unterdrückt werden. Denn es gibt keine andere Gleichheit als die zwischen Gleichen (fra gli uguali). Zugleich ist das Konzept, das alle verbindet, das der Proportion, welches, übersetzt in eine Verteilung der Aufgaben und Pflichten gemäß den Fähigkeiten, exakt Rangordnung besagt« (Montemaggiori, a. a. O., S. 371). Die Rede ist auch von einer »Rangordnung der Werte« (gerarchia dei valori) bei Giovanni Corso (Montemaggiori, S. 370).

Vom germanofaschistischen Führer weiß Hermann Rauschning eine brutale nietzscheanische Rede zu berichten: »Die klassenlose Gesellschaft der Marxisten ist ein Wahnsinn. Ordnung heißt immer Rangordnung. Aber ebenso wahnwitzig sind die demokratischen Ideen einer Rangordnung auf Grund des Geldsackes. Echtes Herrentum entsteht nicht aus den zufälligen Spekulationsgewinnen von smarten Geschäftsleuten. Es ist das Geheimnis unseres Erfolges, das Lebensgesetz echten Herrentums wieder in den Mittelpunkt des politischen Kampfes gestellt zu haben. Echtes Herrentum entsteht nur da, wo auch echte Unterwerfung besteht. Es kommt nicht darauf an, die Ungleichheit der Menschen zu beseitigen, sondern im Gegenteil sie zu vertiefen und, wie in allen großen Kulturen, sie durch unübersteigbare Schranken zum Gesetz zu machen. Es gibt kein gleiches Recht für alle« (Rauschning 1973, S. 44).

*

Es soll hier in letzter Instanz nicht um Schuldzuweisungen gehen. Fortzusetzen wäre letztlich eine Zielsetzung der produktiven Nietzsche-Rezeption: Suche nach antifaschistischen Potentialen des Denkers. Eine derartige Suche setzt aber voraus, daß tatsächlich alle begrifflich relevanten Züge beschrieben werden, die Nietzsche zum Faschismus hin öffnen. Nietzsche ist in vieler Hinsicht Protofaschist. Das leugnen zu wollen, nötigt der Interpretation gewundene Ausweichmanöver ab; Pfade, die nicht dem Wegweiser der von Nietzsche verlangten »Redlichkeit« folgen. Nietzsche ist Protofaschist: aber er ist nicht nur das. Die französischen Nietzscheaner spielen mit hohem begrifflichen Einsatz, um für Nietzsche ein Terrain des Antifaschismus zu gewinnen. *Bisher* ist diese Suche *nicht* zugunsten eines nietzscheanischen Antifaschismus gediehen.

Nietzsches Denken war von zwei Seelen bewohnt. Die eine folgte dem Lockruf zu hyperpolitischen Phantasien von Macht, Herrschaft, Krieg, Kastenordnung. Ihre Stimme ist die *Machiavellis* (1469–1527). Die andere Stimme blieb leiser, aber kontinuierlicher. Sie sprach von der Instabilität der Welt und alles Menschlichen, vom Ja zum Leib, von natürlichen Tugenden, von einer politikfernen, aber zutiefst sozialen Individuation. Sie war die Stimme des Entdeckers der Individualität, die Stimme *Montaignes* (1533–1592).

Die beschwichtigende Stimme Montaignes hat Nietzsche nicht vor den Exzessen politischer Endlösungsphantasien zur Sicherung einer Starkenherrschaft geschützt. Hier rächt sich vermutlich eine Tradition, die einen Montaigne nicht besessen hat: »Das Drama Deutschlands ist, daß es keinen Montaigne gehabt hat. Welch ein Glück für Frankreich, mit einem Skeptiker *begonnen* zu haben!« (Cioran 1969, S. 158).

»Der Mensch ist weder Engel noch Tier; und das Unglück will, daß, wer sich zum Engel machen will, sich zum Tier macht«, schreibt Blaise Pascal. Nietzsche geschah das Umgekehrte: Er wollte eine Tierheit des Menschen und – findet sich zum Engel gemacht. Bezüge Nietzsches zum Faschismus, faschistoide Züge bei Nietzsche – das wirkt heute wie die Schatten aus einer anderen, überwunden geglaubten Unterwelt. Der Weg in diese Zonen ist daher ohne das von F. Lasalle bzw. S. Freud gewählte Motto aus

Vergil »Ich werde die Unterwelt in Bewegung setzen« (acheronta movebo) nicht begehbar.

Für eine ergänzende Lektüre zu u. a. Nietzsches politischen Ansichten verweise ich auf mein Nietzsche-ABC, Leipzig 1999.

Die vorliegende Buchausgabe bietet den verbesserten, überarbeiteten und erheblich erweiterten Text von *Nietzsche und der Faschismus. Eine Studie über Nietzsches politische Philosophie und ihre Folgen,* der 1989 im Hamburger Junius-Verlag erschienen war und 1998 in holländischer Übersetzung herauskam. Sie bettet jenen Text ein in die erweiternde Frage nach Protofaschismus und normativem Diskurs der Destruktion. Entsprechende Erweiterungen wurden in der Einleitung, im II. und IV. Teil, durch Hinzufügung eines neuen ausführlichen Schlußkapitels und nicht zuletzt durch einen Epilog erreicht.

Bernhard H. F. Taureck

Teil I

Eindeutige politische Zweideutigkeit, zweideutige politische Eindeutigkeit

Thales: Wo bist du, Proteus?
Proteus (bauchrednerisch, bald nah, bald fern): Hier! und hier!
Thales: Gestalt zu wechseln, bleibt noch deine Lust.

(Goethe, *Faust II,* Klassische Walpurgisnacht)

»Zum Denken, nichts weiter«: Schillerndes Denken

Die Faschisten haben Nietzsche nicht entdeckt; sie haben ihn auch nicht für sich entdeckt. Sie haben ihn für die Welt entdeckt. Die Welt werde faschistisch werden, prophezeite Mussolini; und der nekrophile Braunauer wollte, daß Welt und Weltuntergang ihm gehören. Nietzsche zu realisieren, politisch-militärisch auszuführen, hieß: Sprengung der Grenzen der romantischen Nationalismen (Nietzsche: politischer und nationaler Wahnsinn, Morgenröte, Nr. 190), hieß: »*Zwang* zur großen Politik« (Jenseits von Gut und Böse, Nr. 208). Daß Nietzsches Diktum von einem theoretischen »*Zwang* zur großen Politik« praktisch zur großen Politik des Zwanges wurde, zählt nicht als Beweis für einen faschistischen Mißbrauch des Denkers, der schrieb: »Gedanken, die mit Taubenfüßen kommen, lenken die Welt« (Also sprach Zarathustra II, Die stillste Stunde). Wann aber beginnt dann der Mißbrauch? Wo liegt die Grenze zwischen Aneignung, Bedarf, Ausschlachtung und Mißbrauch? Wer ist jener, wer waren diese?

Eugen Dühring (1833–1921), deutscher Positivist und von Nietzsche verachteter Antisemit, nannte Nietzsche »Nichtssche« und Schiller »Schillerer«. »Schillerer« paßt besser für Nietzsche. Er versteht sich als »der letzte *antipolitische* Deutsche« (Krit. Stud.ausg., München 1980, Bd. 14, S. 472), dessen Vater jedoch Alexander der Große oder Caesar sein könnten (Ecce homo, Warum ich so weise bin, Nr. 3). Und er bekennt sich zur Vielgesichtigkeit: »ich bin ein Doppelgänger, ich habe auch das ›zweite‹ Gesicht noch ausser dem ersten. Und vielleicht auch noch das dritte« (a. a. O., Bd. 14, ibd.). Wollte man Nietzsche, den Schillernden, auf seinen changierenden Phänotyp festlegen, wollte man ihm nahe treten und als Nichtfixierten fixieren, dann allerdings wird das Schillern explosiv: »Ich bin kein Mensch, ich bin Dynamit« (Ecce homo, Warum ich ein Schicksal bin, Nr. 1). Nietzsche, der Antipolitiker, sagt große Kriege voraus: »Denn wenn die Wahrheit mit der Lüge von Jahrtausenden in Kampf tritt, werden wir Erschütterungen haben, ein Krampf von Erdbeben, eine Versetzung von Berg und Thal, wie dergleichen nie geträumt worden ist. Der Begriff Politik ist dann gänzlich in einen Geisterkrieg aufgegangen, alle Machtgebilde der alten Gesellschaft sind in die Luft gesprengt – sie ruhen allesamt auf der Lüge: es wird Kriege geben, wie es noch keine auf der Erde gegeben hat. Erst von mir an giebt es auf Erden *grosse* Politik« (Ecce homo, a. a. O.). Welche Kriege? Und: Welche Wahrheit? Kriege der Gedanken (»Geisterkriege«) oder Material- und Ausrottungsschlachten? Nietzsche, der den Metaphysiker Spinoza (1632–1677) über eine Darstellung Kuno Fischers für sich entdeckt hatte, könnte sich auf dessen leib-seelischen Parallelismus beziehen: Was im Geist geschieht, hat ein Pendant im Leib und umgekehrt. Aber zwischen Geist und Leib besteht nach Spinoza keine Kausalität. Also kann es einen rein geistig geführten Krieg geben. So, wie die Menschen, folgt man Spinoza, ihre Affekte rein durch geistigen Aufwand beherrschen können, so mag Kampf zwischen Geistern toben.

Der »Wille zur Macht«, erwog Nietzsche im Sommer 1888, sei »Ein Buch« – es blieb allerdings bei vagen Plänen zu einem Buch dieses Titels – »zum Denken, nichts weiter: es gehört denen, welchen Denken *Vergnügen* macht, nichts weiter [...] Die Deutschen von heute sind keine Denker mehr: ihnen macht etwas Anderes Vergnügen und Bedenken. Der Wille zur Macht wäre ihnen schwer verständlich« (Krit. Gesamtausg. VIII, 2, S. 114f., Nr. 9 [188]). Seltsam, daß der Charakter des Denkens derartig betont wird in einem Zusammenhang, wo ein Verdacht in bezug auf etwas anderes schwerlich aufkommt. Will Nietzsche sich vorab gegen einen politischen Mißbrauch des Gedankens vom »Willen zur Macht« sichern? So hat man es wohlwollend verstanden. Die Waffe, die dem Denker gegen den Mißbrauch bleibt, ist das stets schwache Wort der Abwehr und der Hinweis auf die Würde dieses Wortes. Hier steht Nietzsche auf dem verlorenen Posten all derjenigen, die Drehbücher für Gedanken und Begriffe verfassen, philosophische Partituren, aber unmöglich zugleich für die Qualitäten ihrer Aufführungen bürgen, geschweige denn verhindern können, daß die Melodien von Rollkommandos gepfiffen werden.

Wenn dieser Sinn einer verlorenen, aber würdigen Warnung vor einem Mißbrauch des Prinzips »Wille zur Macht« registriert wird, so ist bei einem Denker wie Nietzsche damit nicht genug geleistet. Die Wörter sind bei ihm anders zu wägen als bei Schopenhauer, Kant oder Aristoteles. Nietzsche hat das zweite, ja das dritte Gesicht. Was also heißt »denken« an dieser Stelle? Zu welcher Art des Denkens soll das Prinzip »Wille zur Macht« anleiten? Grundsätzlich gibt es zwei Antworten auf diese Frage.

1. Alles ist Wille zur Macht; alles Natürliche, alles Menschliche strebt nach Vermehrung des Bewußtseins von Macht über etwas. (Das behauptet Nietzsche an vielen Stellen.) Genau dann muß auch das »Denken« ein Wille zur Macht sein. Wenn in aller Tätigkeit Macht angestrebt wird, dann kann das Denken keine Ausnahme bilden. Nietzsche bestätigt diese Möglichkeit mit Bemerkungen aus seinen Aufzeichnungen. Denken ist danach im ursprünglichen Sinn ein »Gleich-machen«. Denken ist, mit anderen Worten, selbst ein Streben nach Macht. Denken heißt, etwas so zu bearbeiten, daß es dem entspricht, wie etwas gesehen werden soll. Denken ist nicht Darstellen von etwas, wie es ist, sondern bildet den Akt einer Verformung, einer Bemächtigung durch Verformung.

2. Denken kann aber auch heißen: erwägen. »Wille zur Macht ist Prinzip dessen, was besteht«: das stellt eine Erwägung dar. Denken erwägt, ob es sich so verhält oder nicht. Schopenhauer hatte nicht von einem Willen zur Macht, sondern von einem Willen zum Leben gesprochen. Denken erwägt beide und andere Möglichkeiten.

Bei Nietzsche, dem Schillernden, entsteht ein Schwebezustand. Wille zur Macht, »zum Denken, nichts weiter«, kann ein nur erwägendes, aber auch ein bemächtigendes Denken bezeichnen. So tun sich hinter dem »ersten Gesicht« dieser – gern als Zeugnis für Nietzsches Unschuld zitierten – Stelle über ein Buch zum reinen Denkvergnügen zwei weitere Züge auf.

Das »zum Denken, nichts weiter«, bisher von wohlwollenden Interpreten als stärkstes philosophisches Schutzargument gegen schwarze oder braune Flecken bei Nietzsche eingesetzt, leistet nicht, was es scheinbar verspricht. Neben der schwebenden Semantik von »denken« (Verformung durch Bemächtigung oder Erwägen) bei Nietzsche selbst, hat der italienische Faschismus in seinen niveauvollsten Passagen seinerseits versucht, Faschismus als »Denken« hinzustellen.

Der italienische Philosoph *Giovanni Gentile* (1875–1944), von 1922–24 Mussolinis Unterrichtsminister und am Ende von antifaschistischen Partisanen ermordet, bemerkte 1925 in einer Rede im römischen Kapitolspalast, es kursiere »die Legende über den Faschismus als nietzscheanischen Barbarismus, der die Kultur verachtet und mit Füßen tritt. [...] der Faschismus ist eher eine geistige Haltung [...] Der Faschismus ist sorgendes Denken« (Gentile 1928, S. 47ff.) Auch bei Gentile ist »Denken« selbstverständlich nicht trivial zu verstehen. Der italienische Ausdruck »il pensiero« bezeichnet gleichermaßen ein »Reflektieren« und ein »Sich-Sorgen«, d. h. ein sorgendes, besorgtes Denken. Gemeint ist daher, daß der von Gentile gepriesene Mussolini fürsorglich denkt in der »Intuition einer großen nationalen Wirklichkeit« (a. a. O., S. 50). Die Pointe ist: Das von Nietzsches Denken umlaufende Bild ist das eines kulturdestruktiven Barbarismus, – während der Faschismus kulturbauendes Denken darstellt. »Der Faschismus scheint die Saat für ein Feld des Verderbens gestreut zu haben. Und in Wirklichkeit hat er nur aufgebaut« (S. 53). Wie der Faschismus für Gentile anders erscheint, als er ist, so erfährt auch Nietzsche im Italofaschismus eine neue Deutung. Es geht Gentile mit der Korrektur des Faschismusbildes (Aufbau statt Destruktion) zugleich um ein Votum für einen nicht-barbarischen Nietzsche. Nietzsche *gilt* nur als barbarisch, aber er ist es ebensowenig wie der Faschismus.

Nietzsche prophezeit größere Kriege, »wie es noch keine auf Erden gegeben hat« (s. o.). Kriege im Namen der Wahrheit, und zwar der Wahrheit über die bisherige Moral. Moral war, so Nietzsche, bisher Herrschaft der Schwachen und »Sklaven«. Schwache und Sklaven sind aber diejenigen, die von Natur aus, wie Nietzsche will, nicht zur Herrschaft berufen sind. Also werden künftige Kriege die bisherige Wertordnung umstoßen. »*Nicht* Zufriedenheit, sondern mehr Macht; *nicht* Friede überhaupt, sondern Krieg; *nicht* Tugend, sondern Tüchtigkeit [...], moralinfreie Tugend [...] Die Schwachen und Missrathnen sollen zu Grunde gehen: erster Satz *unserer* Menschenliebe. Und man soll ihnen noch dazu helfen« (Der Antichrist, Nr. 2). Aus der zuletzt zitierten Stelle und ähnlichen Äußerungen wird ersichtlich, daß Nietzsches »Denken« nicht unschuldig, daß sein »Krieg« nicht nur intellektuell ist, sondern seine Wahrheit einem Kreuzzug gleicht, wobei die Lüge nicht mehr in jenem mittelalterlichen Ruf »Gott will es!« (die Kreuzzüge) liegt, sondern das neue Recht der Starken bedeutet.

Ein schillernder Nietzsche: nicht unschuldig – am Faschismus? Wie aber könnte ein schillerndes Denken, wie könnte Nietzsche als Advokat des Schillerns – »der Werth des Kürzesten und Vergänglichsten, das verführerische Goldaufblitzen am Bauch der Schlange vita« (Krit. Gesamtausg. VIII, 2, 3.12, Nr. 9 [26]) –, wie könnte ein schillernder Denker den grausamen Abessinienfeldzug Mussolinis meinen, jenen ersten faschistischen, vom Futuro-Faschisten Marinetti ästhetisch verklärten Gas- und Flammenwerferkrieg?[7] Wie jenen von Mussolini selbst 1934 an den Germanofaschisten nördlich der Alpen diagnostizierten »Rassismus 100 Prozent«, das »Trunkensein von zäher Kriegslüsternheit«? Wie den Zweiten Weltkrieg, den Holocaust und die Zerstörungsorder gegenüber Deutschland? Wie jenes »Es lebe der Tod!« (¡Viva la muerte!) der spanischen Falangisten und generell nicht so sehr den totalitären, sondern den selbstmörderischen Zug des faschistischen Staates (Paul Virilio), jenes »Gegen alles und gegen alle« (Mussolini)?[8]

Zwischen Pazifismus und Faschismus

Ein erstes Argument gegen Nietzsches Protofaschismus wäre, Nietzsche und den Faschismus voneinander zu trennen: Ein schillernder Nietzsche müßte optisch erst stumpf gemacht werden, um dem Faschismus zu gehören. Nietzsches Schillern verhinderte politische Konsequenzen.

Weitere Strategien für das Ziel einer Entflechtung bleiben möglich: Der Faschismus hat auch andere Quellen bzw. grundsätzlich andernorts seine Ursprünge als bei Nietzsche. Einfluß auf Mussolinis Denken hatten neben dem italienischen Nationalismus z. B. Georges Sorel oder Vilfredo Pareto; für den Nationalsozialismus lassen sich u. a. J. A. Gobineau, Richard Wagner, Paul Lagarde und H. St. Chamberlain anführen. Für beide Faschismen bildet Machiavelli eine Art geistiges Band (vgl. unten, S. 208 ff.).

Eine dritte Argumentation ist logisch stärker als die genannten: es gibt keine politische Realisierung philosophischer Gedankengänge, die diese nicht verändert, d. h. teils verkürzt, teils erweitert. Auch Religionen haben sich niemals rein an das von ihren Stiftern Verkündete gehalten und halten können, weder der Buddhismus, noch das

Christentum, noch der Islam. Es findet also immer eine Veränderung statt; Anwendung heißt Veränderung, und das Ergebnis dürfte stets lauten: Was aus dem ursprünglich Verkündeten geworden ist, behält am Ende nur noch den Namen des Stifters.

Ein viertes Argument wäre ein eher schwaches: Nietzsche hat auch auf Geister gewirkt, die nicht im Umkreis des Faschismus standen, wie Eugen O'Neill in den USA, G. B. Shaw in England, A. Camus, A. Gide und G. Bataille in Frankreich, K. Jaspers oder Th. W. Adorno in Deutschland.

Zu dem letzten Argument kann bemerkt werden, daß es eine Anwendung der ersten Strategie darstellt: Ein schillernder Philosoph – viele bunte Funken seiner Wirkung in alle Richtungen des Himmels. Der italienische Nietzsche-Editor *Mazzino Montinari* berichtet aus seiner Gymnasialzeit 1943/44 in Lucca, »daß die schlechte (weil ideologische) Gleichung Nietzsche=Faschismus für uns italienische antifaschistische Gymnasiasten damals nicht galt« (Montinari 1982, S. 10).[9] Erzeugte Nietzsche auf der italienischen Halbinsel somit eine antifaschistische Solidarität, so folgerte ein Künstler der iberischen Halbinsel nahezu das Entgegengesetzte: Nietzsche, »seine Persönlichkeit, sein System [...] trugen [...] zur Entwicklung meiner antisozialen und antifamiliären Instinkte bei«, notiert der Parteigänger Francos, *Salvador Dalí* (1984, S. 20).

Bleiben die restlichen Strategien zur Entflechtung des Faschismus und der Philosophie Nietzsches:

(1) Weil Nietzsches Denken schillernd ist, müßte seine Wirkung auf den Faschismus in einer optischen Entschillerung bestehen, deren Urheber und Manipulatoren die Faschisten sind. Nietzsches Schillern verhinderte politische Konsequenzen.

(2) Die Faschisten haben ganz andere philosophische Quellen als Nietzsche. Sie hätten ihn nicht nötig gehabt, und sein Gewicht dürfte bei ihnen auch nicht sonderlich wiegen.

(3) Politische Konsequenzen aus philosophischen Gedanken zur Politik verändern stets die Philosophie. Sachliche Zusammenhänge sind nicht mehr faßbar.

Es ist lohnend, diesen Argumenten kritisch nachzugehen. Begonnen sei mit einer knappen Besprechung von (2.) und (3.) Mit beiden Argumenten hängen Probleme zusammen, die erst im zweiten bzw. dritten Teil dieses Buches zur Sprache kommen können. Die Behandlung von (1.) soll dagegen in diesem Kapitel erfolgen.

Im Zusammenhang mit der zweiten These stellt sich für die Philosophie, sofern sie es nicht nur mit dem Faktischen, sondern vor allem mit dem Allgemeinen zu tun hat, die Frage, ob es gedankliche Analogien zwischen Nietzsche und dem Faschismus gibt, die von den Faschisten eventuell nicht wahrgenommen wurden. Diese Frage umfassend zu beantworten, ist nicht Ziel dieser Studie. Hinreichen mögen hier die Hinweise auf

- formale Entsprechungen der Rassenlehre Nietzsches zum Germanofaschismus
- das Zentralmotiv Nietzsches, d. h. die Vereinigung von Machtstaat und Zweckstaat der Vollkommenheit (vgl. das 4. Kapitel dieses Teils)
- die Betonung des »Glaubens« an Führer.

Das Argument der »anderen Quellen« wurde übrigens von Georges Bataille verwendet: Chamberlain und Paul Lagarde, nicht aber Nietzsche seien die Kirchenväter des Nationalsozialismus (vgl. das Schlußkapitel).

Der dritten These, derzufolge bei einer Verwirklichung von Lehren stets eine strukturelle Modifikation erfolgt, steht ein gleichwertiges Argument entgegen. Sicherlich hat jede politische Praxis ihre eigene Motivation und ihre Zufälligkeiten, denen die Theorie nicht ausgesetzt ist. Ebenso aber kommt politisches Handeln nicht ohne theoretische Horizonte aus. Daher erscheint es angemessen, das Verhältnis von politischer Theorie zu politischer Praxis zunächst von zwei gegensätzlichen Positionen aus zu betrachten:

I. Es existiert stets eine Differenz zwischen politischer Theorie und politischer Praxis. Diese benötigt eigene Motive und berührt Situationen, auf die die Theorie nicht vorbereitet war.
II. Es existiert stets eine Zuordnung zwischen politischer Theorie und politischer Praxis. Diese ist selber theoriegeleitet.

Empirisch gilt z. B., daß Robespierre Rousseau verwirklichen wollte. Hier neigt die Waagschale der zweiten Position zu. Ähnlich wird man das Verhältnis zwischen Marx und Lenin einschätzen. In diesen beiden Fällen gesteht man zu, daß die Praktiker (Robespierre bzw. Lenin) zusätzliche Motive und Spielräume der Verwirklichung besaßen, grundsätzlich aber im Horizont ihrer Theoretiker (Rousseau, Marx) tätig waren.

Wie aber steht es mit Nietzsche? Die Beurteilung fällt hier erheblich schwerer. Die Faschisten haben sich nicht so einhellig als Nietzscheaner bezeichnet wie Robespierre sich als Rousseauist sah oder Lenin sich als Marxist verstand. Und dort, wo der Faschismus sich auf Nietzsche berief, mag Grund zu dem Verdacht bestehen, daß der Denker mißbraucht wurde. Nun wird sich zeigen, daß die bisherigen Argumente gegen eine Theorie-Praxis-Beziehung zwischen Nietzsche und dem Faschismus nicht sonderlich stark sind. Trotzdem läßt sich daraus nicht folgern, daß zwischen Nietzsche und den Faschisten das Verhältnis von Denker zu Täter bestand. Es bleibt in dieser Hinsicht ein gewisser Schwebezustand zwischen den beiden Positionen bestehen.

Nun zu der ersten These, daß Nietzsches Schillern politische Konsequenzen verhindere. Nietzsche fordert Krieg, sagt gigantische Kriege voraus – und ist Pazifist. Nietzsche ist Feind des Antisemitismus – und vertritt eine politische Rassenontologie, die weit hinter das zurückfällt, was an ihm zugänglichen Einsichten zu seiner Zeit vorlag (Ernest Renan). Zu seiner Philosophie gehört ein Schillern in den Kernbereichen politischer Begriffe.

Krieg

Nietzsche äußerte sich nicht nur gelegentlich gegen Kriege, sondern er verfaßte einen Text, dessen Kriegsablehnung inniger ist und dessen Aufruf zum wahrhaftigen Frieden vermutlich wärmere Worte für die Sache des Pazifismus fand als alles, was vor ihm an Forderungen (Bernardin de Saint-Pierre, Immanuel Kant) und nach ihm an pazifistischen Reden auftrat. Dokument dieses tiefen Pazifismus der Gesinnung, das an das sokratische Wort erinnert, es sei besser Unrecht zu leiden, als Unrecht zu tun, ist Nr. 284 aus dem Teil »Der Wanderer und sein Schatten« von »Menschliches, Allzumenschliches« (1880). Dort heißt es u.a.:

»So stehen nun alle Staaten jetzt gegen einander: sie setzen die schlechte Gesinnung des Nachbars und die gute Gesinnung bei sich voraus. Diese Voraussetzung ist aber eine Inhumanität, so schlimm und schlimmer als der Krieg: ja, im Grunde ist sie schon die Aufforderung und Ursache zu Kriegen, weil sie, wie gesagt, dem Nachbar die Immoralität unterschiebt und dadurch die feindselige Gesinnung und That zu provociren scheint. Der Lehre von dem Heer als einem Mittel der Nothwehr muss man ebenso gründlich abschwören, als den Eroberungsgelüsten. Und es kommt vielleicht ein grosser Tag, an welchem ein Volk, durch Kriege und Siege, durch die höchste Ausbildung der militärischen Ordnung und Intelligenz ausgezeichnet, und gewöhnt, diesen Dingen die schwersten Opfer zu bringen, freiwillig ausruft: ›wir zerbrechen das Schwert‹ – und sein gesammtes Heerwesen bis in seine letzten Fundamente zertrümmert. Sich wehrlos machen, während man der Wehrhafteste war, aus einer Höhe der Empfindung heraus, – das ist das Mittel zum wirklichen Frieden, welcher immer auf einem Frieden der Gesinnung ruhen muss: während der sogenannte bewaffnete Friede, wie er jetzt in allen Ländern einhergeht, der Unfriede der Gesinnung ist, der sich und dem Nachbar nicht traut und halb aus Hass, halb aus Furcht die Waffen nicht ablegt. Lieber zu Grunde gehen, als hassen und fürchten, und zweimal lieber zu Grunde gehen, als sich hassen und fürchten machen, – diess muss einmal auch die oberste Maxime jeder einzelnen staatlichen Gesellschaft werden!«

Der Leser würde sich allerdings täuschen, wenn er der Ansicht wäre, Nietzsches pazifistisches Bekenntnis würde eine Bejahung des Krieges ausschließen. Im ersten Teil von »Menschliches, Allzumenschliches« (1878) lautete die Nummer 477 u. a.:

»Der Krieg unentbehrlich. – Es ist eitel Schwärmerei und Schönseelenthum, von der Menschheit noch viel (oder gar: erst recht viel) zu erwarten, wenn sie verlernt hat, Kriege zu führen. Einstweilen kennen wir keine anderen Mittel, wodurch mattwerdenden Völkern jene rauhe Energie des Feldlagers, jener tiefe unpersönliche Hass, jene Mörder-Kaltblütigkeit mit gutem Gewissen, jene gemeinsame organisirende Gluth in der Vernichtung des Feindes, jene stolze Gleichgültigkeit gegen grosse Verluste, gegen das eigene Dasein und das der Befreundeten, jenes dumpfe erdbebenhafte Erschüttern der Seele ebenso stark und sicher mitgetheilt werden könnte, wie diess jeder grosse Krieg thut: von den hier hervorbrechenden Bächen und Strömen, welche freilich Steine und Unrath aller Art mit sich wälzen und die Wiesen zarter Culturen zu Grunde richten, werden nachher unter günstigen Umständen die Räderwerke in den Werkstätten des Geistes mit neuer Kraft umgedreht. Die Cultur kann die Leidenschaften, Laster und Bosheiten durchaus nicht entbehren. – Als die kaiserlich gewordenen Römer der Kriege etwas müde wurden, versuchten sie aus Thierhetzen, Gladiatorenkämpfen und Christenverfolgungen sich neue Kraft zu gewinnen. Die jetzigen Engländer, welche im Ganzen auch dem Krieg abgesagt zu haben scheinen, ergreifen ein anderes Mittel, um jene entschwindenden Kräfte neu zu erzeugen: jene gefährlichen Entdeckungsreisen, Durchschiffungen, Erkletterungen, zu wissenschaftlichen Zwecken, wie es heisst, unternommen, in Wahrheit, um überschüssige Kraft aus Abenteuern und Gefahren aller Art mit nach Hause zu bringen. Man wird noch vielerlei solche Surrogate des Krieges ausfindig machen, aber vielleicht durch sie immer mehr einsehen, dass eine solche hoch cultivirte und daher nothwendig matte Menschheit, wie die der jetzigen Europäer, nicht nur der Kriege, sondern der grössten und furchtbarsten Kriege – also zeitweiliger Rückfälle in die Barbarei – bedarf, um nicht an den Mitteln der Cultur ihre Cultur und ihr Dasein selber einzubüssen.«

Was ist, das soll auch sein, und was sein soll, das ist auch: Kultur braucht den Rückfall, benötigt das Eintauchen in vorzivilisatorische Zustände. Barbarei ist und soll sein, andernfalls erstarrt die Kultur zu etwas, das Nietzsche »Zivilisation« nennt. Krieg – wohlgemerkt »grösste und furchtbare Kriege«, »Gluth in der Vernichtung des Feindes«, somit nicht lediglich militärische Leibesübung – muß sein, wenn Kultur sein will. Tiefster Pazifismus der Gesinnung neben einer Sozialontologie des Krieges, Barbarei als Kulturnotwendigkeit. »Ja! Wir sind Barbaren. Wir *wollen* es sein. Es ist ein Ehrentitel. *Wir* sind es, die die Welt verjüngen werden. Diese Welt ist am Ende! Es ist unsere Aufgabe, Unruhe zu stiften«, berichtet Rauschning als eine Bemerkung Hitlers (Rauschning 1973, S. 78).

Das Argument zur Entflechtung zwischen Nietzsche und dem Faschismus lautete, Nietzsches Schillern verhindere politische Konsequenzen. Im Fall des Krieges hieße das, Nietzsche widerspräche sich. Wer sich widerspricht, hebt selbst wieder auf, was er äußert, setzt eine Figur in einem Spiel und nimmt den Zug sogleich zurück. Nietzsches Schillern, als Selbstwiderspruch verstanden, neutralisiert aus dieser Warte sein Denken.

Wer so argumentiert, hat das Recht der formalen Logik auf seiner Seite, den Satz vom ausgeschlossenen Widerspruch. Es wäre aber ganz und gar unzutreffend, zu meinen, die Wirklichkeit kümmere sich um diesen Widerspruchssatz nicht; Nietzsche sei von den Faschisten kassiert worden, mit oder ohne Widerspruch. Von besonderem Belang ist hier der Relativismus Mussolinis. In den Rahmen dieses Relativismus scheint alles hineinzupassen. Auch wenn diese Ansicht zutrifft, so läuft sie nicht notwendig auf eine Verachtung des Widerspruchssatzes hinaus. Mussolini: »Wir sind wahrhaftig die Relativisten par excellence […] wenn sich […] der Relativismus mit Nietzsche und mit seinem Willen zur Macht verknüpft, dann war der italienische Faschismus und ist immer noch die großartigste Schöpfung eines individuellen und nationalen ›Willens zur Macht‹« (Opera Omnia 1951ff., Bd. XVII, S. 269, vgl. auch unten, S. 123f.).

Dies ist nur eine der vielen Stellen, die eine Wahlverwandtschaft zwischen dem Italofaschismus und Nietzsche belegen. Die Intention Mussolinis ist erkennbar: Wenn es keine absoluten oder zumindest positiven wissenschaftlichen Wahrheiten gibt, dann hat der Mensch freie Bahn für seine Taten. Nietzsches »Nichts ist wahr, alles ist erlaubt« (Zur Genealogie der Moral II, Nr. 24) wird von Mussolini in politische Rechtfertigung umgesetzt: Die Sozialisten, heißt es im Kontext, glauben noch an eine feste Wahrheit, sind noch dem Mythos »Wissenschaft« (mito »scienza«) verfallen. Entsprechend müsse gegenüber dem Sozialismus eine »Antiwahrheit und eine Antifatalität« geschaffen werden: der Faschismus. Wenn »Relativismus« als »Verachtung fester Kategorien«, als »universeller Mobilismus« zu verstehen sei, dann gebe es nichts, was relativistischer wäre als die faschistische Mentalität und Aktivität. Man kann hinzufügen: Der Relativismus des Satzes »Nichts ist wahr, alles ist erlaubt«, muß stets auch so gelesen werden, daß »alles ist erlaubt« ein »Es ist erlaubt, alles zu verbieten« impliziert. Die Faschisten haben diese Lesart praktiziert.

»Relativismus« kann, unter Berufung auf die moderne Ethik-Diskussion, als ein Verfahren zur Beilegung von Konflikten verstanden werden.[10] Es lassen sich verschiedene Hinsichten ausmachen, für wen welche Handlungsweise gut ist, z. B. Polygamie für die Muslime, nicht aber für die Europäer. Ein relativistisches Verständnis scheint auch hinsichtlich der Widersprüche Nietzsches zu funktionieren, und zwar etwa so: Für diejenigen, die der pazifistischen Tradition huldigen, ist Nietzsches pazifistische Äußerung passend, für die Faschisten dagegen die Sozialontologie des Krieges. Selbst wenn ein Widerspruch bei Nietzsche vorläge, wäre er auf diese Weise unschädlich gemacht. Daß faschistische Theoretiker wie Mussolini, Gentile oder Evola in Italien oder Baeumler, Steding, Rosenberg und Goebbels in Deutschland sich erst über diese Relativierung Nietzsches Kriegsbejahung angeeignet hätten, kann allerdings nicht behauptet werden. Es existiert jedoch der Ausweg, den Widerspruch zu entschärfen. Damit wird das Argument fragwürdig, Nietzsches Schillern verhindere politische Konsequenzen. Vielmehr weckt es Strategien auswählender Nutzbarmachung.

Die Faschisten verfügten gewiß über ein einfacheres Mittel der Nietzsche-Aneignung: Auswahl des einen, Schweigen über das andere. Die Lüge ist auch hier ein Tribut des Lasters an die Tugend, denn der Satz vom ausgeschlossenen Widerspruch wird ja keineswegs verletzt, wenn von zwei einander widersprechenden Äußerungen die eine übernommen und die andere verschwiegen wird.

Daß Kriegsbejahung zum Katechismus der Faschisten gehört, bedarf kaum eines Belegs. Nietzscheanische Töne bezeugen in dieser Hinsicht Mussolini und der Futurismusfaschist Marinetti. Mussolini: »Der Krieg, der die Existenz, die Zukunft, das Geschick eines ganzen Volkes ins Spiel bringt, ist der feierlichste Akt, den dieses Volk in seiner Geschichte vollbringt; und so ist es nötig, die Menschen zur Größe der Ereignisse zu erziehen« (1925). Marinetti: »Der relative Frieden kann nichts anderes sein als die Ermüdung des letzten Krieges oder der letzten Revolution. Der absolute Frieden wird vielleicht mit dem Verschwinden der menschlichen Rasse herrschen« (1919).[11] Am 18. Februar 1943 richtete Goebbels an das deutsche »Volk« die Frage der totalen Kriegsbereitschaft: »Ich frage euch: Wollt ihr den totalen Krieg? Wollt ihr ihn, wenn nötig, totaler und radikaler, als wir ihn uns heute überhaupt noch vorstellen können?« Die hyperbolische Kriegsrhetorik, die Ankündigung des Unvorstellbaren, ist hier Nietzsche – »es wird Kriege geben, wie es noch keine auf Erden gegeben hat« – ähnlich bzw. gleich. Nietzsche jedoch bleibt seinem Pazifismus der Gesinnung auch noch 1883 treu: »Herrschen? Meinen Typus Andern aufnöthigen? Gräßlich! Ist mein Glück nicht gerade das Anschauen vieler Anderer?« (Krit. Stud.ausg. Bd. 10, S. 529, Nr. 16 [86], Zeile 15–17).

Politische Rassenontologie

Antijüdischer Rassismus ist im Faschismus nicht notwendig überall enthalten. Nur in den faschistischen Bewegungen Ungarns, Rumäniens und Deutschlands gehörte Rassismus von Anfang an dazu. Zwar vertrat auch in Italien Mussolini schon früh rassistische Auffassungen, aber gesamtpolitisch wurde ein Antisemitismus dort erst ab 1936 aus Deutschland importiert, um den überalterten Faschismus neu zu beleben. Bei den Falangisten Spaniens fehlt der Antisemitismus zugunsten einer Kreuzzugsmentalität.[12]

Bei Nietzsche läßt sich auf den ersten und zweiten Blick kaum eine Klarheit aufzeigen zwischen seiner Gegnerschaft zum Antisemitismus, seinem Antijudaismus und seiner Rassenontologie. Seine Feindschaft gegenüber den Antisemiten wurde eigentlich stets gesehen, auch von nationalsozialistischen Autoren (v. Westernhagen oder Steding, vgl. unten, S. 133–135), wurde vehement hervorgehoben von Georges Bataille (Oeuvres complètes, Tome VI, 1973, bes. S. 185–188) und schließlich beständig im Schrifttum über Nietzsche wiederholt. Nietzsches häufiger affirmativer Gebrauch des Wortes »Rasse« wird dagegen zumeist verschwiegen und sein Antijudaismus verkannt. Es ist, als glaube man sich mit den Belegen für Nietzsches Anti-Antisemitismus (diese Formel stammt von dem Nationalsozialisten Westernhagen) in Sicherheit vor dem Gespenst eines Nietzscheschen Faschismus. Konturen einer Doktrin zeichnen sich jedoch ab: Die antisemitisch begründete Angst vor der Bedrohung durch eine ohnehin in die Gesellschaften integrierte jüdische Bevölkerung erschien Nietzsche lächerlich. Sie lenkt in seinen Augen von einem ganz anderen und wesentlichen Problem ab, nämlich dem der Moral, der jüdisch-priesterlichen Moral. Sie wurde, so Nietzsche, mit dem Christentum auch politisch in Europa herrschend und mündet in eine Wertentwertung ein. Diese Moralherrschaft – die nicht Folge einer jüdischen »Rasse« ist – soll durch die

Weltherrschaft von einer vornehmen Rasse ersetzt werden. »Rasse« wird damit zu einem Schlüsselbegriff politisch-philosophischer Theorie. Vor der Verdeutlichung dieser Zusammenhänge scheint bisher eine ängstliche Scheu zu bestehen.

Nietzsche schreibt am 2. April 1884 an seinen Freund Overbeck, daß die »verfluchte Antisemiterei« ihn zu seinem Bruch mit Richard Wagner und mit seiner Schwester geführt habe. Im letzten, geistige Umnachtung auslösenden Schub seiner Krankheit schreibt er am 6. Januar 1889 an Burckhardt, er habe »alle Antisemiten abgeschafft«. Antisemitismus ist im Urteil Nietzsches kein Ausdruck von Stärke, sondern von Unterlegenheit und Ressentiment: »Antisemiten vergeben es den Juden nicht, daß die Juden ›Geist‹ haben – und Geld: der Antisemitismus, ein Name der ›Schlechtweggekommenen‹« (Frühjahr 1888, VIII, 3, S. 157, Nr. 14 [182]).

Grundlegender bleiben Nietzsches Bemerkungen in »Jenseits von Gut und Böse« Nr. 251. Dieser Artikel zählt zu den seltsamsten Äußerungen aus der Feder eines deutschen Autors zur »Judenfrage«. Die Argumentation erfolgt in mehreren Schritten:

1. Antisemitismus sei eine Dummheit, wie antifranzösische oder antipolnische Stimmungen auch.
2. Politiker lehnten den Antisemitismus aus politischer Klugheit ab, nicht aber ein affektives Nein gegenüber dem Jüdischen. Politisch gehe es augenblicklich um einen Einwanderungsstop gegenüber Juden, denn es sei eine Tatsache, daß Deutschland mit jüdischer Bevölkerung gesättigt sei.
3. Die Juden stellten »die stärkste, zäheste und reinste Rasse« Europas dar. Sie wären zur Herrschaft über Europa in der Lage, strebten aber diese Herrschaft nicht an.
4. Statt auf die »antisemitischen Schreihälse« komme in einer übernational-europäischen Perspektive des Politischen alles darauf an, »die Züchtung einer neuen über Europa regierenden Kaste« zu erreichen. Und dazu sei

eine Verbindung zwischen der deutschen Fähigkeit »des Befehlens und Gehorchens« mit dem Genie »des Geldes und der Geduld« geboten: Rassenmischung zwischen Deutschen und Juden zur Erzeugung einer europäischen Herrscherkaste.

Die Schrift »Jenseits von Gut und Böse« trägt den Untertitel »Vorspiel einer Philosophie der Zukunft«. Die Argumentation der Nummer 251 erfolgt gänzlich gegen alles, was »heute« Politik heißt, für etwas, das politisch in die Zukunft weisen kann. Sie kritisiert die lächerliche Engstirnigkeit derer, die Angst vor einer Absorbierung durch die Juden haben (Antisemiten), bzw. derer, die Populationsverschiebungen befürchten (Politiker). Es komme auf den großen Schritt nach vorn an, auf eine große rassische Synthese aus Juden und Deuschen. In grundsätzlicher Bestätigung der von Nietzsche sonst bekämpften Evolutionslehre Darwins, d. h. des Lamarck-Darwinschen Theorems von der Vererbung erworbener Eigenschaften, soll die Herrenrasse eines künftigen Europa gezüchtet werden.

Ziel von Nietzsches Argumentation ist ein Sprung nach vorn[13]: Überwunden werden sollen nicht nur die dummen Perspektiven der Antisemiten und die Vorsichtigkeit der Realpolitiker, sondern auch der Universalismus der jüdischen Moralität. Nietzsche hegt Sympathien mit den Juden als Rasse und haßt zugleich die sich im spätantiken Judentum herausbildende Moral der Allgemeingültigkeit, die das Christentum zur Herrschaft brachte: »Javeh ist der Gott Israels und *folglich* Gott der Gerechtigkeit: die Logik jedes Volkes, das in Macht ist und ein gutes Gewissen davon hat [...] Javeh der Gott der Gerechtigkeit, – *nicht mehr* eine Einheit mit Israel, ein Ausdruck des Volks-Selbstgefühls [...] Die *Moral,* nicht mehr Ausdruck der Lebens- und Wachsthums-Bedingungen eines Volks [...], sondern abstrakt geworden, Gegensatz zum Leben geworden [...] *Was* ist jüdische, *was* ist christliche Moral? Der Zufall ist um seine Unschuld gebracht; das Unglück mit dem Begriff ›Sünde‹ beschmutzt« (Der Antichrist, Nr. 25). Auch in Nr. 190 von »Jenseits von Gut und Böse« betont Nietzsche, das jüdische Volk – nicht die jüdische Rasse! – sei Urheber einer gegen die Vornehmen gerichteten Wertverkehrung, eines Sklavenaufstands der Moral.

Nietzsche ist werttheoretisch, moraltheoretisch Antijudaist und rassenontologisch Anti-Antisemit. Mit dieser Doppelposition bildet er in der Tat die Umkehrung des Antisemitismus seiner Zeit. Dieser nämlich war religiös projüdisch und rassenontologisch antijüdisch. Der z. B. von *Wilhelm Marr* geführte »Kampf gegen die Verjudung der Gesellschaft« wollte die Juden »gegen jede ›religiöse‹ Verfolgung […] unbedingt in Schutz« nehmen.[14] Nietzsche geht nicht nur in seinem gedanklichen Anspruch weit über die Faschismustheoretiker hinaus, sondern läßt vermeintlich jeden überhaupt möglichen rassistischen Faschismus obsolet erscheinen. Allerdings hat man sich bisher – fixiert auf seine Feindschaft gegenüber den Antisemiten – nicht eingestehen wollen, welchen Preis jene vorweggenommene Unbrauchbarkeit eines faschistischen Rassismus bei Nietzsche verlangt: es ist der Preis, »Rasse« weiterhin als eine ursprüngliche Seinsbestimmung, als eine Art ontologische Kategorie zu behaupten, die a fortiori auch ein Fundament für politische Ordnung stellt. Und eben dies läßt Nietzsche doch wiederum zur Basis einer möglichen Rechtfertigung für politischen Rassismus werden.

Es gibt, mit anderen Worten, einen *gemeinsamen Nenner* für Nietzsches rassenontologische Judenbejahung und für die nationalsozialistische, aus Bedrohungsphantasmen gespeiste Judaismusnegation. Dieser gemeinsame Nenner ist, logisch-ontologisch verstanden, »Rasse« als Substanz, als Träger aller soziokulturellen Qualitäten. Historisch kann die Gemeinsamkeit mit der in seiner Wirkung auf Nietzsche *und* die Nationalsozialisten unbestrittenen »geistigen Geologie« des Comte *Josephe Arthur Gobineau* (1816 bis 1882) bezeichnet werden (1939, Bd. I, S. XIX; vgl. Nietzsche-Brief an Köselitz vom 10. 12. 1888, ferner Ottmann, 1987, S. 267).

Folgende Topoi Gobineaus wirkten auf Nietzsche:

1. Nicht soziale Klassenunterschiede bestimmen die Gesellschaften, sondern letztlich Unterschiede der Rasse.
2. Die drei Rassen (weiße, gelbe und schwarze, eine eigene rothäutige Rasse existiert für Gobineau nicht) sind nicht gleichwertig. Es gibt einen Unterschied zwischen starken und schwachen Rassen (a. a. O., S. XIX), und die weiße Rasse ist – speziell mit ihrer arischen Familie – den übrigen Rassen überlegen (Bd. I, 16. Kapitel, S. 278 ff.).
3. Die Rassenlehre ist strenge Wissenschaft (z. B. Bd. I, S. 241 f.).
4. Die Rassenlehre bildet nicht nur den »Schlüssel« zur Erklärung der geschichtlichen Welt (Bd. I, S. XIV), sie liefert der Politik auch eine absolute und unerschütterliche Grundlage. Gobineau will »für die Feststellung der Ungleichheit der Menschenrassen und des Vorranges einer einzigen« Beweise gewinnen, »unverweslich wie der Diamant, an denen der Schlangenzahn der demagogischen Idee nicht wird nagen können« (Bd. I, S. 287).

Nietzsche ist Gobineau auf den Leim gegangen. Verstärkendes, zumindest verbindendes Glied zwischen Gobineau und Nietzsche mag dabei Schopenhauer gewesen sein.[15] In »Jenseits von Gut und Böse«, Nr. 264 heißt es noch vorsichtig: »Es ist gar nicht möglich, dass ein Mensch *nicht* die Eigenschaften und Vorlieben seiner Eltern und Altvordern im Leibe habe: was auch der Augenschein dagegen sagen mag. Dies ist das Problem der Rasse.« Rasse also als Unmittelbarkeit, die zwar vermittelt, aber naturförmig ist, eben in Gestalt der Vererbung des Erworbenen. Problem der Rasse: der Augenschein verhüllt sie, das Wesen, ähnlich wie in der alten Ontologie der Augenschein die Wahrheit der Sachen selber verdeckte.

Wie weitgehend und wie selbstverständlich bei Nietzsche Rede- und Denkweisen Gobineaus übernommen werden, beweist z. B. folgender Passus aus »Zur Genealogie der Moral« (I, Nr. 4): Es gelte »beinahe für ganz

Europa: im Wesentlichen hat die unterworfene Rasse schließlich daselbst wieder die Oberhand bekommen, in Farbe, Kürze des Schädels, vielleicht sogar in den intellektuellen und socialen Instinkten: wer steht uns dafür, ob nicht die moderne Demokratie, der noch modernere Anarchismus und namentlich jener Hang zur ›Commune‹, zur primitivsten Gesellschaftsform, der allen Socialisten Europa's jetzt gemeinsam ist, in der Hauptsache einen ungeheuren *Nachschlag* zu bedeuten hat – und dass die Eroberer- und *Herren-Rasse*, die der Arier, auch physiologisch im Unterliegen ist?« Dieser Text von 1887 ist von dem, was 40 bis 50 Jahre später in Deutschland häufig gedruckt wurde, nicht unterscheidbar: Demokratie und Sozialismus als rassische Bedrohung.

Weiteres Rassen-Problem für Nietzsche: Wie läßt sich eine Verhüllung oder Verzerrung des Rassenwesens denken? Wie die unverformte Rasse? Und wie schließlich die neue Herrschaft jenseits der Verformung? Dies sind – unter anderem – Fragen des politischen Nietzsche gewesen. Keine noch so gewählte Apologetik vermag über seine konsequente Verfolgung dieser Fragen dauerhaft hinwegzutäuschen. Das Leben der unverformten Rasse hat er mit dem, was er als »blonde Bestie« beschreibt, gedeutet. In »Zur Genealogie der Moral« (I, Nr. 5) wird von einer »blonden, nämlich arischen Eroberer-Rasse« gesprochen und in I, Nr. 11 derselben Schrift gleich dreimal von dem Eintauchen der »vornehmen Rassen« in den Naturzustand einer »Abfolge von Mord, Niederbrennung, Schändung, Folterung«. Nietzsche geht es dabei weder um die Beschreibung eines Vorrechtes der germanisch-arischen Rasse, denn seine Aufzählung schließt ausdrücklich Römer, Griechen, Araber und Japaner ein, noch um ein Raubtierverhalten als Muster einer künftigen Weltherrschaft der »vornehmen Rassen«. Es handelt sich primär um eine Phänomenologie des ursprünglichen Lebens der Rassen. Allerdings schließt diese Phänomenologie eine Bewertung ein: Wenn das Rassendasein ursprünglich ist, dann stellt es auch das Natürliche und Gute dar. Jeder

Versuch, »das Gute« anders zu fassen, muß dann scheitern.

Von Interesse ist die Vergleichbarkeit der »blonden Bestie« und ihres rasend zerstörenden Verhaltens »nach Aussen hin, dort wo das Fremde, *die* Fremde beginnt«, d.h. gegenüber den Nicht-Vornehmen, – mit Beschreibungen, die sich bei *Hegel* finden. Für Hegel stehen Staaten zueinander nicht im Gesellschafts- sondern im Naturzustand. Im Naturzustand wird Streit durch Krieg ausgetragen. Kriege haben ihren Ursprung in der »Reizbarkeit«, durch welche »eine kräftige Individualität durch eine lange innere Ruhe dazu getrieben wird, sich einen Stoff der Tätigkeit nach außen zu suchen und zu schaffen« (Rechtsphilosophie § 334).

Hegels Kriegsphilosophie fand sich, neben Nietzsches Denken, ebenfalls auf der Anklagebank des Nürnberger Gerichtshofes gegen die Hauptkriegsverbrecher (vgl. oben, S. 103–105). Die Vergleichbarkeit beider liegt darin, daß sich nach außen Krieg und Zerstörungen entladen, deren Beurteilung nicht im Geltungsbereich von Moral liegt. Im Urteil Hegels läßt sich das Verhältnis von Staaten untereinander nicht durch Moral regeln. Moral gehört in den Innenraum der Gesellschaften, nicht in die Staatsangelegenheiten. Jedoch findet, was den Staaten im morallosen Zustand widerfährt, sein »Gericht« in der den Staaten übergeordneten Einheit der Weltgeschichte. Die Weltgeschichte, betont Hegel mit Schiller, sei das Weltgericht (§ 340). Die Weltgeschichte selber wird von Hegel als notwendiger Fortschritt im Bewußtsein der Freiheit gedacht und mündet – so schließen seine Vorlesungen zur Philosophie der Geschichte – in eine Rechtfertigung der unantastbaren Güte Gottes angesichts der Übel in der Welt (sogenannte »Theodizee«). In der Sicht Nietzsches verbleibt Hegel gleichwohl im Magnetfeld des moralisch-theologischen »Ideals«: »Der Hegelsche Ausweg [...] Gott ist nachweisbar, aber als etwas Werdendes – [...] Hintersinn der historisirenden Bewegung [...] Man sieht, es ist *niemals* die Kritik an das Ideal selbst gerückt« (1885–86, VIII, 1, S. 146, Nr. 2 [165]).

Die Befreiung von einer universelle Gültigkeit erhebenden Moral geschieht somit für Hegel wie für Nietzsche durch das Eintauchen der Zivilisierten in einen vorzivilisatorischen Zustand: explosive Tätigkeit nach außen bei Hegel, blondes Bestientum bei Nietzsche. Bei Hegel geraten die explosiven Tätigkeiten in den Horizont der Weltgeschichte, die am Ende nur ein unantastbar Gutes demonstriert. Nietzsche beschreibt dagegen nur den Austritt aus jeder möglichen Bestätigung eines universellen Guten. In seiner Optik ist Hegels Kennzeichnung der Menschenraubtiere nur eine List zur Bekräftigung der Einheit von Wahrem und Gutem. Die eigentliche Radikalität hat in der *Teilung des Guten zu bestehen*, und diese Teilung folgt keiner allgemeinen Idee eines Guten, sondern sie folgt dem, was wirklich ist: der Existenz starker bzw. schwacher *Rassen*. Die Gegenrechnung, deren entlarvender Entdecker Nietzsche zu sein behauptet, ist der allgemeine Ruin der Selbstachtung: »Wir sehen heute Nichts, das grösser werden will, wir ahnen, dass es immer noch abwärts, abwärts geht, in's Dünnere, Gutmüthigere, Klügere, Behaglichere, Mittelmässigere, Gleichgültigere, Chinesischere, Christlichere – der Mensch, es ist kein Zweifel, wird immer ›besser‹ [...] Der Anblick des Menschen macht nunmehr müde – was ist heute Nihilismus, wenn er nicht *das* ist? [...] Wir sind *des Menschen* müde« (Zur Genealogie der Moral, I, Nr. 12). Wenn dem Unterschied zwischen dem Vornehmen und Vulgären, dem Starken und dem Schwachen, der vornehmen und der nicht-vornehmen *Rasse politisch keine* Konsequenzen eingeräumt werden, tritt, so Nietzsche, eine umfassende Sinnkrise ein: kollektives und individuelles Handeln wird um seine Motivation gebracht. »Die Gefahr der Gefahren: Alles hat keinen Sinn« (VIII, 1, S. 108, Nr. 2 [100]). »Jede rein moralische Werthsetzung [...] *endet mit Nihilismus*« (VIII, 1, S. 326, Nr. 7 [64]). Indem – so wird in »Jenseits von Gut und Böse« Nr. 62 verkündet – die christlichen Wertungen alles Kranke und Leidende erhielten und die Selbstachtung der Starken zerbrachen, wurde »die abgründlich verschiedene Rangordnung und Rangkluft zwischen Mensch und Mensch« mißachtet und an der *»Verschlechterung der europäischen Rasse«* gearbeitet. Die Kirche machte im frühen Mittelalter Jagd auf die blonden Bestien, ließ sie zu Sündern werden: »Da lag er [der Germane] nun, krank, kümmerlich, gegen sich selbst böswillig; voller Haß gegen die Antriebe zum Leben [...] im Kampf mit der Bestie *kann* Krankmachen das einzige Mittel sein, sie schwach zu machen« (»Götzen-Dämmerung«, Die ›Verbesserer‹ der Menschheit, Nr. 2).

Soweit Nietzsches Urteile über den ursprünglichen und naturentsprechenden Lebensvollzug der Vornehmen als Rasse bzw. über den Schaden der Weltherrschaft der Schwachen. Dieser Schaden – hier beginnt Nietzsches Kriegserklärung – ist nach seiner Einsicht unvergleichlich größer als der Gewinn einer sozialen Ordnung, die durch Zähmung und Rassenausgleich an einer für alle gleichermaßen geltenden Moral orientiert bleibt. Die politische Alternative lautet: Wenigenherrschaft. Wenn es keine reinen, sondern nur reingewordene Rassen (wie die Griechen) gibt, so besteht Hoffnung auf »eine reine europäische Rasse und Kultur« (»Morgenröte« Nr. 272). Was ist zu tun? »Es bedarf einer Lehre, stark genug, um *züchtend* zu wirken: stärkend für die Starken, lähmend und zerbrechend für die Weltmüden. Die Vernichtung der verfallenden Rassen [...] Die Vernichtung der Sclavenhaften Werthschätzungen. Die Herrschaft über die Erde, als Mittel zur Erzeugung eines höheren Typus. Die Vernichtung der Tartüfferie, welche ›Moral‹ heisst« (Frühjahr 1884; VII, 2, S. 65, Nr. 25 [211]). Dreimal »Vernichtung« – nicht bloß gedankliche Widerlegung!

Nietzsche blätterte auch in Sir *Francis Galtons* (1822 bis 1911) »Hereditary Genius, its Laws and Consequences« (1862) und in dessen »Inquiries into Human Faculty and its Development« (1883). Darwins Vetter Galton ging es um »die Notwendigkeit von Maßnahmen, welche die Fortpflanzung erblich belasteter und damit die Erzeugung minderwertiger Nachkommen verhüten oder unterbinden.

Das Ziel heißt: Verbesserung und Erhaltung der ›Rasse‹. Anhänger der Eugenik hielten die Fürsorge für die Schwachen für unvereinbar mit dem Prinzip der Zuchtwahl, das dem Stärkeren den Vorrang in der Fortpflanzung einräumte, für im Widerspruch stehend zum Prinzip der natürlichen Auslese« (Bargemann, S. 548; Galton bei Nietzsche: Brief an August Strindberg, 8. Dezember 1888). Nietzsche liegt an der »Züchtung einer *stärkeren Rasse*«, die eine »Herren-Rasse« bilden kann. Diese soll nicht nur regieren, »sondern eine Rasse mit *eigener Lebenssphäre*« bilden, »mit einem Überschuß von Kraft für Schönheit, Tapferkeit, Cultur, Manier bis ins Geistigste; eine *bejahende* Rasse, welche sich jeden grossen Luxus gönnen darf [...], stark genug, um die Tyrannei des Tugend-Imperativs nicht nöthig zu haben, reich genug, um die Sparsamkeit und Pedanterie nicht nöthig zu haben, jenseits von gut und böse: ein Treibhaus für sonderbare und ausgesuchte Pflanzen« (Herbst 87, VIII, 2, S. 89f., Nr. 9 [153]). Dieser Stelle haften Züge eines Phantasmas an: Sie unterstellt einen Konsens zur Rasseneugenik einschließlich mörderischer Konsequenzen. Im Gegensatz zur späteren Theorie *Vilfredo Paretos* vom Kreislauf der Eliten, die in der Geschichte u. a. wegen der Verbindung von Luxus und Herrschaft einen »Friedhof von Eliten« sah (Trattato di Sociologia generale § 2053), hält diese Textstelle Herrschaft und den Selbstgenuß der herrschenden Gruppe für vereinbar. Sie setzt Prosperität voraus – vermutlich aufgrund blühender Wirtschaft seitens der Beherrschten und deren erfolgreicher Besteuerung und sieht in Herrschaft und Luxus der Herrenrasse die nihilismusüberwindende *»Rechtfertigung«* des Daseins der Beherrschten (a. a. O.).

Nietzsches Irrtum liegt hinsichtlich seiner politischen Rassenlehre in der Übernahme des Gobineauschen Axioms, »Rasse« sein Träger, Substanz von Zivilisation. Er hätte bei *Ernest Renan* (1823–1892) nachlesen können, daß »Rasse« ein zoologischer Begriff ist, der eine politische Verwendung nicht zuläßt. Dasselbe gilt für die Verbindung von Sprache und »Rasse-Bedingungen«, die

Nietzsche in Nr. 20 von »Jenseits von Gut und Böse« stiften möchte. Bei Renan heißt es: »Das Studium der Rasse ist wesentlich für den Gelehrten, der sich mit der Geschichte der Menschheit beschäftigt. Sie findet keine Anwendung in der Politik.«[16] Und: »Die Sprachen sind historische Formationen, die wenig über das Blut (sur le sang) derer aussagen, die sie sprechen.« Nietzsche haßte Renan, seinen »Antipoden« (Jenseits von Gut und Böse, Nr. 48, vgl. auch Der Antichrist, Nr. 29) – ein Haß, der offenbar blind machte gegen Renans anti-gobineausche Wahrheiten über den Status von Rassenontologien.

Nun ließe sich gegen die hier vorgetragenen Argumente zur politischen Rassenontologie Nietzsches einwenden, sie würden in die Gegenrichtung übertreiben. Wurde Nietzsche von fast allen Seiten von Rassismus freigesprochen, so kehren wir die Argumentation um. Dieser Einwand bietet Gelegenheit für eine weiterreichende Klärung, denn Nietzsche bleibt nicht bei Gobineau stehen. Gobineau beschreibt die Gefahr des Niedergangs der arisch-weißen Rasse infolge einer zur leiblichen Verausgabung führenden Rassenmischung. Nietzsche hingegen will diese Dekadenz-Diagnose Gobineaus in einem weit über Gobineau hinausführenden Sinn nutzen: Die faktischen Rassenmischungen, die Tendenzen zur Ausgleichung sind voranzutreiben, da sie eine Chance zur politischen Entmachtung der Vielen bieten. Wenn der Durchschnittsmensch erreicht ist, dann entstehen Erfordernis, Wunsch und Bedürfnis nach »höheren Typen«, die den Menschen rechtfertigen. Die Rassendekadenz erzeugt über einen Massennihilismus das Bedürfnis (der Massen) zur »Höherzüchtung« von Exemplaren.

Gobineau kann durch Darwins bzw. Galtons Züchtungsgedanken erweitert werden. Auf diese Weise wird nicht nur ein biologischer Rassenbegriff mit kulturdeterministischen Konsequenzen vertreten. Unterscheidet man zwischen einer kulturgeschichtlichen, einer sozialdarwinistischen und einer synkretistischen Rassentheorie, so scheint Nietzsche den letzteren Typus zu vertreten,

d. h. eine *synkretistische* Theorie der Rassen. Ihr Kennzeichen ist generell die Verbindung von rassischem Kulturdeterminismus mit dem Gedanken der Höherzüchtung.[17]

Nietzsche benötigt eine Rassentheorie. Er benötigt sie, um ihre Gobineausche Statik in die *Dynamik* eines nicht zu beklagenden Ausgleichs der Rassen zu übersetzen, der wiederum Chancen für die Züchtung einer Herrenrasse eröffnet. Diese Dynamisierung einer ursprünglich statisch konzipierten Rassenlehre einschließlich einer Umwertung der Rassenmischung ist – auf ontologischer Ebene – der Kern dessen, was Nietzsche mit »Politik« bezeichnet. Es gibt jedoch noch eine weitere, werttheoretische und dem Anspruch nach moralauflösende Bedeutung von »Politik« bei Nietzsche (vgl. das folgende Kapitel). Als einen Beleg für Nietzsches Dynamisierung von Gobineaus Rassentheorie lese man aus dem Nachlaß 1887/88: »Gesammt-Anblick des künftigen Europäers: derselbe als das intelligenteste Sklaventhier [...] Wie möchte sich aus ihm eine *stärkere* Art herausheben? [...] Problem: wo sind die Barbaren des 20. Jahrhunderts? Offenbar werden sie erst nach ungeheuren socialistischen Krisen sichtbar werden und sich consolidiren« (VIII, 2, S. 259f., Nr. 11 [31]).

*

Versuchen wir nun Vergleiche mit dem, was im 20. Jahrhundert mit Nietzsches Konzepten geschah. Zunächst liegen Vergleiche mit *Oswald Spengler* und *Ernst Jünger* scheinbar näher als mit der Barbarei der Nationalsozialisten. Spengler und Jünger verstanden sich beide als Nachfolger Nietzsches und können, unbeschadet ihrer Eigenheiten und Andersartigkeit, als Vorläufer, gar als Wegbereiter des Nationalsozialismus verstanden werden (vgl. Petzold 1983).

Spenglers Diagnosen bleiben zutiefst kulturpessimistisch, Jüngers Äußerungen dagegen sind forciert erwartungsvoll. Keiner besitzt mehr Nietzsches Mischung aus Emphase und Unbestimmtheit. Erst das faschistische

Werk reicht wieder an Nietzsche heran. Für Spengler bedeutet »Rasse« etwas »für alle Lebensfragen Entscheidendes«. Aber man habe die Finger davon zu lassen, »Rasse« wissenschaftlich zu begreifen. »Rasse« werde nur in einem untrüglichen Fühlen zugänglich (Spengler 1973, S. 712). Nietzsches ›wissenschaftlich‹ gesicherter Rassenbegriff soll damit offenbar vor möglichen Relativierungen durch die Wissenschaften geschützt werden. »Rasse« bleibt elementar, und ihre Ursprünglichkeit ist dem wissenschaftlichen Blick strukturell entzogen.

Spengler wiederholt in »Der Mensch und die Technik. Beitrag zu einer Philosophie des Lebens« (München 1931) Nietzsches Beschreibungen der Menschen-Raubtiere und der naturwüchsigen Rangordnung: »Es gibt [...] eine Raubtier- und eine Pflanzenfresserethik. Niemand ist imstande, daran etwas zu ändern [...] Man kann das Leben vernichten, aber nicht in seiner Art verändern« (S. 21). Die weiße Rasse hat in der Technik sich die Welt zur Beute ihrer Raubtierart gemacht, wurde der Technik aber müde, neigt einem Ende zu; es entsteht die zur Formlosigkeit entleerte Herrschaft des »Cäsarismus«. Es komme deshalb auf das Ausharren auf verlorenem Posten an: »Das ist Größe, das heißt Rasse haben« (S. 89). Die »prachtvolle Spannung des Geistes« in Europa, von der Nietzsche sprach (Jenseits von Gut und Böse, Vorrede), ist bei Spengler verschwunden. Nietzsches Raubtier der Vorzeit ist zu einem ermüdeten Beutetier der Jetztzeit gealtert.

Ernst Jünger forderte die »totale Mobilmachung«, verstanden als »eine Rüstung bis ins innerste Mark, bis in den feinsten Lebensnerv« (1934, S. 11). Im »Arbeiter« werden »Leben und Kultur identisch« (1932, S. 155). Aufzubauen sei die Pyramide einer »Rangordnung«, in der die »Gesetze des Krieges« ebenfalls »für die Wirtschaft und für jedes andere Gebiet« gelten (S. 144; vgl. Nietzsche: »Eine hohe Cultur ist eine Pyramide«, Der Antichrist, Nr. 57): eine unterste Stufe als »totale Verpflichtung«; eine zweite Ebene als planmäßige Konstruktion; auf höchster Stufe der Einzelne in Beziehung auf den »*totalen* Arbeitscharakter«. So werde »Weltherrschaft möglich sein« (S. 146–148). Die Totalität bedeutet dabei »Rasse«, aber als Totalität, d. h. ohne Unterschied zwischen biologischem und kulturellem Leben (S. 145). Was Jünger hier den Nietzscheschen Zügen politischer Ordnung nimmt, ist die Leichtigkeit des Daseins der Herrenrasse. Alle Unterschiede werden zu einem Dienst an der Arbeit eingeschmolzen. Was er Spengler hinzufügt, ist Aussicht auf Weltherrschaft. Hieß bei Spengler »Rasse«, daß auf verlorenem Posten auszuharren sei, so versteht Ernst Jünger unter »Rasse«, daß jeder sich auf seinem Posten einfindet, auf daß gemeinsam gesiegt werde.

*

Bevor auf Nietzsches Schillern im Hinblick auf eine politische Ontologie der Rasse zurückzukommen ist, sei nun ein Vergleich zwischen den Folgerungen Nietzsches und denen der Nationalsozialisten aus Gobineau beschrieben. Gobineau wollte ein natürliches Rassendasein der Menschen, die sich u. a. in starke und schwache Rassen teilen, mit wissenschaftlichem Gestus zur unterschütterlichen Basis der kulturellen Phänomene erklären. Nietzsche zieht daraus verschiedene Folgerungen: Natürliches Sich-Ausleben der Herrenrasse; Rassenleben statt unnatürlicher Moral mit der Folge von nihilistischem Sinnverlust; Vernichtung verfallender Rassen als Sterbehilfe für die, die untergehen wollen; Züchtung einer Herrenrasse für Europa und die gesamte Erde, z. B. aus Deutschen und Juden. Auf den ersten Blick sehen die nationalsozialistischen Ansichten, Absichten und Taten – trotz der mit Nietzsche geteilten Voraussetzung »Gobineau« – ein wenig anders aus: Rasse stellt die natürliche und kulturelle Wahrheit dar; die arisch-germanische Rasse wird durch die jüdische Rasse bedroht; Vernichtung der jüdischen Rasse; Möglichkeit der Weltherrschaft der arisch-germanischen Rasse nach erfolgreicher Vernichtung der jüdischen Rasse.

Es bleibt etwas Irritierendes in dieser Gegenüberstellung. Nietzsche verfügt über die vergleichsweise weitere Perspektive: An die Stelle einer Panik, einer Verschwörungs- oder Bedrohungstheorie – die er in Gestalt des Antisemitismus seiner Zeit verachtet – tritt die Frage nach der Bedingung dessen, was für Philosophie verhältnismäßig selbstverständlich war: die Infragestellung des Universalitätsanspruches von moralischen Normen, Werten und Institutionen (wie z. B. das Lügenverbot, das Gebot der Erhaltung des Lebens oder die Institutionen des Staates, der Kirchen). Es geht Nietzsche um eine in seinen Augen gerechtere Gesamtordnung, als es die Herrschaft der universalistischen Moral zuläßt, somit um die Abwägung des geringeren Übels und die Forderung nach politischer Umgestaltung. Die neue Ordnung soll der »vornehmen Rasse« geben, was ihr zukommt, und der nichtvornehmen Rasse, was diese anstrebt, nämlich Ausgleich, rechtliche und materielle Gleichheit. All dies zu benennen – und das hat das Schrifttum zu Nietzsche ja monoton getan – führt an Analogien mit dem Nationalsozialismus nicht vorbei, sondern nur in unbestimmter Weise an sie heran. Diese Unbestimmtheit gilt es zu präzisieren. Ein Ergebnis wird in zweierlei Form möglich.

1. Die politische Rassenontologie Nietzsches kommt mit Ansicht, Absicht und Ausführung der Nationalsozialisten in folgenden Zügen überein: Beide legen »Rasse« als Kulturträger zugrunde; beide bezeichnen Bedrohungen des wahrhaft Rassischen; beide schlagen Radikalkuren gegen die Bedrohung vor; beide entwerfen Möglichkeiten einer Weltherrschaft nach Beseitigung der Bedrohung des Rassischen. Dieser Katalog an Übereinstimmungen ist *formal* und wird durch Abstraktionen von bestimmten inhaltlichen Besonderheiten möglich. Schematisch[18] (gestrichener Bereich = Inhaltliche Besonderheiten):

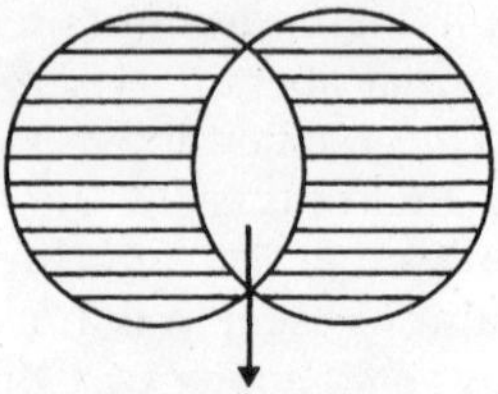

1. Rasse als Kulturträger
2. Bedrohung des wahrhaft Rassischen
3. Radikalkuren gegen die Bedrohung
4. Etablierung einer Weltherrschaft

2. Verschieden sind die Rassenlehren Nietzsches und der Nationalsozialisten in den Konsequenzen aus der Theorie Gobineaus. Das gilt für die folgenden Züge: Nietzsche sieht eine Bedrohung der europäischen Welt durch die bisherige, zur universellen Sinnkrise führende Moralität; die Nationalsozialisten sehen dagegen nur die germanisch-arische Rasse durch die jüdische Bevölkerung in Europa bedroht. Nietzsche schlägt eine Sterbehilfe gegenüber denen vor, die untergehen wollen; die Nationalsozialisten wollen und planen einen Völkermord (allerdings trat Nietzsche auch bereits für die Vernichtung von Schwachen, Parasitären ein, vgl. unten, S. 194 ff.). Nietzsche bestimmt der jüdischen Bevölkerung Deutschlands eine Vermischung mit Deutschen, um eine Herrenrasse heranzuzüchten; ferner intendiert er politische Rangordnung als Legitimation der Herrschenden vor den Beherrschten. Die Nationalsozialisten hingegen wollen eine Parteienherrschaft unter Einschluß terroristischer Mittel. Diese Auflistung betrifft die *inhaltlichen* Züge. Schematisch (gestrichener Bereich = formale Übereinstimmungen):

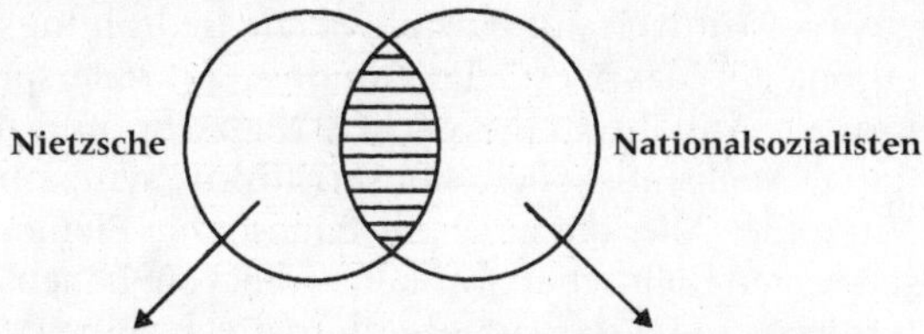

Nietzsche	Nationalsozialisten
1. Nihilistische Bedrohung der europäischen Welt durch universalistische Moral	1. Bedrohung der arisch-germanischen Rasse durch die jüdische Bevölkerung
2.1 Sterbehilfe angesichts der Todeswünsche der Schwachen 2.2 Vermischung von Deutschen und Juden zwecks Höherzüchtung einer europäischen Herrenrasse	2. Völkermord an den Juden
3. Politische Rangordnung mit Rechtfertigungsfunktion für Beherrschte	3. Parteienherrschaft unter Einschluß terroristischer Mittel

Was soll nun gelten, Übereinstimmung[19] oder Abweichung? In der Faschismusforschung besteht die Tradition, Faschismus als eine Spielart des Totalitarismus zu begreifen. Das geschieht durch gewisse Abstraktionen, die dann zur Identifikation gemeinsamer Züge zwischen Nationalsozialismus und Bolschewismus führen, z. B. die Existenz einer herrschenden Ideologie, einer Massenpartei, einer Geheimpolizei u. a. m. Der Gewinn dieses Verfahrens soll in der Erkenntnis *formaler* Kennzeichen bestehen. Kritisch ist darauf hingewiesen worden, daß diese Gemeinsamkeiten das Spezifische des Nationalsozialismus ausblenden, z. B. das Recht des Stärkeren, den Rassenkampf, natürliche Herrschaft (vgl. Kühnl 1979, Bd. 2, S. 122 ff.). Derselbe Einwand gilt mutatis mutandis auch für Nietzsche im Vergleich mit dem Nationalsozialismus: Das formale Verfahren wird den Besonderheiten beider nicht gerecht.

Ein weiterer Gesichtspunkt tritt hinzu: Diente die Totalitarismushypothese als Vergleich zwischen dem Dritten Reich und der UdSSR eher konservativen Interessen, etwa als Hinweis auf eine bleibende Bedrohung aus Osteuropa für das westliche Bündnis, so widerspricht die formale Annäherung zwischen Nietzsche und dem Nationalsozialismus allen konservativen Sympathien mit Nietzsche. Alle, die in seiner Philosophie Elemente konservativen politischen Denkens erblicken, haben eher ein Interesse an konservativen Alternativen zum Nationalsozialismus. An einer Liste von Gemeinsamkeiten kann dieser Strömung nicht gelegen sein.

Die Frage, welcher der beiden Vergleiche, der formale oder der inhaltliche, zu wählen sei, ist indessen falsch gestellt. Die formale Übereinstimmung und die inhaltliche Abweichung beider liegen zwar schon im Ansatz auf verschiedenen Ebenen, vermögen jedoch nicht, einander gegenseitig auszuschließen. Ein manipuliertes Nietzsche-Bild ergäbe sich, wenn nur *ein* Vergleich geboten würde. Dann nämlich müßten Nietzsche und der Nationalsozialismus einerseits als Einheit, andererseits als Verschiedenes erscheinen.

*

Es gibt in Nietzsches Votum für eine Rangordnung, für eine politische Herrschaft einer »vornehmen Rasse«, bzw. einer »Herrenrasse« einen weiteren, bisher nur gestreiften Zug, der ebenfalls einen Vergleich mit dem Faschismus herausfordert – der Aspekt des *»Glaubens«*. Glaube der Herrenrasse an sich, Glaube der Beherrschten an die, die da herrschen. »Die *ausgeglichene* Species bedarf einer *Rechtfertigung*, sobald sie [d. h. die Species] erreicht ist: sie [d. h. die Rechtfertigung] liegt im Dienste einer höheren, souveränen Art« (VIII, 2, S. 89f., Nr. 9 [13]). Es kommt an auf »einen Menschen, der *den* Menschen rechtfertigt, auf einen complementären und erlösenden Glücksfall des Menschen, um desswillen man *den Glauben an den Menschen* festhalten darf!« (Zur Genealogie der Moral I, Nr. 12). Es fehlt *»die höhere Species,* d. h. die, deren unerschöpfliche Fruchtbarkeit und Macht den Glauben an die Menschen aufrecht erhält« (VIII, 2, S. 21f., Nr. 9 [44]).

Nietzsche verweist auf Napoleon als Beispiel einer höheren Menschenart (vgl. dazu das folgende Kapitel). Infolge der universalistischen Moral geschieht es, daß die höheren Menschen »den Glauben an sich verlieren« (ibd.). Nietzsche setzt auf *Glauben* nicht nur an die Sendung einzelner politischer Führer, sondern setzt auf einen Glauben, der aus Sein folgt, d. h. aus der Existenz von »Herrenrassen«. Damit soll religiöser Glaube verabschiedet und ersetzt werden. Religiöser und speziell christlicher Glaube ist für Nietzsche ein Einwand gegen das, was geglaubt wird: »ein starker Glaube, der selig macht, ist ein Verdacht gegen Das, woran er glaubt, er begründet nicht ›Wahrheit‹, er begründet eine gewisse Wahrscheinlichkeit – der *Täuschung*« (Zur Genealogie der Moral III, Nr. 24).

Der religiöse Glaube – so wendet Nietzsche gegen christliche Auffassungen ein – meint im bloßen Glauben, in bloßer subjektiver Gewißheit schon die Wahrheit dessen zu besitzen, woran er glaubt, d. h. Gott und die eigene Seligkeit. Wenn er behauptet, daß die Vertreter der Herrenrasse den Glauben an den Menschen ausstrahlen, so scheint er sagen zu wollen: hier, bei den neuen Herren, geht das Sein dem Glauben voraus. Glaube wird nun von real existierenden Menschen ausgestrahlt. Nicht mehr soll – wie im Christentum – daraus, daß etwas geglaubt wird, folgen, daß das Geglaubte auch existiert. Glauben folgt dem Sein, nicht mehr das Sein dem Glauben. Nietzsches Schwierigkeit dabei ist, daß er das »Sein« der »Herren« nicht zeigen, sondern nur fordern kann.

Italo- und Germanofaschisten legten größtes Gewicht auf den Glauben an ihre politische Mission. Sie erkannten die Lücke, die der Verbindlichkeitsschwund des Christentums erzeugte, als ideologisches Defizit. Das kündigt sich in deklamatorischen Aussprüchen italienischer Faschisten an. *Gabriele d'Annunzio* schrieb: »Der Glaube ist Leben, der Glaube ist Ruhm.« Mussolini erklärte 1922: »Wäre der Faschismus nicht ein Glaube, wie könnte er seinen Gefolgsleuten den Stoizismus und den Mut geben? Nur ein Glaube, der religiöse Höhen erreicht hat, nur ein

Glaube vermochte die Worte von den nunmehr blutlosen Lippen Federico Florios [ein Kampfgenosse Mussolinis, B. T.] ausgehen lassen.« Ein anderer, Nazareno Mezzetti, schrieb: »Ohne einen Glauben läßt sich keine Politik machen, keine Geschichte schaffen [...] alle Parteien und Fraktionen des Regimes der Vergangenheit haben ihr Lebensrecht verloren, weil sie keinen Glauben besessen haben« (zit. nach Montemaggiori 1934, S. 349–354).

Im Vergleich zu Nietzsche fällt eines auf: Die Italofaschisten setzen den religiösen Glauben mit politischen Mitteln fort. Für »Gott« oder »eigene Seligkeit« setzen sie politische Inhalte des Faschismus ein. Das mag aus Gründen politischer Taktik naheliegen. Die an den Katholizismus gewöhnten und zugleich desorientierten Massen können auf diese Weise für politische Glaubensinhalte gewonnen werden. Aber auch in den weiteren Andeutungen einer Theorie von »fede« (Glauben) wird das, was Nietzsche offenbar wollte, nicht berührt. Die Rhetorik der italienischen Faschisten ist nicht die Rede vornehmer Rassenexemplare, die dank des Glanzes ihrer Existenz bei den übrigen Menschen Glauben erwecken. Es geht in den Äußerungen der Faschisten vielmehr um eine Bewegung, die vom Glauben ausgeht. Nietzsche versuchte, von schon gewesenen Existenzen (Napoleon) oder von möglichen Herren auszugehen, die Glauben ausstrahlen. Die Italofaschisten reden von Glaubensgefühlen, die nach Seinsbestätigungen suchen. Bei Nietzsche soll der politische Glaube das (objektive) Dasein einer Herrenrasse bestätigen, bei den Italofaschisten sind die Gefühle politischen Glaubens auf der Suche nach objektiven Inhalten.

Anders verhält es sich im Germanofaschismus. In *Alfred Rosenbergs* »Der Mythus des 20. Jahrhunderts« heißt es:

»Kraft und Seele und rassische Einstellung müssen zusammenfallen, um den kommenden Typus schaffen zu helfen. Dies durchzuführen, ist die erste und letzte Aufgabe eines Führers der deutschen Zukunft. [...] Ein Glaube, ein Mythus ist nur dann echt, wenn er den *ganzen* Menschen erfaßt hat; und mag der politische

Führer an dem Umkreis seines Heeres seine Gefolgschaft nicht im einzelnen prüfen können, im Zentrum des Ordens muß absolute Geradlinigkeit durchgeführt werden [...] Ehre der deutschen Nation. Sie ist der Mythus, der den Typus des Deutschen der Zukunft bestimmen muß« (74. Aufl., 1935, S. 513 und S. 521 f.).

Hier mischt sich ein von Nietzsche geborgtes Pathos (»kommender Typus«, der zu »schaffen« ist) mit dem romantizistischen Rezept eines politischen Ordens, dessen Ziel die »Ehre der deutschen Nation« darstellt: Das Sakrale wird durch einen politischen Inhalt ersetzt. Der »Glaube« ist nicht mehr, wie bei den Italofaschisten, Gefühl auf der Suche nach Bestätigungen. Er ist aber auch nicht, wie in der politischen Konzeption Nietzsches, eine Bestätigung auf der Suche nach einem Gefühl. Eine Zwischenstellung wird eingenommen: Glaube als Mittel, um etwas zu erreichen, das als fest normiert erscheint. Wegen dieser Normierung heißt »Glaube« hier »Mythus«: eine Zielnormierung, die alles Bisherige überschreiten soll. Weil das Ziel im Transzendenten liegt, kann Rosenberg – in dauernder Begriffsverwirrung – »Mythos«, »Mystik« und »Metaphysik« als synonym betrachten. In einem von Juden gereinigten Deutschland werde es also geschehen, daß »die Politik wieder zur Metaphysik zurückführt« (S. 676).

Bertolt Brecht dürfte Hitlers Selbstinterpretation getroffen haben, wenn er seinen Arturo Ui, den verfremdetechten Hitler, verkünden läßt:

Arturo Ui:
Warum konnt ich das alles
Schaffen, was meint ihr? Weil ich den Glauben hatte!
Weil ich fanatisch glaubte an die Sache.
[...]
In nackten Händen nichts
Als meinen unerschütterlichen Glauben!
Ernesto Roma:
[verfremdet für: Ernst Röhm, B. T.]:
Und
Den Browning!

Arturo Ui:

Nein. Den haben andere auch.
Doch was sie nicht haben, ist der feste Glaube,
Daß sie zum Führer vorbestimmt sind. Und so müßt ihr
Auch an mich glauben! Glauben müßt ihr, glauben!
Daß ich das Beste will für euch und weiß,
Was dieses Beste ist.«

(B. Brecht, Stücke in einem Band, Frankfurt/Main 1978, S. 714).

Diese Parodie der innersten Rechtfertigung des Nationalsozialismus läßt erkennen: Glaube ist von einem Gefühl, das selig zu machen verspricht – religiös im christlichen oder politisch im Sinne Mussolinis – zu einem Gefühl geworden, das als Befehl, als Imperativ verlangt wird. Die Sicht Nietzsches, d. h. eine politische Existenz, von der Glauben selbstverständlich ausgeht, ist nicht erreicht; es bleibt bei einem Glaubensbefehl statt beim Glauben. Nietzsches Sicht bleibt, politisch verstanden, phantasmagorisch, aber Nietzsche scheint dies gewußt zu haben. Der nationalsozialistische Glaubensimperativ war ebenfalls phantasmagorisch, aber ohne Bewußtsein davon. Hitler/Arturo Ui geht es vor allem um die Suggestion: um die Ausschaltung des Sehens, die Erblindung im Glauben, den Glauben als Erblindung des Urteils. Nietzsche dagegen formulierte drei Grundforderungen an die Pädagogik: Erziehung zum Sehen, zum Denken, zum Sprechen (Götzen-Dämmerung, Was den Deutschen abgeht, Nr. 6).

Nietzsche will nicht auf den Entwurf von Wenigenherrschaft und Rassenontologie *festgelegt* werden. Er sei »nicht ›deutsch‹ genug, wie heute das Wort ›deutsch‹ gang und gäbe ist, um dem Nationalismus und dem Rassenhass das Wort zu reden, […] an jener verlognen Rassen- und Selbstbewunderung und Unzucht theilzunehmen, welche sich heute in Deutschland als Zeichen deutscher Gesinnung zur Schau trägt« (»Die fröhliche Wissenschaft«, Nr. 377). Er ziehe es vor, so heißt es im gleichen Text, »auf Bergen zu leben, abseits, ›unzeitgemäß‹«. »Frei steht grossen Seelen ein freies Leben« (Also sprach Zarathustra I, Vom neuen Götzen). Ein Ruf zum Apolitischen, zur Würde außerpolitischer Existenz wird hörbar. Das »Lebe im Verborgenen!« (Láhte biósas!) des von Nietzsche sehr geschätzten *Epikur* klingt an (vgl. unten, S. 185). Der griechische Philosoph Epikur schrieb auch: »Der Selbstgenügsamkeit größte Frucht ist: die Freiheit« (Tes autárkeias kárpos mégistos eleuthería: Epikur, Stuttgart 1985, S. 96, Nr. 77). Sein von ihm nie verleugneter Lehrer *Arthur Schopenhauer* (1788–1860) dichtete jene bekannte Fabel von den Stachelschweinen, die den rechten Abstand herausfanden zum Nachbarn: ein Zustand, in welchem man sich am Nachbarn wärmt, ohne von ihm gestochen zu werden. Doch Schopenhauer läßt keinen Zweifel daran, daß die Lebensweise der Vornehmen dieses Stachelschweinglück meiden wird: »Wer jedoch viel eigene, innere Wärme hat, bleibt lieber aus der Gesellschaft weg, um keine Beschwerde zu geben, noch zu empfangen!« (Parerga und Paralipomena II, § 396).

*

Nietzsches Denken schillert. Er verkündet den wärmsten Pazifismus der Gesinnung und die Notwendigkeit des Krieges. Es formuliert eine politische Rassenontologie der Befreiung von den bisherigen jüdischen Werten mit dem Ziel der Züchtung einer Herrenrasse (z. B. aus Deutschen und Juden) und es verlangt den Rückzug vom politischen Denken. Dieses Schillern, der Wechsel der Optik und der Wertungen, ergibt jedoch kein hinreichend starkes Argument zur ideologischen Entflechtung zwischen ihm und dem Faschismus. Dieser konnte zu dem simpelsten Mittel greifen, um Nietzsches Widersprüchlichkeit loszuwerden: Reden von dem einen, Schweigen von dem anderen.

Eine einfache ideologische Entflechtung ist ebenso wenig in Sicht wie eine simple ideologische Gleichsetzung. Auch kommt es auf den Grad der Abstraktion an, mit dem Nietzsche und der Faschismus verglichen werden. Wie sich zeigte, bilden Nietzsches politische Rassenontologie und der Nationalsozialismus eine gemeinsame Klasse von Theorie bzw. Praxis in *formaler* Hinsicht. *Inhaltlich* stimmen beide nicht in allen Punkten überein: Nietzsches werttheoretischer Antijudaismus führt im Politischen zur Beschreibung einer aus Deutschen und Juden gemeinsam zu züchtenden Herrenrasse. Der nationalsozialistische Holocaust muß aus Nietzsches Perspektive als die größtmögliche Gleichung von Verbrechen und Dummheit erscheinen: hier hat der Antisemitismus die – in der Sicht Nietzsches – größten Zukunftschancen zugunsten der niedrigsten nationalistischen Ressentiments verkannt und vertan. Allerdings muß Nietzsches Antisemitenfeindschaft wiederum seine Judenverachtung gegenübergestellt werden. Deren menschenverachtender Zug offenbart sich in »Der Antichrist« Nr. 46: »Wir würden ›erste Christen‹ so wenig wie polnische Juden zum Umgang wählen [...] Sie riechen beide nicht gut [...] Pilatus, der römische Statthalter. Einen Judenhandel *ernst* zu nehmen – dazu überredet er sich nicht. Ein Jude mehr oder weniger – was liegt daran?« Auch sollte man nicht vergessen, daß Nietzsche auf maßlose Forderungen nach Menschenvernichtung keineswegs verzichtet. Im Gegenteil: »durch Vernichtung von Millionen Mißrathener den zukünftigen Menschen [...] gestalten« (VII, 2, S. 94, Nr. 25 [235]). Von Nietzsches wilden Massenvernichtungsphantasien wird im dritten Teil zu handeln sein.

Zweideutige politische Eindeutigkeit

Nietzsche schwankt zwischen pazifistischer Kriegsächtung und faschistoider Kriegsontologie, Anti-Antisemitismus, politischem Rassedenken und dem Votum für eine außerpolitische Existenz. Läßt er sich überhaupt fassen? Kann man ihn auf politische Äußerungen festlegen, die nicht zweideutig sind?

Politisch eindeutige Absichten bekundet die Briefstelle vom 3. Januar 1889: »Ich habe eben Besitz ergriffen von meinem Reich, werfe den Papst ins Gefängniß und lasse Wilhelm, Bismarck und Stöcker erschießen.« Aber diese

Äußerung gehört zu den Zeugnissen des Ausbruchs von Nietzsches Wahnsinn. Die psychiatrische Diagnostik Nietzsches legt eine siphylitische Infektion im Juni 1865 zugrunde. Diese damals unheilbar hirnzerstörende Krankheit hat aber trotz mehrerer Schübe und Stadien vor 1889/90 keine Umnachtung des Philosophen verursacht. Jedenfalls ergibt sich dieser Befund aus ausführlichen medizinischen (nicht: »medizynischen«, wie Nietzsche einmal sagte) Recherchen, die sich wie folgt auflisten lassen:

Mitte Juni 1865	Luetische Infektion. Primärstadium.
Juli 1865	Frühluetische Meningitis. Sekundärstadium.
(1868) 1873	Vorboten des Tertiärstadiums. Tertiäre Hirnsyphilis (basale meningitische Form). Bis 1885 nachweisbar.
Januar 1880	Höhepunkt der (rein neurologischen) Hirnsyphilis.
Februar 1880	Beginn der Paralyse (Euphorie, Expansion).
1880–1883	Erster paralytischer Schub (Expansion und paranoisch-halluzinatorischer, schizophrenieartiger Komplex in milder Form).
1884	Paralytische Remission.
1885	Hirnsyphilis (Augenleiden) und Paralyse nebeneinander.
Ende 1887	Ende der Remission. Beginn des zweiten Schubs mit Exazerbation (Expansion) und Progression der Paralyse.
Ende Dez. 1888	Schwerste Progression. Zusammenbruch.
1889–1890	Zweiter Schub der Paralyse mit Demenz. Symptomenkomplexe: 1. Expansion: Größenwahn, maßlose Euphorie. 2. paranoid-halluzinatorisch: Verfolgungsideen, Gehörs-, Gesichts-, Geschmacks- und Tasthalluzinationen.
März 1890	Ende des akuten Schubs und der Erregung.
1890–1900	Endzustand mit Dauerdefekt und Verblödung. Endgültige Diagnose: Schizophrenieartige und expansive Form der stationären Paralyse.

Quelle: W. Lange-Eichbaum 1961, S. 399ff.; vgl. auch: Lange-Eichbaum 1947, S. 37f.

Nietzsches Absicht der Gefangensetzung des Papstes und der Erschießung maßgeblicher Politiker des Zweiten Reiches entspricht zwar noch seiner Feindschaft gegen das Zweite Reich, seinem Anti-Antisemitismus oder der Entpflichtung des Papstes nach dem Tode Gottes; aber es bleibt nur eine Bereitschaft zu politischen Terrorakten übrig. Auch wenn es Wahnsinn ist, hat es keinerlei Methode mehr.

Als interessante politische Eindeutigkeit erweist sich dagegen die Nummer 16 des ersten Teils von »Zur Genealogie der Moral«: Die bisherige Geschichte ist beschreibbar als ein Kampf zwischen zwei entgegengesetzten Werten, denen der Aristokratie und Vornehmheit und denen des Ressentiments. Ressentiments sind geistige Rachehandlungen für Unterlegenheiten und Unterdrückung. Aristokratie wird laut Nietzsche von den Römern, Ressentiments von den Juden verkörpert. »Das Symbol dieses Kampfes, in einer Schrift geschrieben, die über alle Menschengeschichte hinweg bisher lesbar blieb, heisst ›Rom gegen Judäa, Judäa gegen Rom‹: – es gab bisher kein grösseres Ereignis als *diesen* Kampf, *diese* Fragestellung, *diesen* todfeindlichen Widerspruch.« Nietzsche erzählt hier und an anderer Stelle Etappen der Geschichte dieses Kampfes. Es ist eine Geschichte, die keine Gesetzlichkeit kennt, sondern nur ein Kampfgeschehen. In der Renaissance siegte, so Nietzsche, kurzzeitig das römisch-aristokratische Ideal, wurde aber von der Reformation wieder besiegt. Im 17. und 18. Jahrhundert konnte sich jedoch lokal, nämlich in der französischen Feudalaristokratie, der römische Wert erhalten und entfalten. Dann aber setzte die französische Revolution ein und nach ihr – Napoleon. Nietzsche schildert dies so:

»In einem sogar entscheidenderen und tieferen Sinne als damals kam Judäa noch einmal mit der französischen Revolution zum Siege über das klassische Ideal: die letzte politische Vornehmheit, die es in Europa gab, die des siebzehnten und achtzehnten französischen Jahrhunderts brach unter den volksthümlichen Ressentiments-Instinkten zusammen, – es wurde niemals auf Erden ein grösserer Jubel, eine lärmendere Begeisterung gehört! Zwar geschah mitten darin das Ungeheuerste, das Unerwartetste: das antike Ideal selbst trat leibhaft und mit unerhörter Pracht vor Auge und Gewissen der Menschheit, – und noch einmal, stärker, einfacher, eindringlicher als je, erscholl gegenüber der alten Lügen-Losung des Ressentiments vom Vorrecht der Meisten, gegenüber dem Willen zur Niederung, zur Erniedrigung, zur Ausgleichung, zum Abwärts und Abendwärts des Menschen die furchtbare und entzückende Gegenlosung zum Vorrecht der Wenigsten! Wie ein letzter Fingerzeig zum andren Weg erschien Napoleon, jener einzelnste und spätestgeborne Mensch, den es jemals gab, und in ihm das fleischgewordne Problem des vornehmen Ideals an sich – man überlege wohl, was es für ein Problem ist: Napoleon, diese Synthesis von Unmensch und Übermensch ...« (ibd.)

Der Wertgegensatz und Wertkampf ist übergeschichtlich. Aus ihm lassen sich die Abläufe der Ereignisse weder erklären noch vorhersagen. Nietzsche stellt einen Gegensatz und einen Kampf der Werte fest und steht selber auf der Seite der aristokratischen Wertungen. Der Wertkampf wird auf eine Formel gebracht: »*Vorrecht der Meisten*« vs. »*Vorrecht der Wenigsten*«. Nietzsches politisch eindeutige Stellungnahme liegt in einem Votum für die Herrschaft weniger über viele.

Bei einem Philosophen darf man erwarten und fordern, daß er bei einer Wertaussage nicht stehenbleibt. Zum Philosophieren gehört seit der Antike ein begründetes und rechtfertigendes Urteilen. Ohne Begründen keine philosophische Aussage, ohne philosophische Aussage kein Begründen. Mit dem Faschismus – und auch dem Syndikalismus, schrieb 1930 der spanische Philosoph *Ortega y Gasset* – sei in Europa erstmalig ein Menschentypus aufgetreten, »der *darauf verzichtet, Gründe anzugeben und recht zu haben,* der sich schlechtweg entschlossen zeigt, seine Meinung durchzusetzen. Das ist neu: das Recht darauf, nicht recht zu haben, Grundlosigkeit als Grund.«[20] Nietzsches Text scheint das zu bestätigen: Das Recht von wenigen zur Herrschaft über viele wird behauptet – freilich auch nicht mehr! Wo bleibt die Begründung? Sie kann nicht in einer rechtlichen Garantie für die Unantastbarkeit der Person von »Aristokraten« in einer demokratischen Gesellschaft liegen: Es geht um *Herrschaft* der »Aristokraten«, nicht um ihre Tolerierung.

Nietzsche verweigert eine Begründung für seine Forderung nach Wenigenherrschaft. Er liefert keine Legitimationstheorie absolutistischer Herrschaft wie einst Hobbes oder Hegel. Es fehlt jeglicher Versuch, politische Herrschaft z. B. als Abwendung eines Kampfes aller gegen alle (Hobbes) oder als Einheit zu fassen, die die Entfaltung der bürgerlichen Gesellschaft in ihrer gesamten Dynamik garantieren soll (Hegel). Auch nimmt Nietzsche Herrschaft nicht in der Optik eines Kalküls wahr, das nach Maßgabe eines Gesamtnutzens, eines Wohles für alle argumentiert. Den Gedanken einer utilitaristischen Ethik im Sinne *J. Benthams* – wonach ›gut‹ dasjenige ist, was nicht mir, sondern der größten Zahl von Menschen dient, hat Nietzsche mit folgender Bemerkung abgelehnt: »Keins von allen diesen [...] Herdenthieren (die die Sache des Egoismus als Sache der allgemeinen Wohlfahrt zu führen unternehmen –) will etwas davon wissen oder riechen, dass die ›allgemeine Wohlfahrt‹ kein Ideal, kein Ziel, kein irgendwie fassbarer Begriff, sondern nur ein Brechmittel ist, – dass, was dem Einen billig ist, durchaus noch nicht dem Andern billig sein *kann,* dass die Forderung Einer Moral für Alle die Beeinträchtigung gerade der höheren Menschen ist, kurz, dass es eine *Rangordnung* zwischen Mensch und Mensch, folglich auch zwischen Moral und Moral giebt« (Jenseits von Gut und Böse, Nr. 228).

Die Karikatur, die Verzeichnung ins Lächerliche ist hier, wie auch sonst bei Nietzsche, schon fast Methode. Es scheint, daß die Karikatur die Begründung ersetzt, denn begründet wird auch hier nicht. Der moralische Imperativ des Utilitarismus (»Handle so, daß aus deinem Handeln möglichst viel Nutzen für möglichst viele Menschen folgt!«) wird als maskierter Egoismus verstanden.

Während die Utilitaristen mit dem Prinzip des Gesamtnutzens Egoismus überwinden, bleibt Nietzsche bei seiner Unterstellung. Am Anliegen des Utilitarismus geht dies ebenso vorbei wie die Behauptung, wer beweisen wolle, daß $2 \times 2 = 4$ ist, nehme insgeheim für sich in Anspruch, daß 5 das Ergebnis sei. Mit dem Prinzip des Gesamtnutzens, so Nietzsche weiter, werde dieselbe Moral für alle eingeführt, und genau das widerspreche einer ursprünglichen »Rangordnung« zwischen den Menschen.

»Rangordnung« heißt eine der »Wahrheiten« Nietzsches; Rangordnung statt Gleichstellung. Die jüdischen Werte laufen auf Gleichstellung der Menschen hinaus, die römischen auf Nicht-Gleichstellung. Die französische Revolution hat eine bestehende Rangordnung zertrümmert, nämlich die absolutistische Monarchie von Ludwig XIV. bis zu Ludwig XVI., und für kurze Zeit Gleichstellung, Gleichberechtigung praktiziert oder zumindest propagiert. Im Wertkampf siegt an dieser Stelle das »Judentum«. Das ist für Nietzsche das Schlechte und Verwerfliche. Gut und wünschenswert bleibt ein Sieg der römischen Wertung.

Vielleicht folgt Nietzsches Nichtbegründen seines eindeutigen Votums für eine Wenigenherrschaft aber doch einer Methode. Jedenfalls heißt Nietzsche verstehen immer auch: Ausschauhalten nach Begründungen und Argumenten, die er unmittelbar nicht liefert.

Seine Äußerungen zur Wenigenherrschaft gehören zur Ethik, denn sie bestimmen, wie richtiges Handeln erfolgen soll. Ebenso gehören sie in ein anderes Gebiet: Rangordnungen zwischen Menschen, zwischen zwei Arten von Individuen, den Schwachen und den Starken, bedeuten eine Aussage über ein Sein. Ein Sein der Stärke, ein Sein der Schwäche. Nietzsche unterscheidet zwei Arten von Menschen, wie die Zoologie Tierarten unterscheidet. Er verwendet dazu den Begriff der *Rasse*, der von Gobineau bereitgestellt und von Renan gleichzeitig als Pseudobegriff für die Kulturwissenschaften entlarvt worden ist. Die ethische Rangunterscheidung soll durch die seinsmäßige Distinktion der »Rassen« ergänzt bzw. letztlich begründet werden. »Rasse« soll ontologisch, seinsbestimmend, den ethisch bedeutsamen Unterschied der Wenigenherrschaft stützen. Nietzsches Absicht ist dabei eine politische. Im politischen Zusammenhang der Wenigenherrschaft kommen offenbar Ethik und Ontologie des Rangunterschiedes zusammen. Ein ethisch-ontologischer und ein ethisch-politischer Zug lassen sich unterscheiden.

Gehen wir diesen Spuren nach, um die Eindeutigkeit Nietzsches politischem Votum zu verstehen, daß wenige über viele herrschen müssen, so ergibt sich folgender Zusammenhang:

Der *ethisch-politische Aspekt* scheint zunächst auf einen handgreiflichen Schnitzer Nietzsches zu führen. Es existiert eine Rangordnung zwischen Starken und Schwachen, und folglich *soll* auch eine Gesamtordnung bestehen, die der Rangordnung entspricht. Hier wird fälschlich von »Sein« auf »Sollen« geschlossen. Nietzsches Texte legen einen solchen Fehlschluß nicht unbedingt nahe. Nietzsche tappt nicht in die Falle, seinen Schluß so aufzubauen:

Wer stark ist, herrscht.
A ist stark.
―――――――――――
Also soll A herrschen.

Der zitierte Text aus »Jenseits von Gut und Böse« gegen die Utilitaristen und alle Parallelstellen laufen keineswegs auf einen plumpen Fehlschluß hinaus. Nietzsche ist auch nicht im ganzen ein Feind der Logik in dem Sinn wie jene Lügner Feinde der Wahrheit sind, die sehr viele wahre Sätze benötigen, damit die Lügen nicht auffallen. Seine Rede von der Rangordnung und Herrschaft kann in seinem Sinn korrekt so aufgefaßt werden:

Wer stark ist, soll herrschen.
A ist stark.
―――――――――――
Also soll A herrschen.

Diese Ableitung ist logisch einwandfrei, da ein Sollenssatz – sofern wir von weiteren Finessen ethischer Argumentationstheorie absehen – nur aus Sätzen ableitbar ist, in denen mindestens ein Sollenssatz vorkommt. Nietzsche zieht hier keinen platten Fehlschluß, aus dem ihm ein Strick gedreht werden könnte.

Das Problem liegt anderswo: Nietzsche fordert zwei Moralen, eine Rangordnung zweier Moralen. Das wirkt anstößig. Moraltheoretikern geht es normalerweise nur um *eine* Moral, d.h. um Regeln des Handelns, in denen für alle Menschen verbindlich bestimmt wird, was »gut« bedeutet. In der antiken Philosophie wurde generell der »Sklave« von diesen Regeln ausgeschlossen. Nietzsche beneidet Platon und Aristoteles darum, daß sie die »Sklaven« von der Teilhabe an den Regeln der Sittlichkeit ausnahmen. Er weiß jedoch, daß es kein einfaches Zurück zu jenen Zuständen gibt. So denkt er den Sklaven als den Schwachen, der nicht von Sittlichkeit ausgeschlossen wird, sondern dem eine eigene Moral zukommt, unter der Bedingung, daß diese sich nicht, wie in Zeiten des Christentums, Herrschaft und Gleichmacherei anmaßt.

Zwei Moralen widersprechen dem, was »Moral« heißt. »Zwei Moralen« bedeutet ein Handeln nach zweierlei Maß; ein unmoralisches Handeln, das nun verallgemeinert wird. Nietzsche ist sich bewußt, daß er nicht auf dem Boden der traditionellen Moraltheorie steht. Er sucht den Konflikt – aber nicht mehr innerhalb der moralischen Diskurse. Er will die Zerstörung dessen, was bisher »Moral« hieß: »wir fahren geradewegs über die Moral *weg*, wir erdrücken, wir zermalmen vielleicht dabei unseren eigenen Rest Moralität« (Jenseits von Gut und Böse Nr. 23). Die bisherige Moraltheorie operierte mit der Annahme, daß richtige Handlungsregeln für alle Menschen existieren. Sie wird damit, so Nietzsche, dem Sein der Starken, der Vornehmen nicht gerecht. Daraus ist ersichtlich, weshalb er nicht an einer Begründung seines Votums für die Wenigenherrschaft interessiert sein kann: Begründung steht auf dem Boden der normalen Moral, d.h. der Moral der Schwachen, die für alle gelten soll. Die Begründung einer Zerstörung des universellen Geltungsanspruchs der bisherigen Moral wäre ein paradoxer Tribut an die zu zerstörende Moral.

Eine solche Nichtbegründung entgeht selbstverständlich der Begründung nicht. Nietzsches Nichtbegründung begründet selber, nun aber anders, als es in seinem Feindbild geschah: Er nimmt Bezug auf die in der universellen Moral verborgene Ungerechtigkeit. Mit einigem Recht kann Nietzsche – neben Thomas Hobbes, der auf den jungen Nietzsche wirkte – als Vertreter von *ethischem Egoismus* gelten. Egoismus aber fällt, so wird im ethischen Diskurs vermerkt, aus dem Rahmen ethischer Theorie. Ethischer Egoismus – verstanden als Verpflichtung, für sich Nutzen zu erzielen und andere in diesem Sinn zu beraten – steht außerhalb der Moralität, weil er den Standort des uninteressierten Beobachters und Beurteilers ausschließt.[21] So bestätigt die Ethikdiskussion, daß Nietzsche außerhalb dessen steht, was »Moral« heißt.

Das aber führt nur auf eine negative Kennzeichnung. Mit ihr weiß man, was Nietzsche nicht darstellt, nicht aber, was er positiv beabsichtigt. Die Lösung, die in seinem Sinn das Positive bringen soll, lautet: Normale Moral löst sich durch die Forderung nach zwei, in einer Herrschafts- und Rangordnung stehenden Moral auf. An ihre Stelle tritt die Politik. *Politik* bzw. das *Politische* definiert sich bei Nietzsche – neben seiner oben besprochenen Dynamisierung des statischen Rassenbegriffs Gobineaus – durch die Existenz zweier Moralen. Moral ist dann zu Politik geworden, wenn zwei Moralen so bestehen, daß die eine die Herren- und die andere die Sklavenmoral bildet.[22] Das Modell ist dabei eine zugleich geschlossene und offene Gesellschaft. Geschlossen ist die Herrenkaste der Vornehmen, denn sie rekrutiert sich nicht aus den Schwachen und Nicht-Vornehmen. Offen erscheint die Gesellschaft der Schwachen, die durch eine eigene Moral geregelt wird. Die Schwachen gewinnen so eine relative Autonomie: sei es die der Heloten und Periöken in Sparta, sei es die der zynischen Selbstverwaltung innerhalb der deutschen KZs, im Warschauer Ghetto oder in Hitlers zivilisationsdestruktiven Plänen für die Bevölkerung Rußlands.

Nietzsches politische Eindeutigkeit führt aber nicht zu dem Abgrund konkreter Vorschläge, der sich in Hitlers Vorstellungen auftat. Nietzsches politische Eindeutigkeit liegt in seinem Votum für eine neue Wenigenherrschaft, die das Politische zugleich durch die Forderung nach zwei Moralen neu definiert.

Diese Neuheit enthält allerdings den bewußten Rückgriff auf die politische Philosophie der Alten, auf die Aristotelische Einheit von Politik und Ethik, denn ethische Beschreibungen gelten den Menschen, die zugleich an politischen Entscheidungen teilhaben. Ferner ist sie ein Rückgriff auf gewisse Lehrstücke Platons. Für *Platon* wie für *Aristoteles* bestand jedoch eine Vorentscheidung über das, was »Staat« unbedingt zu sein hat: nicht Macht und Herrschaft, sondern die Ermöglichung des besten und vollkommenen Lebens. Und das heißt für beide letztlich die Schaffung der Bedingungen dafür, daß Kontemplation stattfindet, somit, daß Philosophen philosophieren können. Es geht um die Ermöglichung der Freiheit, die zum Denken des Immerseienden gehört, um die »Idee des Guten« bei Platon, um das sich selber denkende Denken (nóesis noéseos) der göttlichen Substanz bei Aristoteles. So erklärt sich beispielsweise der Abscheu des Aristoteles gegenüber jenen, die Staatskunst (politiké) mit Herrschaftskunst (despotiké) gleichsetzen, d. h. gegenüber Spartanern, Skythen, Persern, Kelten, Makedoniern, Iberern (vgl. Aristoteles, Politik, 7. Buch, 2. Kap., 1324bff.).

Max Weber hat in unserem Jahrhundert die platonisch-aristotelische Staatsdoktrin, die das gute und vollkommene Leben als Zweck des Staates setzte, verabschiedet: Es gibt keinen Zweck, den alle empirischen Staaten befolgten. »Staat« bleibt deshalb nur durch das Mittel definierbar, das alle politischen Gebilde kennzeichnet, die Gewalt, das »Monopol *legitimer Gewaltsamkeit*«, die monopolisierte

Bereitschaft zur Anwendung physischer Gewalt (Weber 1980, S. 514f.).

Es drängte sich, um auf Nietzsche zurückzukommen, eine Frage auf: Will er den reinen Machtstaat, den Platon und Aristoteles ablehnten, will er die Gleichsetzung von Politik und Macht- bzw. Herrschaftskunst? Oder soll etwas von der alten Zwecksetzung des Staates, der Ermöglichung eines vollkommenen Lebens, erhalten bleiben? Vorwegnehmend kann geantwortet werden: Eine Vereinigung des Machtstaates mit dem Zweckstaat des vollkommenen Lebens bildet ein politisches Zentralmotiv Nietzsches. Der politische Verband soll kein reiner Macht- und Herrschaftsverband sein. Der Staat habe, so schrieb schon der junge Nietzsche, die Aufgabe, den »Genius« hervorzubringen: das militärische, philosophische, wissenschaftliche und künstlerische Genie. Platon habe diese Aufgabe des Staates erkannt. Allerdings wollte er, durch Sokrates verleitet, das künstlerische Genie ausschließen. Aber dieser Mangel »darf uns nicht hindern, in der Gesammtconception des platonischen Staates die wunderbare große Hieroglyphe einer tiefsinnigen und ewig zu deutenden *Geheimlehre vom Zusammenhang zwischen Staat und Genius* zu erkennen« (Der griechische Staat, Krit. Stud.ausg. Bd. 1, S. 777).

Bevor im nächsten Kapitel das Zentralmotiv von Nietzsches politischer Philosophie, die Suche nach der Vereinigung von Macht- und Zweckstaat, zu betrachten ist, soll zuvor der andere Aspekt der Rangordnung zweier Moralen beleuchtet werden.

Der *ethisch-ontologische Aspekt* zweier Moralen betrifft das Starksein der Starken und die Art ihres Auftretens im Verlauf der Geschichte? Wie ist das *Sein* der Starken und Vornehmen zu denken? Wie ihr Erscheinen in der politischen Geschichte? Als Ausgangspunkt kann dabei Nietzsches Deutung jener Gestalt gelten, die bereits von Hegel, sowie den Dichtern Heine, Byron, Manzoni oder Goethe verherrlicht worden war und deren erneute Glorifizierung durch Mussolini noch bevorstand: *Napoleon*.[23]

An der oben zitierten Stelle (Zur Genealogie der Moral I, 16, s. oben, S. 60 f.) ist Napoleon für Nietzsche »das antike Ideal [...] *leibhaft*«, »das fleischgewordne Problem des *vornehmen Ideals an sich*«, »diese Synthesis von *Unmensch und Übermensch*«. Nietzsche ist allerdings nicht, wie einst Goethe und Hegel, von Napoleon geblendet. Aus der historischen Distanz versucht er, eine Napoleon-Glorie zu inszenieren. Napoleon – für Hegel ein »Koloß«, der, als »Weltseele« bezeichnet, nur mühsam in eine Philosophie des Weltgeistes eingefügt wurde – erhält bei Nietzsche alle Prädikate, die in der metaphysischen Philosophie dem göttlichen Seienden zugesprochen wurden. Napoleon wird *»ens realissimum«*, das allerwirklichste Wesen, ein Ausdruck, der im Mittelalter der Kennzeichnung Gottes vorbehalten war (Götzen-Dämmerung, Streifzüge usw. Nr. 49). Napoleon wird zum »Wunder von Sinn« erklärt (Ecce homo, Der Fall Wagner, Nr. 2); er ist das inkarnierte »Ideal« der Vornehmheit. Deshalb: »Man denke, was man Napoleon verdankt: fast alle höheren Hoffnungen dieses Jahrhunderts« (Herbst 1887; VIII, 2, S. 21, Nr. 9 [44]). Die Napoleon-Figur erhält, da Nietzsche den Glauben an eine göttliche Weltregierung aufgekündigt hat, die Züge des Wesens, das als Weltregierer abgedankt hat. Napoleon wird menschlicher Gott und göttlicher Mensch des Politischen. Als solcher gehört er nur noch bedingt in eine profane Geschichte. Das Auftreten Napoleons in der französischen Revolution, im Sieg der jüdischen über die römische Wertung, besagt, es »geschah mitten darin das Ungeheuerste, das Unerwartetste« (s. oben, S. 61 f.). Nietzsche betreibt damit eine historische Radikalisierung. Für den Historismus wird Geschichte zu einem Ereignisverlauf, der prinzipiell unvorhersehbar ist und dessen Unvorhersehbarkeiten sich aus keiner Gesetzmäßigkeit ableiten lassen.

An einer historisch verstandenen Geschichte ist Nietzsche jedoch nicht eigentlich interessiert. Die wirklichen Aktivitäten des Korsen und Kaisers ignoriert er, um einerseits das Unerwartete zum Signum der Präsenz römischer Vornehmheit zu stilisieren und andererseits dem Individuum Napoleon die gottmenschliche politische Sendung zuzusprechen. Jede Form einer »Dialektik« von Revolution und Restauration oder einer wie auch immer säkularisierten Heils- und Erlösungsgeschichte wird abgewiesen. Es gibt auch hier keinen Begründungszusammenhang mehr, der an die Tradition anknüpfen würde. War schon hinsichtlich der Wenigenherrschaft universalistische Begründung entfallen, so unterbleibt hinsichtlich des ethisch-ontologischen Aspekts ebenfalls jede Begründung.

Nietzsches Begründungsverweigerung geschieht jedoch auch hier nicht blind. Nietzsche entspricht nicht jener Diagnose Ortega y Gassets, die Faschisten seien die ersten, die ein Recht auf Nichtvernunft, ein Recht auf Nichtrechthaben behaupten. Seine Hintergrunddiagnose für seine Begründungsverweigerung lautet hier, daß die universalistische Moral der Nicht-Vornehmen *Nihilismus* erzeugt habe. 1887 schrieb er:

»Ursachen des *Nihilism*:
1. *es fehlt die höhre Species,* d. h. die, deren unerschöpfliche Fruchtbarkeit und Macht den Glauben an den Menschen aufrecht erhält. (Man denke, was man Napoleon verdankt: fast alle höheren Hoffnungen dieses Jahrhunderts)
2. *die niedere Species* »Heerde« »Masse« »Gesellschaft« verlernt die Bescheidenheit und bauscht ihre Bedürfnisse zu *kosmischen* und *metaphysischen* Werthen auf. Dadurch wird das ganze Dasein *vulgarisirt*: insofern nämlich die *Masse* herrscht, tyrannisirt sie die *Ausnahmen,* so daß diese den Glauben an sich verlieren und *Nihilisten* werden [...] *Widerstand* gegen höhere Typen als Resultat. *Niedergang* und *Unsicherheit aller höheren Typen* [...] *es fehlt der Philosoph,* der Ausdeuter der That, *nicht* nur der Umdichter« (VIII, 2, S. 21 f., Nr. 9 [44]).

Nihilismus, wie ihn Nietzsche hier versteht, bildet ein Phänomen, das psychosoziale Ursachen besitzt. Die »Species« der Nicht-Vornehmen artikuliert ihre Bedürfnisse in Gestalt allgemeingültiger Annahmen über die Welt im Ganzen. Die Massen, der vulgus, beschränken sich nicht auf sich, sondern verallgemeinern. Der Wert der Logik, der Wissenschaften, jeglicher konsistenter Argumentation besteht demnach darin, in irgendeiner Form der Bedürfnisbefriedigung von Durchschnittsmenschen zu dienen. Durchschnittsmenschen herrschen mittels Logik, mittels Gesetzlichkeiten, die keine Ausnahmen zulassen. Die logische Ausnahmslosigkeit – man denke an triviale Wahrheiten wie »Alle Menschen sind sterblich«, »Alle euklidischen Dreiecke haben eine Winkelsumme von 180°«, »Alle Körper sind ausgedehnt« – schließt, so scheint Nietzsche zu meinen, die Gesellschaft ein. Ausnahmeerscheinungen gegenüber Durchschnittsmenschen sind nicht zugelassen. Die Durchschnittlichen herrschen mittels ihrer »zu *kosmischen* und *metaphysischen* Werthen« aufgebauschten Bedürfnisse. Sie schwächen das Selbstwertgefühl der Ausnahmemenschen und lassen diese zu Nihilisten werden.

Aus dieser Argumentationsweise folgt, daß die Ausnahmen gar nicht im Kontext von Universalisierungen deutbar sind. Sie treten vielmehr gegen jede Wahrscheinlichkeit, unerwartet auf – wie Napoleon. Wie aber sind sie dann zu verstehen? Was wäre die Sprache, die die *»höhere Species«* von Menschen begreifbar macht? Eine Sprache glorifizierender Heldengeschichtsschreibung, die kontingente Züge der profanen Charaktere ignoriert? Genau dies exerziert Nietzsche an der »Genealogie«-Stelle (I, 16) mit Napoleon vor. Erreicht wird dadurch für die politisch-ontologische Grundlegung von Wenigenherrschaft jedoch nichts, außer der kitschigen Kundgabe des Bedürfnisses nach dem Heiligenschein für Ausnahmemenschen. Nietzsches säkularisierte Apotheose Napoleons, sein radikaler Historismus des unerwarteten Napoleon-Ereignisses ist nicht besser als sein Bemühen um eine kulturelle Bedeutung von »Rasse«.

So führt Nietzsches politisch eindeutiges Votum für die Herrschaft der Wenigen über die Vielen zu einer Verkitschung der Napoleongestalt. Unfähig, an Napoleon historische Kontingenzen wahrzunehmen, endet Nietzsches begründete Begründungsverweigerung für die Wenigenherrschaft in Phantasmen. Für alle, die zwischen Nietzsche und den Nationalsozialisten nur Differenzen erblicken, wäre dieser Befund im übrigen gar eine Bestätigung: der »Führer« des Dritten Reiches hat nämlich den korsischen Kaiser sehr wohl in seinen spezifischen politischen Schwächen – Familienpatronage und Kaisertitel – wahrgenommen (vgl. Picker 1981, S. 168ff.).

Aber Nietzsches Worte über Napoleon enden nicht mit Verkitschung. Es gehört zu Nietzsches Wirkung häufig das Überlesen seiner Nuancen und Fragezeichen. Der Passus aus der »Genealogie der Moral« (I, 16), wo eben noch der Korse radikalhistorisch verkitscht erschien, endet denn auch mit Formulierungen, die alles problematisieren, gar verdunkeln. Napoleon, das römisch-antijüdische Wertideal, wird nun »zum Fingerzeig zum *andren* Weg«, wird zum »Problem des *vornehmen Ideals*«. Der Passus schließt: »man überlege wohl, *was* es für ein Problem ist: Napoleon, diese Synthesis von *Unmensch* und *Übermensch* ...«. Klang die verkitschte Verherrlichung des Korsenkaisers zuvor wie ein Stück politischer Eindeutigkeit, so wird durch diesen Schluß alles zum *Problem*. Aus der Sache »Napoleon« wird ein Zeichen, ein »Fingerzeig«. Aus der Eindeutigkeit der Lösung das Problem einer Verbindung, einer Verbindbarkeit zweier einander offenbar ausschließenden Elemente, Unmensch und Übermensch. Der zitierte Nachlaßtext (Nr. 9 [44]) beklagt das Fehlen des Philosophen, der das Zeichen, das Symbol »Napoleon« begreift: »*es fehlt der Philosoph,* der Ausdeuter der That, *nicht* nur der Umdichter«. Politische Philosophie soll »umdichten«, was geschah. Das hat Nietzsche getan: radikalhistorische Korsenverkitschung. Das Problem ist freilich: Keine Umdeutung ohne »Ausdeutung«. Verklärung setzt in gewisser Weise Klärung voraus. Aber Nietzsche klärt nicht; er läßt es dunkel werden über der Pracht des Korsenkaisers.

Eine Stelle des Nachlasses (Herbst '87) nimmt das Problem der Relation Unmensch-Übermensch auf: »Der

Mensch ist das *Unthier* und *Überthier*; der höhere Mensch ist der Unmensch und Übermensch: so gehört es zusammen. Mit jedem Wachsthum des Menschen in die Größe und Höhe wächst er auch in das Tiefe und Furchtbare: man soll das Eine nicht wollen, ohne das andere – vielmehr: je gründlicher man das Eine will, umso gründlicher erreicht man gerade das Andere« (VIII, 2, S. 90, Nr. 9 [154]). Das ist eine Lösung; sie bringt das Problem einer »Synthese« von »Unmensch« und »Übermensch« zum Verschwinden. Das Problem, das sich jetzt nur noch stellt, lautet: Wie könnte es geschehen, daß »Unmensch« und »Übermensch« etwas Verschiedenes darstellen? Entweder sind der »Unmensch«, verstanden als der Typus größtmöglichen *Verbrechers*, und der »Übermensch«, verstanden als der Typus der größtmöglichen *Vollkommenheit*, verschiedene Größen, die keine Einheit bilden, oder Namen ein und desselben Zusammenhangs. Nietzsches politische Eindeutigkeit hängt von einer Entscheidung über die Gültigkeit einer dieser Möglichkeiten ab.

Eine Entscheidung ist jedoch schwer, wenn nicht unmöglich. Auf der einen Seite will Nietzsche nämlich eine unzertrennliche Einheit von Verbrechertum und Vollkommenheit. Zuwachs an menschlicher Größe, höhere Grade menschlicher Perfektion sind unauflöslich mit einem Zuwachs des Verbrecherischen verbunden. In der transmoralischen Optik Nietzsches ist dies keineswegs schlimm, sondern wünschenswert: die Moral ist selber unmoralisch, »Moralität ist eine Form der Unmoralität«. Es gibt keine isolierten Tatsachen und keinen Gegensatz isolierter Bestimmungen in der Welt. Die Moral war es, die Gegensätze hineintrug in ein Geschehen, dessen Grundzug »die Einzigartigkeit« bildet (VIII, 2, S. 79, Nr. 9 [140]). Daß es *zwei* Moralen geben soll, scheint mit dieser Entwicklung verträglich. Den Schwachen, den Nicht-Vornehmen wird ihre Moralität gelassen. In Wirklichkeit werden sie von den Starken beherrscht. Die zur politischen Wenigenherrschaft gewordene Moral repräsentiert jene »Einartigkeit« der (sozialen) Welt. Das Verbrecherische ist für Nietzsche unbedenklich, denn unser Begriff vom Verbrecher, wie er in der zivilisierten Welt erscheint, ist der des »verkümmerten«, des *»mißglückten Typus von Verbrecher«* (VIII, 2, S. 69, Nr. 9 [120]). Diese Lösung geht allerdings nicht auf. Sie scheitert an dem Zugeständnis, daß es eine eigene Moralität der Schwachen gibt. Die »Einartigkeit« wird durch die Existenz einer Moral der Massen behindert. Nietzsche weiß das und fordert zuweilen Massenliquidierungen (vgl. unten, S. 194 ff.).

Behauptet Nietzsche auf der einen Seite also eine selbstverständliche Einheit von Verbrechertum und Vollkommenheit, so erscheint ihm diese Einheit andererseits als ein Problem. Ist diese Einheit tatsächlich möglich, ist sie erreichbar? Der wirkliche Napoleon, »Synthesis von *Unmensch* und *Übermensch*« stellt in Frage, ob eine Politik der Wenigenherrschaft, die sich von der Moral verabschieden würde, in der Geschichte möglich ist. Dieser Zweifel hat seine Ursache in der Existenz zweifacher Moral. Zwei Moralen verhindern die große Synthese. Für die universalistische Moral der Schwachen darf es keinen Unmenschen, keinen Übermenschen und keine Verbindung beider geben. So steht der realisierten Einheit und auch der Forderung nach Einheit von Verbrechertum und Vollkommenheit das Dasein der alten Moral entgegen, auch wenn diese in einen Herrschaftszusammenhang der Starkenmoral gebracht wäre. Mit anderen Worten: Nietzsches *politisch eindeutiges Votum* für die Herrschaft weniger über viele läuft auf eine *Zweideutigkeit* hinaus. Die in eine Politik der zwei Moralen aufgespaltene Moral kann offenbar ontologisch-politisch nicht fundiert werden. Stets ist die Moral der Schwachen im Wege: sie stört und zersetzt die Einheit von Unmensch/Übermensch, d. h. von Verbrechertum/Vollkommenheit, sie verhindert die Realisierung solcher Einheit.

Trotz dieses in Zweideutigkeit einmündenden politischen Votums für eine Herrschaft weniger zeichnet sich bei Nietzsche der Gedanke ab, mit der Suspendierung der Moral auch die Geltung des Rechts zu beenden: Der Tatbestand des Verbrechens soll neu, d. h. jenseits der Moraldiktate von Schuld und Strafe, gedacht werden. Der Verbrecher ist »ein krank gemachter starker Mensch« (Götzen-Dämmerung, Streifzüge usw., Nr. 45). Dieser Text endet mit einer Prophezeiung: »Solange der *Priester* als oberster Typus galt, war *jede* werthvolle Art Mensch entwerthet ... Die Zeit kommt – ich verspreche das – wo er als der *niedrigste* gelten wird [...] Fast jedes Genie kennt als eine seiner Entwicklungen die ›catiliniarische Existenz‹, ein Hass-, Rache- und Aufstands-Gefühl gegen Alles, was schon *ist*, was nicht mehr *wird* ... Catilina – die Präexistenz-Form *jedes* Caesar.« Was Nietzsche letztlich nicht eindeutig fassen kann, die Möglichkeit von Wenigenherrschaft durch Verabschiedung der alten universalistischen Moral, wird hier im Modus der Selbstüberschätzung (»ich verspreche das«) behauptet: Rom wird siegen gegen die jüdisch-priesterliche Moral, und zwar durch die zu Verbrechern gestempelten starken Charaktere. Sie werden die Subversion der Werte, die Wertumwertung praktisch-politisch ausführen. Catilina und die Seinen, das waren römische Bankrotteure, die einst sogar ohne den Schein von Legalität die Macht erbeuten wollten, um sich zu sanieren und um das Gemeinwohl zu ruinieren. Nietzsche aber erblickt in diesen nur die Larve der künftigen Wenigenherrscher. Denn auch Caesar war einst – tatsächlich – auf Seiten der Catilinarier.

Ist, was Nietzsche hier versprechen möchte, nicht mit den faschistischen Catilinariern eingetroffen? Mit dem realpolitischen Unterschied, daß die schlaueren neuen Bankrotteure den Schein der Legalität zu wahren wußten? Liegt nicht jenseits der Zweideutigkeit des Philosophen doch die Eindeutigkeit des Votums für die Entkriminalisierung der großen Verbrechertypen? »Ein Verbrechen begehen, das nach Größe und Gewicht alles Dagewesene übersteigt. Wenn diese Untat nicht ohne weiteres zum Sieg führt, wird die Aktion der strafenden Gerechtigkeit jedoch weit hinter jedem annähernd gerechten Strafmaß zurückbleiben. Der Präzedenzfall für weitere, noch größere Verbrechen gegen die Menschheit ist geschaffen. Unmenschlichkeit und Bestialität hören auf, abnorm zu sein.« So urteilt *Ernst Sandvoss* in seinem Buch »Hitler und Nietzsche« (1969, S. 202, vgl. unten, S. 115 f.) – und setzt damit Hitler und Nietzsche fälschlich gleich.

Gewiß, man kann Nietzsches Verbrecher-Ontologie historisch nach hinten lesen: zuerst in Richtung Napoleon, dann in Richtung Platon: »es giebt Fälle, wo ein solcher Mensch sich stärker erweist als die Gesellschaft: der Corse Napoleon ist der berühmteste Fall« (Götzen-Dämmerung a. a. O.). In *Platons* »Der Staat«, einer Schrift, die Nietzsche kannte, prägt Sokrates jene Formulierung, die Nietzsche wiederholt, nämlich die große, von der Gesellschaft verformte Natur des Verbrechers: »Also, Adeimantos, sprach ich, wollen wir auch von den Seelen [...] sagen, daß die von Natur edelsten, wenn sie eine schlechte Erziehung bekommen, auch ausgezeichnet schlecht geraten? Oder meinst du, die großen Verbrechen und die reine Schlechtigkeit (ta megála adikémata kai ten ákraton ponerían) komme aus einer gemeinen und nicht vielmehr aus einer reich ausgestatteten Natur (ek neanikés phýseos), indem ja eine schwache Natur (asthéne phýsin) nie Großes weder im Guten noch im Bösen hervorbringen kann? – Nein, sondern so« (Platon, Der Staat, VI, 491 e).

Diese Lektüre nach hinten, bis zur Antike und bis zu Platon zurück, kann Nietzsche jedoch aus zwei Gründen von dem Verdacht des Präfaschismus nicht befreien: Erstens ist Platons Staat der Entwurf einer nicht-demokratischen, einer totalitären Gesellschaft und Verfassung. Das hat – bei aller Kritikmöglichkeit – Karl R. Popper präzise verdeutlicht.[24] Zweitens ist bekannt, daß Mussolini und auch speziell Hitler der Antike höchsten Tribut zollten. Hitler sah sich gar in einer Art Perikles-Nachfolge: Die Reichsautobahnen soll er als sein ›Parthenon‹ betrachtet haben (vgl. Fest 1974, S. 496 und Anm.).[25] Ein Passus über Platon in Rosenbergs »Der Mythus des 20. Jahrhunderts« zeigt diese »völkische« Sichtweise Platons: »was

Platon im wesentlichen war: ein Aristokrat, ein Olympiakämpfer, ein schönheitstrunkener Dichter, ein plastischer Gestalter, ein überschwänglicher Denker, einer, der zum Schluß sein Volk auf rassischer Grundlage durch eine gewaltsame, ja bis ins einzelne diktatorische Staatsverfassung retten wollte, das war nicht sokratisch« (Rosenberg 1935, S. 288). Rosenberg charakterisiert Sokrates in der Fortsetzung von Nietzsches Urteil als einen Plebejer: »Sokrates war nach dem Zusammenbruch der athenischen Rassendemokratie somit der damalige internationale Sozialdemokrat« (S. 286). Ein Prolieferant des nationalsozialistischen Rassismus, Hans F. K. Günther, hat Platons »Der Staat« bereits 1928 in ausdrücklichem Verweis auf Gobineau und Galton gelesen und empfohlen, denn für Platon gelte, »daß ihm Auslese bedeutungsvoller war als Erziehung, daß er die Ungleichheit der Menschen klar sah und seinen Staat danach einrichten wollte.« Es ging um die antisophistische Doktrin, »daß Tüchtigkeit auf Erbanlagen, auf angeborener Art, beruhe« (H. F. K. Günther, 1928, S. 58 f.; Berufung auf Gobineau und Galton, S. 59 f.).

Der deutsch-amerikanische Autor *Walter Kaufmann*, selber von jedem Verdacht der Sympathie mit dem Faschismus frei, hat dem Nietzsche-Bild gleichwohl keinen guten Dienst geleistet. Er hat mit der These, Nietzsche vertrete keinen brutalen, sondern einen sublimierten Machtbegriff in Anlehnung an die Eros-Lehre Platons, die »Entnazifizierung« Nietzsches eingeleitet (Kaufmann, 1974a). Wohin die dafür nötigen Ausblendungen der totalitären Züge Nietzsches bei Kaufmann führen, hat der Verfasser mit seinem »Without Guilt and Justice« (1974b) demonstriert. In einer prätentiösen Imitation von Nietzsche-Bildern – z. B. des großen Moral-Drachens des 1. Zarathustra-Kapitels (Kaufmann 1974b, S. 37 ff.) – soll gezeigt werden, daß Begriffe wie »Gerechtigkeit« und »Schuld« ins Leere laufen. Individuelles vernünftiges Entscheiden habe die alten Konzepte von Schuld und Gerechtigkeit zu ersetzen – ein transfaschistischer Nietzsche-

Fortsetzungsversuch, der die Rechnung mit dem Wirt, dem Antidemokratismus Nietzsches, vergaß.

In der modernen amerikanischen Nietzsche-Literatur zeichnet sich inzwischen – endlich – der Beginn einer Revision der für die USA so folgenreichen, vordergründigen Entnazifizierung Nietzsches durch Kaufmann ab. Die Monographie von *Tracy B. Strong,* »Friedrich Nietzsche and the Politics of Transfiguration« (1988), bringt die Logik Kaufmanns in einem einprägsamen Bild auf den Punkt: Besichtigt man das schöne Ost-New York, so wird man entscheiden, daß Harlem häßlich sei und *folglich nicht* zu New York gehören könne. Entsprechend beweisen die schönen antirassistischen Nietzsche-Passagen nichts gegen seine Rassenlehren: »It is as if, after visiting happily on the East Side, one decided that Harlem were not part of New York, because, while the rest of the city appeared appealing, there simply was nothing like Harlem back home. In reading Nietzsche, the problem is to find a way of understanding his apparently ›racist‹ comment together with his apparently ›anti-racist‹ comments. This, of course, will probably mean abandoning the sobriquet racist, but not in favor of anti-racist« (S. 6).

Nietzsches politisches Zentralmotiv und seine Verwendbarkeit für den Faschismus

Nietzsche ist aufgrund seines Schillerns zwischen Eindeutigkeit und Zweideutigkeit, der bestzitierbare Autor. Kurt Tucholsky bemerkte 1932 treffend: »Einige Analphabeten der Nazis, die wohl deshalb unter die hitlerschen Schriftgelehrten aufgenommen worden sind, weil sie einmal einem politischen Gegner mit dem Telephonbuch auf den Kopf gehauen haben, nehmen Nietzsche heute als den ihren in Anspruch. Wer kann ihn nicht in Anspruch nehmen! Sage mir, was du brauchst, und ich will dir dafür ein Nietzsche-Zitat besorgen. Bei Schopenhauer kann man das nicht so leicht: Bei Nietzsche ... Für Deutschland und gegen Deutschland; für den Frieden und gegen den Frieden; für die Literatur und gegen die Literatur – was Sie wollen« (Gesammelte Werke, 1975, Bd. 10, S. 14). Dennoch existiert in Nietzsches politischer Philosophie ein schon gestreiftes Grund- oder Zentralmotiv – die Verbindung eines Machtstaates mit einem Zweckstaat der Vollkommenheit. Es geht Nietzsche nicht – wie später Max Weber angesichts der sehr verschiedenen empirischen Staatszwecke – um eine Beschreibung des Staates lediglich als Inhaber eines Gewaltmonopols. Sein Wunsch, seine Sehnsucht gilt antikem Staatsverständnis: das Machtgebilde Staat soll nicht um der Macht willen existieren, sondern um gutes Leben und menschenmögliche Vollkommenheit zu ermöglichen. Staat ist als Einheit, als Verbindung von Macht und Vollkommenheitsgarantie zu denken.

Wie dies nicht nur in der Praxis, sondern zunächst begrifflich-denkerisch möglich sein soll, ist schwer zu fassen. Es handelt sich im ganzen um einen paradoxen Platonismus: einen Platonismus *ohne* Ideenlehre, *ohne* absolute Wahrheit, *ohne* den Platonischen sonnenhaften Ursprung der Wahrheit; *ohne* das ewig Seiende, *ohne* Himmel, *ohne* überhimmlischen Ort der Wahrheit jenseits des Staates. Der Staat, heißt es an der oben zitierten Stelle des Frühwerks, soll den Genius erzeugen, den begnadeten, außergewöhnlichen und unersetzbaren Menschen.

Es bestehen zwei Entwürfe für Nietzsches politisches Grundmotiv. Der eine stammt von *Schopenhauer*, dem Nietzsche im ganzen und en détail mehr verdankt, als die Nietzscheaner in der Regel zuzugeben bereit sind. Schopenhauer hielt die Monarchie für die einzig legitime, weil naturgegebene Staatsform, die Republik dagegen für widernatürlich. Er schreibt im § 127 seiner »Parerga und Paralipomena«:

»Will man utopistische Pläne, so sage ich: die einzige Lösung des Problems wäre die Despotie der Weisen und Edelen einer ächten

Aristokratie, eines ächten Adels, erzielt auf dem *Wege der Generation,* durch Vermählung der edelmüthigsten Männer mit den klügsten und geistreichsten Weibern. Dieser Vorschlag ist mein *Utopien* und meine Republik des Plato. Die konstitutionellen Könige haben eine unleugbare Ähnlichkeit mit den Göttern des Epikuros, als welche, ohne sich in die menschlichen Angelegenheiten zu mischen, in ungestörter Säligkeit und Gemüthsruhe, da oben in ihrem Himmel sitzen.«

Die Herrschenden sind also hierbei in jeder Hinsicht die Besten. Der Machtzusammenhang des Staates ermöglicht ein vollkommenes Dasein der Herrschenden. Das aber ist, wie Schopenhauer betont, keine Beschreibung von Wirklichkeit, sondern utopische Forderung nach zukünftiger politischer Wirklichkeit. Bei den Königen, die in einem Verfassungsstaat regieren, so Schopenhauer weiter, sei durch die politische Konstruktion dafür gesorgt, daß sie die Bedingung der Entfaltung von glückseliger Unbedürftigkeit besitzen. Was Schopenhauers, im ganzen von Nietzsche übernommene Formel enthält, ist einerseits die Rückbeziehung auf Platon, andererseits der sakrale, gottähnliche Status der Herrscher: sie leben in eigener Seligkeit wie die Götter Epikurs. Epikur schrieb: »Ein seliges und unvergängliches Wesen trägt weder selbst Mühsal, noch bereitet es einem anderen Mühsal. Deshalb kennt es weder Zorn noch Wohlwollen. Denn all das gibt es nur bei einem Schwachen (en asthénai)« (Diogenes Laertios X, Nr. 139, 1). Nietzsche hat, bestärkt wohl durch Schopenhauer, diese Konzeption einer Göttlichkeit bewundert und für eine Politik der Zukunft zu nutzen versucht. Für »Genius« sagt er im Spätwerk »Übermensch«: »Typus, wie der Übermensch leben muß, wie ein Epikurischer Gott« (Krit. Stud.ausg. Bd. 10, S. 529, Nr. 16 [85]).

Der andere Entwurf findet sich bei Nietzsche selbst. Nietzsches eigene Formel für die Verbindung von Machtstaat und Zweckstaat der Vollkommenheit ist jenes viel zitierte Wort: »der römische Cäsar mit Christi Seele« (1884, VII, 2, S. 289, Nr. 27 [60]). Macht- und (Welt-)

Herrschaft nach außen, überpolitische Vollkommenheit des Herrschers nach innen.

In Nietzsches Formel kommt die Forderung nach einer Synthese von Macht, Gewalt, Krieg, innerem Pazifismus und innerer Vollkommenheit zum Ausdruck. Jesus von Nazareth wird in diesem Zusammenhang zugleich als Gestalt der Moralüberwindung eingesetzt: »Jesus sagt zu seinen Juden: ›das Gesetz war für Knechte – liebt Gott, wie ich ihn liebe, als sein Sohn! Was geht uns Söhne Gottes die Moral an!‹« (Jenseits von Gut und Böse Nr. 164). Jesus verkörpert die Liebe, die die universalistische Moralität verabschiedet. Die Gemeinsamkeit, die jene paradoxe Einheit von Caesar und Christus stiften soll, scheint die von der Moral verstellte *Liebe* zu sein. Im Frühwerk »Vom Nutzen und Nachteil der Historie für das Leben« Nr. 7 hieß es: »nur in der Liebe aber, nur umschattet von der Illusion der Liebe schafft der Mensch, nämlich nur im unbedingten Glauben an das Vollkommene und Rechte«. Das allerdings ist ein Bekenntnis, kaum mehr. Es ersetzt nicht die Begriffe, die für eine Theorie des Macht- bzw. Zweckstaates erforderlich wären, und dient höchstens dazu, über deren Mangel hinwegzutäuschen.

Der »Liebe« liegt jedoch ein weiterer Inhalt zugrunde, der von Nietzsche gern überstrapazierte Begriff des *Schaffens,* der künstlerisches Schaffen im weitesten Sinne bezeichnet. »Schaffen« soll Cäsar und Christus zusammenschweißen. Zum Tode des Nazareners heißt es in »Also sprach Zarathustra« (III, Von alten und neuen Tafeln, Nr. 26): »Die Guten *müssen* Den kreuzigen, der sich eine eigene Tugend erfindet […] Den *Schaffenden* hassen sie am meisten […] sie kreuzigen Den, der neue Werthe auf neue Tafeln schreibt, sie opfern *sich* die Zukunft, – sie kreuzigen alle Menschenzukunft!« Christus und Cäsar sind beides Schaffende in einem Sinn, der den modernen Machtstaat verneint: »›Ich, der Staat, bin das Volk.‹ Lüge ist's! Schaffende waren es, die schufen die Völker und hängten einen Glauben und eine Liebe über sie hin: also dienten sie dem Leben!« (Also sprach Zarathustra I, Vom neuen Götzen).

Im Sinne der Avantgarde-Bewegungen des 20. Jahrhunderts (Surrealismus, Futurismus, Stijl), die soziale Trennwände zwischen Kunst- und Lebenswirklichkeit einreißen wollten, kann Nietzsche auch als Präavantgardist gelten. Kunstwerk bedeutet ihm (jedenfalls teilweise) politische Organisation wie »preußisches Offizierscorps, Jesuitenorden« (VIII, 1, S. 116f., Nr. 2 [114]). Die Kunst wird an dieser Stelle politisiert. Ebenso wird an anderer Stelle die Politik ästhetisiert: »Das höchste Verhältnis bleibt das des *Schaffenden zu seinem Material*« (Krit. Stud.ausg. Bd. 10, S. 510, Nr. 16 [32]). Es hätte wenig Sinn, Nietzsche auf jenen Marinetti-Futurismus festzulegen, d. h. auf die Ästhetisierung der Politik, der – so Walter Benjamin – die Politisierung der Ästhetik seitens des Kommunismus entgegengesetzt wird. Der »Staat« soll Kunstwerk werden: »berechnete, bewußte Schöpfung, [...] Kunstwerk«, hieß es bei Nietzsches Vorbild Jacob Burckhardt über die italienische Renaissance-Kultur. Nietzsche fügt die Umkehrung hinzu: Das Kunstwerk soll Staat werden.

Als Programm ist Nietzsches politisches Zentralmotiv also durchaus sinnfällig: Machtstaat und Zweckstaat des vollkommenen Lebens kommen in der wechselseitigen Entsprechung von Staatszweck und Kunstwerk zu einer Synthese. Wie der Künstler über das Material verfügt (Macht), um darin etwas Vollkommenes zu bilden (vollkommenes Leben), so dient die Macht des Staatskünstlers einer vollkommenen Organisation. Aber dies ist nicht nur eine Ähnlichkeit, nicht nur ein Bild: Vielmehr soll der eigentliche Künstler der Staatsmann und dieser der eigentliche Künstler sein. Das Staatsvolk hat darin nur die Funktion des *Materials*. Alle Formen dessen, was Aristoteles unter dem plotítes, dem Bürger, verstand – nämlich *Teilhabe* an Herrschaft, Beratung, Beschluß (Politik III, 1275b, 18ff. und 1275b 13ff.) – sind von dieser Politikästhetik ausgeschlossen. Ähnlich wie Platon geht es Nietzsche darum, zweierlei zu vermeiden:

– Die bloße Herrschaft, bloße Macht um der Macht und

Herrschaft willen: »Und den Herrschenden wandt' ich den Rücken, als ich sah, was sie jetzt Herrschen nennen: schachern und markten um Macht – mit dem Gesindel!« (Also sprach Zarathustra II, Vom Gesindel). Nietzsche lauschte hier vielleicht Schiller das Pathos ab, dessen Königin Elisabeth in »Maria Stuart« (4. Akt, 10. Szene) ruft: »O Sklaverei des Volksdiensts! Schmähliche/Knechtschaft – Wie bin ich's müde, diesem Götzen/Zu schmeicheln, den mein Innerstes verachtet! [...] Der Menge buhlen, einem Pöbel muß ich/Recht machen.«

- Die Besten dürfen nicht, einsam lebend, auf politische Herrschaft verzichten: »Herrschsucht: die aber lockend auch zu Reinen und Einsamen und hinauf zu selbstgenugsamen Höhen steigt, glühend gleich einer Liebe, welche purpurne Seligkeiten lockend an Erdenhimmel malt. [...] Dass die einsame Höhe sich nicht auf ewig vereinsame und selbst begnüge; dass der Berg zum Thale komme und die Winde der Höhe zu den Niederungen« (Also sprach Zarathustra III, Von den drei Bösen 2).

Die Ästhetisierung der Politik und die Politisierung der Ästhetik sieht Nietzsche in Napoleon verwirklicht, dessen Worte über die künstlerische Liebe zur Macht – die Macht lieben wie ein Violonist seine Geige – er sich notierte (VIII, 1, S. 227, Nr. 5 [90]). Über Nietzsches politische Platonimitation ist viel geschrieben worden. Einige Hinweise auf das dabei nicht immer Gesehene mögen Nietzsches politischen Platonismus verdeutlichen: 1. Auch Platon ist nicht eben sparsam mit Analogien von Staatslenkung und ästhetischer Aktivität. Es komme darauf an, daß die Philosophie als »Muse« sich »eines Staates bemächtigt« (Politeia, 499 d). Die Philosophen, einmal Staatslenker bzw. Schützer des Staates geworden, werden Staat und Menschen wie »Tafeln« (501 a) reinigen und neu mit »schönster Zeichnung« (kallíste graphía, 501 e) versehen: daher Nietzsches Zarathustra-Rede »Von alten und neuen Tafeln«.

2. Die Sophisten sind nur Mietlinge der großen Menge – die ohnehin nicht in der Lage ist, über Vielheit und Wechsel hinaus Einheit und Beharren zu erfassen (493 cf.). Die Massen sind ein »großes Ungeheuer« oder »großes Tier« (492 a–c): Nietzsches Anklage gegen den Staat als »Ungeheuer« und »Unthier«, somit als etwas Antiästhetisches, greift vermutlich auch auf dieses Bild Platons zurück (vgl. Also sprach Zarathustra I, Von neuen Götzen).

3. Zum Gegenbild der eigentlich politischen Herren gehört bei Nietzsche auch die Geißelung derer, die nur verstehen, wie man an die Macht gelangt, nicht aber wissen, wie und wozu man mit ihr umgeht: »Macht wollen sie und zuerst das Brecheisen der Macht, viel Geld – diese Unvermögenden!« (Also sprach Zarathustra, ibd.; Platon, Politeia, 488 a–498 a).

4. Entscheidend ist für Platon: die Herrschenden können nur dann das Gemeinwesen gut lenken, wenn sie zugleich eine Lebensform kennen, die »besser ist als herrschen« (512 a). Ihr Reichtum ist »nicht Gold«, sondern »ein gutes und verständiges Leben« (ibd.): Staatsmacht existiert nicht um ihrer selbst willen, sondern um der Ermöglichung vollkommenen Lebens willen. Wird sie von solchen Menschen angestrebt, die nur ein Gutes an sich reißen wollen, geht der Staat unter (ibd.).

*

Bietet Nietzsches politischer Präavantgardismus, bietet seine Politikästhetik nicht ein Bollwerk gegen faschistische Aneignung? Sind die Faschisten nicht Catilinarier, die nichts kennen als Macht um der Bereicherung willen? Sind sie nicht eben jene, die wußten, wie man Macht ergreift, nicht aber, wie man sie verwendet? Methodisch ist allerdings nichts gewonnen, wenn man das Scheitern des Faschismus als Argument für Platon oder Nietzsche wertet: der faktische Ausgang bildet kein Argument auf der Ebene der Theorie.

Nietzsches Zentralmotiv gehört auf einen anderen

Prüfstand. Die Frage muß lauten: Bietet seine Forderung nach Vereinigung von Machtstaat und Zweckstaat des vollkommenen Lebens ein Sperrpotential gegen Faschismus bzw. zumindest gegen eine faschistische Verwertung? Wollte man diese Frage bejahen, so müßte sich Nietzsche gegen die folgenden Thesen verteidigen lassen:

a. Ein um seine Ideenlehre gekürzter *Platonismus* dient totalitären Konzepten.
b. Die Verbindung von politischer Herrschaft (Caesar) mit *sakralen* Elementen (Christus) ist ein Medium moderner tyrannischer Herrschaft.
c. Die Verschmelzung von *Staatsmann und Künstler* gehört zum Selbstverständnis moderner Unrechtstaaten.

Diese Merkmale zählen zur Selbstauslegung faschistischer Herrschaft. Bei Nietzsche finden sich allenfalls Forderungen, jedoch keine begrifflichen Waffen gegen diese faschistische Verwertung.

a. Mussolini und Hitler waren Antikenverehrer. Letzterer im Sinn einer neoklassizistischen Bauklotz- und Klotzbauästhetik, deren widerwärtige Relikte aus gewissen deutschen Städten bis heute nicht entfernt wurden. Mussolini dagegen las Platon, Aristoteles, Cicero und viele andere antike Autoren. Es handelt sich bei beiden um eine monumentalisierende Antikenverehrung, deren Ahne Nietzsche ist, wenn er, der die Antike besser durchschaute, sich nicht entblödete, propagandistisch antik zu werden: »Sättigt eure Seelen an Plutarch und wagt es an euch selbst zu glauben, indem ihr an seine Helden glaubt« (Vom Nutzen und Nachteil der Historie für das Leben, Nr. 6).

Giovanni Gentile versteht den Faschismus als Idealismus: »der Faschismus ist idealistisch: er appeliert an den Glauben und zelebriert die idealen Werte (Familie, Vaterland, Zivilisation, menschlicher Geist) als Werte, die allen kontingenten Werten überlegen sind«. Obwohl Gentile den Idealismus Platons, der die Materie und die Geschichte nicht zu denken imstande sei, in den Idealismus eines absoluten und setzenden Ich transformiert[26], fährt er an dieser Stelle praktisch-platonisch fort, nämlich in der Forderung des Opfers für das Gemeinwesen und höhere Werte: »Und er [der Faschismus] proklamiert eine Moral des Opfers und der Militanz, durch welche das Individuum immer bereit sein muß, den Tod zu finden für eine Realität, die über ihm ist« (Gentile, The Philosophy of the Modern State, Spectator 7. Nov. 1928, zit. nach Montemaggiori 1934, S. 408 f.).

Zur Platon-Deutung des Nationalsozialismus ist daran zu erinnern, daß Platon gegen die Sophistik auf Erbanlagen und deren Auslese setzte, und damit einen antisozialistischen Staat konzipierte (H. F. K. Günther 1928). A. Rosenberg übernimmt offenbar Nietzsches Urteil, daß Sokrates Repräsentant der Plebejer gewesen sei, im Unterschied zu Platon, dem Künstler, der die rassische Grundlage seines Volkes durch eine diktatorische Verfassung retten wollte.

Der faschistische Platonismus weicht von Nietzsche lediglich in einem Punkt ab: dem idealistisch-italofaschistischen Imperativ des Opfers für den Staat (Gentile). Nietzsches Politästhetik dagegen sieht den Staat nur als das, was Platon in der von den Sophisten bei Laune gehaltenen Masse erblickte, als »großes Tier«, als »großes Ungeheuer«. Aber diese Differenz gegenüber dem faschistischen Gedanken der Aufopferung für den Staat bringt insgesamt keinen Gewinn. Nietzsches Politästhetik ist negativ gegen den reinen Machtstaat gerichtet und votiert dennoch für das »Volk«: »Schaffende waren es, die schufen die Völker [...] Wo es noch Volk giebt, da versteht es den Staat nicht und hasst ihn als bösen Blick und Sünde an Sitten und Rechten.« Damit ist *auch* die nationalsozialistische Unterordnung des Staates unter das Volk ausgesprochen. »Der Staat ist uns heute kein selbständiger Götze mehr, vor dem alle im Staube zu liegen hätten; der Staat ist nicht einmal ein Zweck, sondern er ist auch nur ein Mittel zur Volkserhaltung [...] Der Volkheit Autorität [...] steht höher als diese ›Staatsautorität‹. Wer das nicht zugesteht, ist ein Feind des Volkes, und sei es der

Staat selber« (A. Rosenberg, 1935, S. 52 6f.). Rosenberg schreibt hier, wie das Bild vom Staats-»Götzen« und seiner Unterwerfungsforderung erkennen läßt, im Grunde nichts als einen Kommentar zu Nietzsches Zarathustra-Kapitel »Vom neuen Götzen«. Nietzsches platonistische Politästhetik taugt als Waffe gegen die italofaschistische Staatsvergötzung, weil sie von der nationalsozialistischen Überordnung von Volk über Staat ununterscheidbar ist. Daß Nietzsche an dieser Stelle für demokratische Zwecke einer Volkssouveränität brauchbar wird, schließt er selber durch den Hinweis aus, daß das Volk bloß den Stoff für den Staatskünstler darstellen soll.

Konservative Kritik möchte gewiß hier anschließen und gegen Nietzsche dessen Kürzung des »größten Wissens« (mégiston máthema) bei Platon hervorheben, eben »die Idee des Guten« (Platon, Politeia, 505 a). Weil Nietzsches Staatskünstler nicht mehr überstaatliche Wahrheit im Blick hat, werde Nietzsches Politikkonzeption anfällig und wehrlos gegen totalitäre Beerbungen. Diese Kritik zurückzuweisen, dürfte hinsichtlich Platons schwer, wenn nicht unmöglich sein. Denn daß Platon einen Staat konzipierte, der alle Merkmale dessen aufweist, was Mussolini und Gentile 1929 als »carattere totalitario« (des Faschismus) bezeichneten, ist seit der Aristotelischen Platonkritik bekannt und wurde von K. R. Popper für die Moderne vertieft.

b. Die Verbindung politischer und sakraler Elemente als Medium moderner Tyrannis kennzeichnet Italo- und Germanofaschismus gleichermaßen. »Der Faschismus ist nicht nur eine Partei, er ist ein Regime; er ist nicht nur Regime, sondern ein Glaube; er ist nicht nur ein Glaube, sondern eine Religion, die dabei ist, die arbeitenden Massen des italienischen Volkes zu erobern«, heißt es 1926 bei Mussolini: Klimax von »Partei« über »Religion« zu Politik als Religion (Montemaggiori 1934, S. 26). »Mein Geist ist«, so äußert Mussolini, »tief religiös« (Montemaggiori, S. 587). Neben diesen generellen Bekenntnissen kommt Mussolini als Nietzsche-Leser mit folgender Äußerung

Nietzsche sehr nahe: »Der Faschismus erblickt im Katholizismus eine gigantische und gelungene Anstrengung, einem Volk wie dem unseren eine Religion anzupassen, die im Orient unter Menschen einer anderen Rasse und anderer Moralität geboren wurde. Der Katholizismus ist die Synthese zwischen Judäa und Rom, zwischen Christus und Quirinus [d.h. dem vergöttlichten Romulus]« (Montemaggiori, S. 587). Der Katholizismus hat schon erreicht, was Nietzsche als künftigen Weltherrscher fordert, die Verbindung von Caesar [Mussolini: Romulus] und Christus. Der Katholizismus ist für Mussolini geistlich das, was der Faschismus politisch totaler zu sein hat.

Bezüglich Hitlers ist eine sakral-metaphysisch gefärbte Propaganda bekannt: Richard Euringers Drama »Deutsche Passion« etwa, wo das Dritte Reich von unbekannten Soldaten gegründet wird, bietet Hitler und Christus in einem. In der Regieanweisung zur Schlußszene wird ausdrücklich Sakrales mit Marschliedern verbunden (vgl. Fest 1974, S. 610f.). »Christus ist zu uns gekommen durch Adolf Hitler«, bemerkte ein Kirchenrat in Thüringen (ibd.).

Auch in dieser Hinsicht scheint Nietzsche zunächst abgehoben gegen Faschismus: er bedenkt Eigenschaften politischer Führungspersönlichkeiten; diese betreiben Propaganda. Er sucht theoretische Züge für die Synthese von Machtstaat und Zweckstaat des vollkommenen Lebens; diese sakralisieren bloß den Machtstaat. Aber derartige Angaben unterschlagen, daß Propaganda auch Aussagen enthält. Das, was säkularisierte Propaganda bzw. propagandistisch Sakrales mitteilt, ist das politisch dienstbar gemachte Sakrale oder Religiöse. Religiöser Inhalt zählt nur noch als Inhalt des Politischen. Eben das bezeichnet die Aufnahme sakraler Züge im Faschismus und – bei Nietzsche. Dessen Atheismus verbietet »sich die Lüge im *Glauben an Gott* (Zur Genealogie der Moral III, Nr. 27). Christus in Caesar soll eine innerweltliche, politisch gewendete Heiligkeit bezeichnen und nichts sonst. Die faschistische Gewalt von Nietzsches sakraler Politästhetik steht nicht unbedingt im Widerspruch zu seiner Fassung des Glaubens. Bei Nietzsche soll der Glauben an die Herren aus dem Sein der Herren fließen; im Faschismus wird dagegen ein Glaubensimperativ gestellt (s. oben, S. 52–57). Diese Unterscheidung relativiert sich jedoch, weil Nietzsche das Sein der Herren auch nur fordert.

c. Ist die Verschmelzung von Staatsmann und Künstler für Nietzsche das Wichtigste, weil sie den Ansatz zur Lösung des Syntheseproblems zwischen dem Staat der Macht und der Ermöglichung vollkommenen Lebens bildet, so gilt ebenso: Künstlertum und Staatslenkung zu verbinden, war nicht nur ein Bedürfnis Neros oder Napoleons, sondern in moderner Form ebenso Mussolinis wie Hitlers.

»Der Faschismus ist Jugend, ist Schönheit, Leidenschaft, Harmonie«, schreibt Mussolini in einem Brief (Montemaggiori 1934, S. 335). Oder: »die Kunst ist für uns ein ursprüngliches und wesentliches Bedürfnis des Lebens.« »Es ist nötig, zu schaffen, andernfalls sind wir nur die Nutznießer einer alten Erbschaft; es ist nötig, die neue Kunst unserer Zeiten zu schaffen, die faschistische Kunst« (Montemaggiori, S. 18). Die »faschistische Kunst« (l'arte fascista) bildet dabei kein innerästhetisches Phänomen, keinen neuen Mal-, Schreib-, Bau- oder Kompositionsstil, sondern ist jenes Kunstwerk (opera d'arte), das Mussolini anstelle der »Parteienpolitik« (la politica dei partiti) realisieren wollte – »la politica pura« (Montemaggiori, S. 531). Am deutlichsten wurde im Italofaschismus ein gewisser Giuseppe Bottai: »Der Faschismus hat eine derart enge und uneigennützige Solidarität zwischen Kunst und Politik hergestellt (solidarità tra arte e politica), daß seine Menschen eines Tages das Recht haben werden, demjenigen den Prozeß zu machen, der noch heute, versehen mit einem Parteiausweis, die Kunst im Namen der Politik beschmutzt bzw. die Politik im Namen der Kunst als ekelhaft darstellt« (Montemaggiori, S. 29). Solidarità tra arte e politica: Ästhetik ist Ästhetikpolitik und Politik ist Politikästhetik geworden. Wer das eine vom anderen trennen will, gehört ins Gefängnis. Ästhetischer Avantgardismus ist ultraästhetisch, ist totalitär geworden.

Von Hitler ist die Verbindung zwischen Künstler und Staatsmann hinlänglich bekannt. Er sagte 1929: »Die Kunst ist der Ausdruck eines weltanschaulichen, eines religiösen Erlebens und zugleich der Ausdruck eines politischen Machtwillens zu allen Zeiten gewesen« (zit. nach Backes 1988, S. 55). Der Zusammenhang zwischen künstlerischer und staatsmännischer Existenz wurde von Goebbels propagandistisch ausgewertet: »Er [Hitler] ist von Hause aus Baumeister und hat es auch öfter lächelnd gesagt, daß er in seiner Jugend einmal die Aussicht gehabt habe, zu bauen, ohne allerdings damals zu wissen, daß das Schicksal ihn dazu berufen wollte, nicht Häuser, sondern den Staat zu bauen. [...] Das gerade unterscheidet die Neuformung des Reiches durch den Führer von allen vorhergehenden Versuchen, daß sie auf Dauerhaftigkeit beruht, [...] daß sich bei ihr Zweckmäßigkeit und Schönheit in einer seltenen Harmonie vereinigen. [...] Hier ist das künstlerische Gefühl eines großen Mannes nicht mehr einem Bedürfnis des Luxus oder der Spielerei entsprungen. Hier ist es [...] unabdingbar für Sein, Leben und Wirken« (J. Goebbels, Der Führer und die Künste, in: Adolf Hitler, hg. vom Cigaretten-Bilderdienst, Altona-Bahrenfeld 1936, S. 66ff.).

Dem Selbstverständnis Mussolinis oder Hitlers als Politikästheten stehen keine aus Nietzsches politischem Zentralmotiv folgenden, begrifflichen Hindernisse entgegen. Daß Nietzsche mit Wagner brach, Hitler aber Wagnerianer war, stört diese begriffliche Entsprechung nicht. Sie wird auch nicht dadurch entkräftet, daß sich der Begriff der »Entartung« bei Richard Wagner im ästhetischen Sinn findet, bei Nietzsche dagegen nicht in dieser Verwendung. Die begriffliche Korrespondenz zwischen der Politästhetik Nietzsches und der des Nationalsozialismus schließt indes nicht notwendig eine unmittelbare Einwirkung Nietzsches auf NS-Ideologen ein. Faktisch liegt aber eine Rezeption Nietzsches in dieser Hinsicht bei Rosenberg vor (s. o.). Zum generell verbreiteten Klima gehört Politästhetik seit dem Ende des 19. Jahrhunderts ohnehin, und zwar besonders infolge der Breitenwirkung des Buches »Rembrandt als Erzieher« von *Julius Langbehn*. Langbehn war selber Nietzscheaner und verkündete für den Machtstaat des Zweiten Reiches die Notwendigkeit einer Transformation in »Kunstpolitik« (Langbehn 1944, S. 196ff., S. 334ff.).

*

Klaus Backes weist darauf hin, daß »Entartung« als Kampfbegriff gegen die Moderne nicht von dem jüdischen Arzt Max Nordau, sondern von Wagner geprägt wurde. Wagner schrieb, es sei kaum möglich, die »Entartung, in welche namentlich die deutsche theatralische Kunst verfallen« sei, zu beschreiben (zit. nach Backes 1988, S. 48 und 199; bei Wagner Werke Bd. 8, S. 111). Das ist eine eher beiläufige Bemerkung. Gar nicht beiläufig bedient sich dagegen Nietzsche der Wörter »Entartung«, »Entartender«. In »Ecce homo« (Die Geburt der Tragödie Nr. 4) wird mit einer »Höherzüchtung der Menschheit« zugleich »die schonungslose Vernichtung aller Entartenden und Parasitischen« gefordert. Dieses brutale Pathos ist geradezu prädestiniert für die Hetzreden charismatischer Demagogen. Mißbrauch ist hier nicht mehr möglich, es sei denn in dem ironischen Sinn, daß die Nationalsozialisten vornehmer waren als der Philosoph und »Entartung« nur auf die künstlerischen Avantgarden bezogen.

»Entartung« bildet eine Lehnübersetzung des romanischen Wortes »Degeneration« (d. h. Depotenzierung des genus, der Art), das bei Gobineau (Essai I, 4) als Einstieg für seine rassische Erklärung dieses kulturellen Phänomens dient. Nietzsche arbeitet mit drei Bezeichnungen: dem französischen »décadence«, »Degeneration« und »Entartung«.

Ein Hinweis auf Nietzsches Begriff der »décadence« oder »Entartung« möge abschließend sein politisches

Zentralmotiv noch einmal verdeutlichen. Im Frühjahr 1888 heißt es im Nachlaß:

»Begriff ›décadence‹
Der *Abfall, Verfall, Ausschuß* ist nichts, was an sich zu verurtheilen wäre: es ist eine nothwendige Consequenz des Lebens, des Wachsthums an Leben. Die Erscheinung der décadence ist so nothwendig, wie irgend ein Aufgang und Vorwärts des Lebens [...] Es ist eine Schmach für alle socialistischen Systematiker, daß sie meinen, es könnte Umstände geben, gesellschaftliche Combinationen, unter denen das Laster, die Krankheit, das Verbrechen, die Prostitution, die *Noth* nicht mehr wüchse [...] Aber das heißt das *Leben* verurtheilen« (VIII, 3, S. 47f., Nr. 14 [75]).

Wachstum bedingt in jeder Hinsicht ein Anwachsen des Gegenteiligen. Sozialistisch-universelle Ausgleichung ist lebensfeindlich. Nietzsche sorgt selber für das Feindbild seiner sozialistischen Gegner Franz Mehring, Georg Lukács, Wolfgang Harich. Es bestätigt sich, daß Nietzsche Gobineaus Theorie des Rassenverfalls dynamisiert; Höherzüchtung setzt degenerative Erscheinungen voraus. Große Politik wird erst möglich, wenn Degeneration erreicht ist. Im Herbst 1887 wird der moralüberwindende politische Zusammenhang des Begriffs »Entartung« deutlicher als sonst:

»man soll den solitären Typus *nicht* abschätzen nach dem heerdenhaften, und den heerdenhaften *nicht* nach dem solitären

Aus der Höhe betrachtet: sind beide nothwendig, – und nichts ist mehr zu verbannen als jene »Wünschbarkeit«, es möchte sich etwas Drittes aus Beiden entwickeln [...] Das *Typische fortentwickeln*, die *Kluft* immer tiefer *aufreißen* ... Begriff der Entartung in beiden Fällen: wenn die Heerde den Eigenschaften der solitären Wesen sich nähert, und diese den Eigenschaften der Heerde, – kurz, wenn sie sich *annähern*. Dieser Begriff der Entartung ist abseits von der moralischen Beurtheilung« (VIII, 2, S. 158f., Nr. 10 [59]).

Zusammenfassung

Das politische Zentralmotiv Nietzsches bildet die Vereinigung des Staates der Macht mit dem der Vollkommenheit. Es wird begrifflich faßbar in dem als Künstler vorgestellten Herrscher, dem das Staatsvolk bloß als Material dient. Die platonistischen, die sakralisierenden Züge dieser Konzeption werden vom Faschismus bestätigt, ohne daß sich bei Nietzsche ein begriffliches Sperrpotential benennen ließe. Das politische Zentralmotiv schließt für Nietzsche ein doppelt beschreibbares Verständnis des Politischen ein:

1. Das Politische bedeutet Dynamisierung der Rassenmischung zur Vorbereitung der Züchtung einer Herrenrasse.
2. Das Politische ist die Zerteilung der Einheit von Moral in zwei Moralen.

Der zuletzt zitierte Text enthält beide Beschreibungen des Politischen: Herren und Herde, Kluft zwischen beiden, Dualismus zweier Moralen, die nichts gemeinsam haben dürfen. »Entartung« entsteht, wenn Herren und Herde damit beginnen würden, gemeinsame Elemente ihrer Moral zu suchen. »Entartung« ist insofern kein Phänomen moralischer Beurteilung, als sie nicht auf dem Boden einer universalistischen Moral geschieht, sondern u. U. bloß auf eine universalistische Remoralisierung zusteuert.

*

Intellektuelle Nietzsche-Gegner möchten – nach allem, was beschrieben worden ist – schließen: Die Beweisaufnahme reicht. Nietzsche und der Faschismus haben genügend Elemente gemeinsam, um Strategien und Ideologien zur Reinwaschung Nietzsches ein Ende zu bereiten. Die Reinwaschung Nietzsches von faschistischen Ansätzen müßte manipulativ-selektiv verfahren. Auszublenden wären dabei mindestens:

- die Forderung nach Vernichtungskriegen
- die politische Rassenontologie einschließlich der Radikallösungen

- die Diagnose bzw. Forderung nach Einheit von Vollkommenheit und Verbrechertum
- die Einheit von Macht- und Zweckstaat, sofern sie eine platonistische Politästhetik, eine sakralisierte Politik und die Einheit von Staatsmann und Künstler propagiert.

Es ist gewiß schwer, angesichts dieser Züge das zu bewahren, was Nietzsche mit »Redlichkeit« bezeichnete und sein Nachfolger Bataille als »Souveränität« des Urteils einforderte. Aber – redlich und souverän genommen – reicht diese Beweisaufnahme nicht ganz. Nietzsches Schillern schließt an dieser Stelle noch immer die Möglichkeit einer Patt-Situation der Gesamtbeurteilung nicht aus. Analysen im erweiterten Maßstab werden erforderlich.

Teil II

Nietzsche »an der Macht«, Nietzsche vor Gericht

> Sage mir, was du brauchst, und ich will dir dafür ein Nietzsche-Zitat besorgen.
>
> *Kurt Tucholsky*

Einige Tatsachen: Vom Ersten Weltkrieg bis zum Nürnberger Prozeß

1) Nietzsche ist auch außerhalb des Faschismus politisch wirksam geworden, und zwar nicht nur in Europa, sondern auch im islamischen Asien.

Noch vor der faschistischen Entdeckung Nietzsches für die Welt gab es offenbar in der Folge des Ersten Weltkrieges eine »Weltmeinung« über Nietzsche als Kriegsmitschuldigen. Kurt Tucholsky gab 1932 dem Weimarer Nietzsche-Archiv die Schuld an dieser Einschätzung: »Was hat das Nietzsche-Archiv mit Nietzsche getrieben! Das Archiv und seine Leute sind schuld daran, daß die Weltmeinung Nietzsche für einen deutschen Kriegsanstifter gehalten hat, zu welcher Auslegung allerdings die Verschwommenheit seiner Diktion beigetragen hat« (Gesammelte Werke 1975, Bd. 10, S. 9). Dieses Urteil über das Nietzsche-Archiv wird durch Elisabeth Förster-Nietzsches Verhalten im Ersten Weltkrieg und danach bestätigt.[27] Anfang Dezember 1888 (also kurz vor Beginn seiner geistigen Umnachtung) war allerdings Nietzsche selber bereit, seine Wahrheiten dem »Kaiser der Deutschen« (d. h. Wilhelm II.) ins Ohr zu flüstern. Zwei Briefentwürfe aus dieser Zeit wurden in diesem Sinn an Kaiser Wilhelm II. gerichtet. Im ersten Entwurf faßt Nietzsche sich selber zusammen und wiederholt dann seine Voraussage der unvorstellbaren Kriege als Folge der bisher unterdrückten Wahrheit über die Ungleichheit der Menschen:

»Aber meine Wahrheit ist furchtbar: denn man hieß bisher die Lüge Wahrheit … Umwerthung aller Werthe: das ist meine Formel für einen Akt höchster Selbstbesinnung de Menschheit, – mein Loos will es, daß ich tiefer, muthiger, rechtschaffener in die Fragen aller Zeiten hinunter(zu)blicken wußte als je ein Mensch bisher. Ich fordere nicht das, was jetzt lebt heraus, ich fordere mehrere Jahrtausende gegen mich heraus: ich widerspreche und bin trotzdem der Gegensatz eines neinsagenden Geistes ... Es giebt neue Hoffnungen, es giebt Ziele, Aufgaben von einer Größe für die der Begriff bis jetzt fehlte: ich bin ein froher Botschafter par excellence, wie sehr ich auch immer der Mensch des Verhängnisses sein muß ... Denn wenn dieser Vulkan in Thätigkeit tritt, so haben wir Convulsionen auf Erden wie es noch keine gab: der Begriff Politik ist gänzlich in einen Geisterkrieg aufgegangen, alle Macht-Geb(ilde) sind in die Luft gesprengt, – es wird Kriege geben, wie es noch nie Kriege gab. –«

Hat Nietzsches Schwester diese Annäherung des Denkers an die kriegsbereiten Kräfte nicht doch nur fortgesetzt?

Bisher weitgehend unbeachtet blieb auch der Versuch, Nietzsche von deutscher Seite aus als Missionsträger Deutschlands zu verorten. Dies geschah mitten im Ersten Weltkrieg und ein zweites Mal kurz vor dem Ausbruch des Zweiten. Deutsche Intellektuelle wie der Philosoph G. Simmel oder der Soziologe W. Sombart feierten 1914 den Krieg als Befreiung. Der berühmte Psychologe Wilhelm Wundt läßt 1916 im Leipziger Kröner Verlag *Die Nationen und ihre Philosophie. Ein Kapitel zum Weltkrieg* erscheinen. Im Unterschied zu einem ruhmbesessenen und egoistischen England und Frankreich, so Wundt, kämpfe Deutschland aus »Hingabe an ein Ganzes«. Das sei die idealistische Mission der Deutschen im Weltkrieg. (Für Engländer oder Franzosen, die beide weitaus früher als Deutschland universelle Prinzipien konzipiert hatten, mußte damals und muß auch im Rückblick die idealistische Option der Deutschen als nationalistische Anmaßung erscheinen.) Wer jedoch gilt für Wundt, 100 Jahre nach dem deutschen Idealismus, 1916 noch als idealistischer Denker? Wundt antwortet: Nietzsche. »Nietzsche hat, vielleicht ohne es selbst zu wissen, jedenfalls ohne es auszusprechen, den deutschen Idealismus seiner

Wiedergeburt entgegengeführt.« Damit wurde Nietzsche von seiten der Wissenschaft als politische Figur des 20. Jahrhunderts neu erschaffen. Den Nationalsozialisten fiel es deshalb 23 Jahre nach Wundt leicht, nicht bloß von Nietzsches Forderungen, sondern von dessen politischer Verwirklichung zu sprechen. »Heute«, schreibt Walter von Hauff in *Friedrich Nietzsche, Worte für werdende Menschen* 1939, »zwanzig Jahre nach jenem gewaltigen Opfergang einer Jugend, werden wir erst recht inne, daß ihr Sterben nicht vergebens gewesen ist. Sind wir doch selbst schon Zeugen der Entstehung jener verheißenen Welt und erleben dabei tagtäglich, wie viele von Nietzsches Gedanken verwirklicht, ja geradezu als Richtlinien für den Neuaufbau der Nation betrachtet und befolgt werden.« Auch dieses Buch erschien in hoher Auflage.[28] Der weitere Kontext dazu enthielt eine Anknüpfung des Nationalsozialismus an den »Geist von 1914«. Dementsprechend war in der Predigt der Potsdamer Garnisonskirche vom 21. März 1934 – als Hitler und Hindenburg erstmals öffentlich einander die Hände schüttelten – davon die Rede, dieses Ereignis komme einer »Wiedergeburt des Geistes von 1914« gleich.[29]

Mohammed Iqbal (1876–1938), einer der ideologischen Vorgänger des Staates Pakistan, konzipierte im Anschluß an Nietzsches »Übermenschen« einen spezifisch islamischen Übermenschen: Nietzsches politische Wirkung in die Ferne des Orients, aus der er selber (vgl. unten, S. 201 f.) politische Anregungen bezog.[30]

2) Trotz gewisser Ähnlichkeiten der Radikalität politischer Kampfbegriffe bei Nietzsche und dem Chefideologen der französischen »Faschisten«, *Charles Maurras,* bleiben zwei Unterschiede: Die französischen Faschisten der *Action française,* die auch heute wieder ihr »Aspects de la France. Hebdomadaire de l'action Française« auf dem Boulevard St. Michel und anderswo verteilen, wollten nach eigenem Zeugnis »einen royalistischen Geisteszustand schaffen«, und dann, bei Bestehen dieser Mentalität »mit einem Gewaltstreich zuschlagen, um die Monarchie

zu etablieren«. Nietzsche hat solche reaktionären Träume nicht geträumt: »Es ist die Zeit der Könige nicht mehr: was heute noch Volk heisst, verdient keine Könige« (Also sprach Zarathustra III, Von alten und neuen Tafeln, Nr. 21).[31] Den zweiten Unterschied Nietzsches zur »Action française« hat Maurras selber bezeichnet: »Nietzsche hat nicht immer gut verstanden, was unsere Meister ihn lehrten. Unsere jungen Franzosen haben ihn schon überholt und verbessert, und ich hoffe, daß sie ihn schnell vergessen machen werden« (Maurras 1925, S. 227). Gleichwohl gilt die Bemerkung eines anderen Repräsentanten der faschismusanalogen »Action française«: »Nietzsche riß uns heraus aus ›dem demokratischen und humanitären Schlamm‹« (Georges Valois, L'homme qui vient. Philosophie de l'autorité, Paris (1906) 1923, S. 32f., zit. nach Barth 1974, S. 270 und 324).

3) Über das Verhältnis des *jungen Mussolini*, der vor 1919 sozialistisch-marxistischer Direktor der Zeitung »Avanti« gewesen war, zu Nietzsche existiert präzise Forschung; allerdings ist die Macht der Gerüchte und Wünsche auch gegenwärtig stärker als die Macht der Information.[32] Was Mussolini 1909 auf zehn Seiten bot, war im wesentlichen ein *Referat* über Vorlesungen des Abgeordneten Claudio Treves in Forlì (1908), der den »Willen zur Macht« als Zentrum der Philosophie Nietzsches nachweisen wollte. Ein Aufsatz von Ernst Nolte hat ausführlich die Bezüge des jungen Mussolini zu Nietzsche dargelegt und kommt zu dem Ergebnis:

»Dieser Aufsatz beweist nicht, daß Mussolini schon in seiner sozialistischen Zeit ein Anhänger Nietzsches war [...] er sieht ihn [...] durch die Brille von Marx [...] Er [Mussolini] steht als starkes Glied in einer Reihe mit Lenin und Trotzki, Liebknecht und Luxemburg [...] inmitten [...] der Vorbereitung des europäischen Kommunismus [...] Aber er unterscheidet sich auch dadurch von ihnen, daß auf ihn [...] die Lebensphilosophie stärker einwirkte als es bei Marxisten gewöhnlich ist. [...] Dieser neue Einfluß kulminiert in der Bedeutung, die Nietzsche für ihn gewinnt. Aber auch Nietzsche liest er mit marxistischen Augen und assimiliert sich vieles. [...] Das Wichtigste [...] bleibt [...] unverbunden, ohne daß die Unvereinbarkeit Mussolini jedoch zu klarem Bewußtsein kommt. Die Spitze von Nietzsches Einfluß bleibt als Fremdkörper unbemerkt, aber virulent, um vielleicht bei veränderter Situation wieder wirken zu können« (Nolte 1960, S. 308 und S. 324f.).

Dieser Diagnose ist – wie Nolte auch selber fortsetzt – nur hinzuzufügen, daß es die heterogenen Elemente »Marx« und »Nietzsche« waren, die Mussolinis Horizont und Horizontverschiebung bildeten. Der Weg verlief von Marx zu Nietzsche und – ganz am Ende seines Lebens – wieder zu Marx zurück.

Auf die Rezeption Nietzsches bei Theoretikern des italienischen Faschismus wie Marinetti oder Gentile wurde oben schon hingewiesen. Die für den gesamten Faschismus prägenden Auffassungen *Giulio Evolas* sind später genauer zu betrachten.

4) Bekannt ist vom *nationalsozialistischen Umgang mit Nietzsche,* daß der aus Braunau von Nietzsche keinen signifikanten Gebrauch in Volks- oder Tischreden machte. Das aber verhinderte nicht die öffentliche Zelebrierung Nietzsches. Der Germanofaschismus wollte immer auch Geste sein, Entprivatisierung des Gestischen, gestische Enteignung zugunsten des Gestus der Öffentlichkeit. Hinsichtlich Nietzsches brauchte man zu diesem Zweck nur die antidemokratischen Aktivitäten des Weimarer Nietzsche-Archivs fortzusetzen. Die Republik von Weimar besaß in Weimar zugleich den Tresor ihres Sturzes.

Die Gesten begannen mit jenem Rosenstrauß, den der künftige Führer Elisabeth Förster-Nietzsche im Februar 1932 überreichte, als im Weimarer Nationaltheater Mussolinis Napoleon-Drama »Campo di Maggio« (deutsch: Hundert Tage, Berlin/Wien/Leipzig 1933) aufgeführt wurde. Sie setzen sich fort in jenem – in fast jeder Darstellung kolportierten – Schenkungsakt von Nietzsches Spazierstock an den »Führer«.

Von Belang sind drei andere Gesten, in denen – wie

meist bei den Nationalsozialisten – das Tote, der Kult des Toten und das Todbringende eine Rolle spielen:

- 1934 wird Nietzsches »Also sprach Zarathustra. Ein Buch für Alle und Keinen« (»Und als ich zu Allen redete, redete ich Keinem«, Zarathustra IV, Vom höheren Menschen 1) im Grabgewölbe des Tannenberg-Denkmals neben Rosenbergs »Der Mythus des 20. Jahrhunderts« und Hitlers »Mein Kampf« niedergelegt.[33] Dies bildete die wohl schauerlichste Geste: Nietzsches Buch für das Leben, eingesargt neben dem todestrunkenen Bibeln der Nationalsozialisten.
- Die Trauerfeierlichkeiten für Elisabeth Förster-Nietzsche im November 1935 wurden – wie der »Völkische Beobachter« am 11. November auf seiner Titelseite ausführlich dokumentierte – zur Demonstration der von Nietzsches Schwester bewahrten Kontinuität zwischen Nietzsches Philosophie und dem Nationalsozialismus.
- 1943 traf am Weimarer Bahnhof ein schickliches Geschenk Mussolinis für das Archiv ein: eine Dionysos-Statue, jenes Gottes, dessen Namen Nietzsche für seine Philosophie reklamiert hatte. Gleichzeitig bombardierten allerdings die Engländer Weimar. Für den Nationalsozialisten Richard Oehler (s. unten, S. 128 f.), Direktor des Archivs, wurde die Fahrt vom Bahnhof zum Archiv zu einem Typus von dionysischem Erleben, das die Faschisten für sich entdeckten: »Sprengbombenhagel ging nieder. Ich kann wohl sagen, daß es in göttlicher Gesellschaft die interessanteste und abenteuerlichste Fahrt meines Lebens war« (zit. nach H. F. Peters 1983, S. 306).

5) Neben J. G. Fichte und besonders neben F. W. Hegel saß speziell die Philosophie Nietzsches auf der Anklagebank des *Nürnberger Prozesses* gegen die Hauptkriegsverbrecher vom 14. November 1945 bis zum 1. Oktober 1946. Der Hauptankläger für die französische Republik, François de Menthon, bemerkte in seiner Anklagerede:

»Nach Nietzsche zieht die industrielle Entwicklung notwendigerweise die Herrschaft über die Massen mit sich, das Automatisieren und Formen der Arbeitermassen. Der Staat besteht nur dank einer Elite von starken Persönlichkeiten, die unter Anwendung der Methoden, die Machiavelli so treffend geschildert hat, und die allein den Lebensgesetzen entsprechen, die Menschen gleichzeitig mit Gewalt und List leiten werden; denn die Menschen sind und bleiben böse und verderbt.

Wir sehen den modernen Barbaren erstehen, überlegen durch Intelligenz und zielbewußte Energie, unbeschwert von jeder konventionellen Moral, fähig den Massen Gehorsam und Treue aufzuerlegen,indem er sie an die Würde und Schönheit der Arbeit glauben macht und ihnen ein mittelmäßiges Wohlbefinden verspricht, mit dem sie sich so leicht zufrieden geben. Ein und dieselbe Kraft wird in Erscheinung treten bei den Herren durch die Übereinstimmung zwischen ihren elementaren Leidenschaften mit der Helligkeit ihrer organisatorischen Vernunft, bei den Massen durch das Gleichgewicht zwischen ihren dunklen oder heftigen Instinkten und der überlegten Tätigkeit, die ihnen eine unerbittliche Disziplin vorschreibt.

Wir wollen keineswegs die letzte Philosophie Nietzsches mit der brutalen Einfältigkeit des Nationalsozialismus vermischen. Nietzsche zählt aber auch zu den Ahnen, auf die sich der Nationalsozialismus mit Recht beruft, weil er einerseits der Erste war, der in zusammenhängender Form Kritik übte an den traditionellen Werten des Humanismus und andererseits, weil seine Vision von der Herrschaft über die Massen durch unumschränkte Herren das Nazi-Regime bereits ankündigte. Überdies glaubte Nietzsche an eine herrschende Rasse und billigte diesen Vorrang Deutschland zu, dem er eine junge Seele und unerschöpfliche Kraftquellen zuerkannte.

Der Mythos von der Rassengemeinschaft entspringt den Tiefen der deuschen Seele, die durch die moralischen und geistigen Krisen der modernen Menschheit aus dem Gleichgewicht gestoßen, sich wieder den traditionellen pangermanistischen Lehren zuwandte.

Schon Fichtes ›Reden an die deutsche Nation‹, die den Wert des Germanentums übertreiben, stellten eine der Hauptideen des Pangermanismus in das vollste Licht, daß nämlich Deutschland die Welt denke und organisiere, wie sie gedacht und organisiert werden sollte.

Ebenso alt ist die Verteidigung des Krieges. Sie geht insbesondere zurück auf Fichte und Hegel, die behauptet hatten, daß nur der Krieg die Völker klassifiziere und die Gerechtigkeit unter den Nationen herstelle. Nach Hegel wird ›die sittliche Gesundheit der Völker‹ durch den Krieg erhalten, ebenso ›wie die Bewegung der Winde die See vor der Fäulnis bewahrt‹. [...]

Diese Jugend, diese Ausführungsorgane des Regimes, wurde nach einer wahrhaftigen Lehre des Immoralismus herangebildet. Dieser Immoralismus entspringt der Weltauffassung, von der das Regime erfüllt war.

Der Rassenmythos nahm in den Augen dieser seiner Anhänger dem verbrecherischen Kriege den verbrecherischen Charakter.

Wenn es feststeht, daß die höhere Rasse die für untergeordnet und dekadent betrachteten Völker vernichten soll, die Völker, die unfähig sind, das Leben so zu leben, wie es gelebt werden soll, vor welchen Mitteln der Vernichtung wird man dann zurückschrecken? Moral der Immoralität, die Folge der reinsten Lehren Nietzsches, die die Vernichtung jeglicher konventionellen Moral als höchste Pflicht des Menschen ansieht.«

(Sitzung vom 17. Januar 1946, in: Der Prozeß gegen die Hauptkriegsverbrecher vor dem Nürnberger Gerichtshof. [Nürnberg 1947], München/Zürich 1984, Bd. 5–6, S. 424f. und S. 474).

Diese Ausführungen des französischen Hauptanklägers besitzen großes Gewicht und können deshalb nicht unkommentiert bleiben. Im Unterschied zu den Anklagen von Lukács, Sandvoss oder W. Harich (s. u.) bleibt der Ton sachlich, erschüttert nur vom Eindruck der erlittenen Barbarenherrschaft. Die Anklage wird nicht anklagend vorgebracht. Eine Reihe von wesentlichen Konzepten der politischen Philosophie Nietzsches wird mit knapper Objektivität bezeichnet:

a) Nietzsches »Machiavellismus«, verstanden als Elitenherrschaft
b) Im Zusammenhang mit diesem »Machiavellismus«: Nietzsches Rassenlehre, verbunden mit einer Hoffnung auf jugendliche Kräfte in Deutschland.
c) Nietzsches Wertkritik bzw. seine Forderung nach »Umwertung aller Werte«, seine Moral des Immoralismus, der Vernichtungskrieg gegen die bisher herrschende Moral derer, die zur Herrschaft nicht berufen sind.

Der Zusammenhang, der zwischen dieser dreifach markierten politischen Lehre Nietzsches und dem Nationalsozialismus hergestellt wird, lautet: Nietzsche bietet die Philosophie, die der Nationalsozialismus mit »brutaler Einfältigkeit« verwirklichen wollte. Was Nietzsche – so wäre zu explizieren – dachte, was er in großen Zügen umfassend konzipierte, nämlich machiavellistische, einen politischen Rassenbegriff einschließende, herrschaftsgarantierende Wertumwertung, ist von den Nationalsozialisten ansatzweise in die Tat umgesetzt worden bzw. sollte tendenziell ganz verwirklicht werden. Damit reiht sich die Argumentation des französischen Hauptanklägers in die stärkste Linie der Verknüpfung zwischen Nietzsche und dem Faschismus ein: Nietzsche – so kann diese Linie bezeichnet werden – ist *größer bzw. gleich Faschismus* (Nietzsche ≥ Faschismus, vgl. unten, S. 108 ff.).

Der französische Ankläger bezieht in die Vorgeschichte des Nationalsozialismus besonders die Hegelsche Kriegsbegründung ein. Der Zusammenhang zwischen Hegels politischer Philosophie und den modernen Totalitarismen war in den sechziger Jahren Gegenstand heftiger Kontroversen.[34] In der Tat stehen Nietzsches Bemerkungen zu einer Sozialontologie des Krieges Hegel näher als z. B. Kant. Hegel und Nietzsche gemeinsam ist die Fernhaltung moralischer Beurteilungen für Kriege. Nietzsche überschreitet dabei allerdings die geschichts-teleologische Zielsetzung Hegels.

Eine Tabelle

Es ist bekannt, daß die Beurteilung von Nietzsches Verhältnis zum Faschismus nicht einheitlich ist. Was bisher nicht vorliegt, ist ein umfassend gegliederter, kritisch ausgewerteter Überblick über alle relevanten Stellungnahmen vor, während und nach dem Faschismus. Der Historiker Roderick Stackelberg (Gonzaga Univ. Washington) hat neuerdings nachdrücklich auf divergierende Urteile und Optionen zu Nietzsches politischer Philosophie hingewiesen (Stackelberg 1988/89). Wichtige Vorarbeit wurde dabei – die divergierende Nietzsche-Rezeption des Dritten Reiches betreffend – in der Kieler Dissertation von Hans Langreder (1971) geleistet. Es käme darauf an, diese Ansätze in erweitertem Maßstab fortzuführen und dabei den Italofaschismus, Heidegger, Adorno und den französischen Nietzscheanismus einzubeziehen. Diese Arbeit kann in diesem Buch nur insoweit geleistet werden, als sie die im dritten Teil zu treffende Entscheidung über Nietzsches Protofaschismus vorbereiten hilft. In jedem Fall ist diesbezüglich ein erster Vorschlag an der Zeit. Er bezieht sich auf Autorennamen, die teils in den folgenden Kapiteln behandelt, teils im Literaturverzeichnis aufgeführt sind. Überflüssig, zu bemerken, daß jede Einteilung auch auf unsichere Zuordnungen führt.

Diese Liste dürfte durch weitere Namen zu ergänzen sein. Im ganzen wird infolge dieser Aufstellung einiges deutlicher als bisher: Es besteht eine starke Strömung, die Nietzsche und den Faschismus eng miteinander in Beziehung setzt, sei es lobend, sei es anklagend (Spalte 1). Ebenfalls gibt es eine – weniger starke – Strömung, die Nietzsche als potentiellen Gegner von Faschismus erblickt (Spalte 3). Die beiden Strömungen speisen sich nicht nur aus Beiträgen von Faschismusgegnern, sondern auch aus nationalsozialistischer Nietzsche-Ablehnung. Die Tabelle spiegelt Divergierendes und paradox Konvergierendes wider (Spalte 3) und mag insofern über das Übliche hinaus hilfreich sein. Weitere Zusammenhänge zeigt sie indes nicht. Es wird nicht ersichtlich, wie die Spalten zu deuten sind. Wenn jedoch die Zuordnung der Namen zu den Spalten korrekt ist, so kann eine weitergehende Deutung von ihr den Ausgang nehmen.

Zunächst geht es darum, daß zwei große Linien gezeichnet werden:
1. Eine Übereinstimmung Nietzsches mit dem Faschismus
2. Eine Nichtübereinstimmung beider.

	Urteile		
Maßstäbe und Ansprüche	Nietzsche als bejahender Visionär bzw. Mitschuldiger des Faschismus	Nietzsche als Diagnostiker von zum Faschismus führenden Entwicklungen	Nietzsche als potentieller Gegner von Faschismus
philosophisch-marxistische/ linksliberale	R. Augstein, S. Breuer, W. Harich, G. Lukács, Oduev	Th. W. Adorno	M. Montinari
konservative	K. Algermissen, E. Barthel, O. Flake, A. v. Martin, E. Sandvoss	E. Jünger	E. Jünger
faschistische	B. Mussolini, G. Evola, A. Baeumler, R. Oehler		Chr. Steding, C. von Westernhagen
zeitkritisch-historische	F. de Menthon E. Nolte	Th. Mann, R. Stackelberg	G. Bataille
philosophische		M. Heidegger	Deleuze/Guattari, W. Kaufmann F. Laruelle

Die mittlere Spalte kann dabei als ein Aspekt der 1. Spalte gelesen werden, und zwar in folgendem Sinn: Thomas Mann als eindeutiger Repräsentant dieser Interpretation hat Nietzsche als den Diagnostiker eines Großfaschismus gedeutet. Es ist eine Frage der Einteilung, ob zu Nietzsche als Visionär/als Mitschuldigem auch noch seine diagnostizierende Haltung gerechnet werden kann. Sofern der Unterschied zwischen Diagnose und visionärer Bejahung erhalten bleibt, ist es zulässig, die diagnostische Haltung zur ersten Linie, der Linie der Übereinstimmung, zu rechnen.

Die Linie der Übereinstimmung zwischen Nietzsche und dem Faschismus

Übereinstimmungen im zeitkritisch-historischen Urteil

Dargestellt wurde schon die Position des französischen Hauptanklägers im Nürnberger Kriegsverbrecherprozeß. Die in sachlichem Ton vorgetragene Anklage läuft darauf hinaus, daß Nietzsches politische Philosophie wesensgleich mit dem Germanofaschismus ist bzw. diesen noch überragt: Nietzsche größer bzw. gleich Faschismus (Nietzsche ≥ Faschismus).

Nietzsche ≥ Faschismus ist in der Tat der Tenor aller Urteile, die sich zur Linie der Übereinstimmung bündeln lassen. In der Situation des Nürnberger Kriegsverbrecherprozesses verband sich Zeitkritik mit einer Besinnung auf die historischen Voraussetzungen des nationalsozialistischen Unrechtsstaates. Die historische Situation war sonst kaum unmittelbar präsent, der Ton sonst kaum sachlicher.

Ernst Nolte hat in seinem Vergleich der verschiedenen Faschismus-Formen am Schluß auch Nietzsche einbezogen. Es ist nötig, diese Äußerungen unabhängig von dem zu beachten, was inzwischen als »Historikerstreit« bekannt ist. (Im ganzen dürfte der Nachweis einer theoretischen Vorgängerschaft Nietzsches für den Germanofaschismus die von Nolte und anderen vertretene These nicht eben bekräftigen, wonach die nationalsozialistischen Vernichtungslager Kopien der russischen waren. Aber diese Ausweitung des Themas wird hier nicht beabsichtigt.) Was auf den Nietzsche gewidmeten Seiten von Noltes Faschismus-Buch geschieht, hätte der Nietzsche-Forschung die Augen öffnen können für Nietzsches radikalpolitische Züge, die keine noch so gewundene Hermeneutik wegzuinterpretieren imstande ist. Aber die Nietzsche-Forschung gehört zur Philosophiegeschichte, nicht zur Historie. Was sollte jene bei dieser lernen?

Nolte gruppiert seine Beurteilung um die These, der »Vernichtungsgedanke« mußte »zum Zentrum von Nietzsches Spätphilosophie werden« (Nolte 1986, S. 533). Es gehe Nietzsche von Anfang an um das Denken von Kultur, aber erst im Spätwerk radikalisiere sich dieses Denken: »Leben« werde biologisch gedeutet, und die bisherigen Kulturen außerhalb der griechischen und römischen Antike galten als »Sklavenaufstände«, als Attentat auf das Leben, als dessen Bedrohung. Die Bedroher seiner Zeit erblickte Nietzsche in den Sozialisten. So wird Nietzsche faktisch zum Gegenspieler des Marxismus, was den Deutungen von Mehring und Lukács (s. u.) entspricht. Interessanterweise aber will Nolte Nietzsche nicht als einen »Ideologen des Bürgertums« auffassen wie Lukács, sondern als Kombination zweier andersartiger Protesthaltungen: »einerseits der verstörteste Protest des Künstlertums gegen die Weltentwicklung im ganzen, andererseits die schärfste Reaktion des feudalen Elements in der bürgerlichen Gesellschaft auf seine Bedrohtheit« (S. 535).

Noltes Nietzsche-Beurteilung schießt über das Beweisziel hinaus: Der Vernichtungsgedanke bildet nicht das Zentrum von Nietzsches Spätphilosophie, auch nicht das Zentrum der politischen Äußerungen dieses Spätwerks.

Richtig und wichtig gegenüber modernen Versuchen, Nietzsche reinzuwaschen, ist jedoch, daß Ausrottungsphantasien gegenüber allem, was Nietzsche mißraten, entartet, parasitär erscheint, im Spätwerk ein beträchtliches Gewicht haben. Neben ihnen stehen allerdings andere Optionen wie politischer Attentismus, Kastenordnung, Machiavellismus.

Noltes Blick auf Nietzsche und den Germanofaschismus mündet in die Aussage: »Dem politischen radikalen Antimarxismus des Faschismus hat Nietzsche Jahrzehnte zuvor das geistige Urbild gegeben, dem selbst Hitler sich niemals voll gewachsen zeigte« (S. 535). Nietzsche ist also vor allem *größer* als der Faschismus, denn ihm »fehlte der deutsche Provinzialismus, der vom Nationalsozialismus unabtrennbar ist« (S. 619, Anm. 58). Es wird sich zeigen, daß für Faschisten wie Evola oder Baeumler diese noch bestehende Differenz des Faschismus zu den Forderungen Nietzsches als Ansporn gesehen wurde, den Faschismus weiterzuführen.

Außer bei F. de Menthon und E. Nolte wird ein Nietzsche ≥ Faschismus von Thomas Mann und R. Stackelberg behauptet, diesmal aber nicht im Sinn einer geistigen Urheberschaft, sondern der Diagnose.

1947 gab *Thomas Mann* seine letzte große Nietzsche-Bilanz. Zwei Irrtümer werden Nietzsche vorgerechnet: Es sei eine falsche Forderung Nietzsches, daß Instinkte den Verstand zu überwinden hätten. Angesichts der real schon existierenden Herrschaft von Instinkten über den Verstand sei diese Forderung absurd. Zweitens sei es falsch, Moral und Leben in einen Gegensatz zu bringen. Sie gehören vielmehr zusammen: »Ethik ist Lebensstütze«. Und wenn der moralische Mensch langweilig sei, so sei er doch »höchst nützlich«. Diese Kritiken hindern Thomas Mann jedoch nicht daran, die damals übliche These von der Übereinstimmung zwischen Faschismus und Nietzsche zurückzuweisen. Thomas Mann faßt diese im Weltmaßstab auf: Nietzsche als »ein Schrittmacher, Mitschöpfer und Ideensouffleur des europäischen-, des

Welt-Faschismus«. Dieser Nexus sei umzukehren: »Unterderhand bin ich geneigt, hier Ursache und Wirkung umzukehren und nicht zu glauben, daß Nietzsche den Faschismus gemacht hat, sondern der Faschismus ihn, – will sagen: politikfern im Grund und unschuldig-geistig, hat er als sensibelstes Ausdrucks- und Regierinstrument mit seinem Macht-Philosophen den heraufsteigenden Imperialismus vorempfunden und die faschistische Epoche des Abendlandes, in der wir leben und trotz dem militärischen Sieg über den Faschismus noch lange leben werden, als zitternde Nadel angekündigt« (zit. nach Hillebrand 1978, Bd. 1, S. 291).

Überzeugen kann diese Deutung nicht: Sagten die Faschisten mit positivem Vorzeichen, Nietzsche sei größer bzw. gleich Faschismus und wiederholten dies die kritischen Marxisten und Historiker mit negativem Vorzeichen, so versucht Thomas Mann hier einen Trick – der Faschismus sei größer als Nietzsche und Nietzsche habe dies vorausgeahnt. Im übrigen hält diese Konstruktion nicht, was sie verspricht. Wenn der Faschismus tatsächlich unsere Epoche, gar unser Schicksal wäre, dann könnte man einer solchen Notwendigkeit nicht ausweichen. Nietzsche als Diagnostiker des Übels wird zum Unheilspropheten, und man fragt sich, warum er nicht Alternativen antizipierte, sondern auf einen Globalfaschismus fixiert blieb. Die Bemerkung Thomas Manns bezieht sich auf Nietzsches politische Äußerungen wie Kriegsprophetie, Bedrohung der vornehmen Rassen, Radikallösungen gegen die Bedrohungen. Diese Äußerungen zeigten jedoch bei Nietzsche selber nicht nur ein diagnostisches Interesse an; sie werden vor allem als Forderungen formuliert.

Zwei Jahre nach Thomas Manns Deutung von Nietzsche als Diagnostiker eines planetarischen Faschismus schrieb Ernst Jünger (1980, Vorwort, Nr. 2, S. 11): »Selbst philosophisch kann die Lage in einer Weise bedrohlich werden, die das Opus dem Logbuch annähert und wie sie sich zum ersten Male andeutet im ›Willen zur Macht‹. Das sind Notizen auf der Fahrt durch Meere, in denen der Sog des Malstroms fühlbar wird und Ungeheuer auftauchen. Wir sehen den Steuermann bei der Betrachtung der Instrumente, die allmählich glühend werden, den Kurs bedenken und sein Ziel. Er untersucht die Wege, die möglich sind, die äußersten Routen, auf denen die praktische Vernunft dann scheitern wird. Die geistige Erfassung der Katastrophe ist fürchterlicher als die realen Schrecken der Feuerwelt. Sie ist das Wagnis nur der kühnsten, lastbarsten Geister, die den Dimensionen, wenngleich nicht den Gewichten, des Vorgangs gewachsen sind. So zu zerbrechen war das Schicksal Nietzsches, den zu steinigen heute zum guten Ton gehört. Nach dem Erdbeben schlägt man auf die Seismographen ein. Man kann jedoch die Barometer nicht für die Taifune büßen lassen, falls man nicht zu den Primitiven zählen will.«

Dieser Ortungsversuch Nietzsches teilt die Schwächen der Thomas-Mann-Verkehrungen von Nietzsches politischen Forderungen in bloße Diagnosen. Allerdings tritt etwas hinzu: der »Faschismus« wird nicht mehr namentlich genannt. Geredet wird von ihm – vielleich auch noch von anderem? – als »Malstrom«, »Feuerwelt«, »Erdbeben«, »Taifune«. Ereignisse des Faschismus sind zu *Naturgewalten* geworden. Daß wir uns auch hinsichtlich des Faschismus in einer Welt der Geschichte mit Verstrickungen in Schuld und Sühne befinden, verkehrt und verdunkelt die Bildlichkeit Jüngers in diesem Passus. Damit Nietzsche als seismographischer Faschismus-Vorankündiger gelten kann, muß der Faschismus zuvor etwas geworden sein, was er in der Phantasie seiner Protagonisten vielleicht sein sollte, aber in Wirklichkeit nicht war: ein Naturereignis.

Roderick Stackelberg schließt seinen Vortrag »Nietzsche und der Nationalsozialismus« (30. 9. 1988 in Sils-Maria) mit der Bemerkung: »Nietzsches Abkehr von wagnerischen und völkischen Ideen führten ihn letzten Endes zur Ablehnung der ganzen Tradition, aus der er den völkischen Idealismus, Nationalismus und Antisemitismus ableitete. Die Heftigkeit seiner Angriffe auf die westliche

Überlieferung wirkt heute sogar viel plausibler im Lichte der einmaligen Vernichtungswut, für welche die germanische Ideologie die Legitimation lieferte. In einer Welt an der Schwelle der Selbstvernichtung im Namen selbstgerechter Glaubenssätze mögen Nietzsches Einsichten in das nihilistische Potential in der westlichen Überlieferung (sowohl in liberalen wie auch in sozialistischen Ländern) noch immer von einigem Belang für die Menschheit sein.«

Wenn dies die Linie einer neuen Sicht von Nietzsches Verhältnis zum Germanofaschismus darstellen soll, so kann nur gerufen werden: Cave! Es ist sicherlich nötig, Nietzsches Nein zum Antisemitismus und nationalistischen Idealen zu konstatieren, ebenso wie seine Kritik an der Französischen Revolution und an ihren Nachwirkungen. Aber wann könnte dies zu einem Argument für eine Entflechtung zwischen Nietzsche und dem Germanofaschismus werden? Genau dann – so ist redlicherweise zu antworten –, wenn der Kontext verschwiegen wird, in welchem Nietzsche den Antisemitismus und die Französische Revolution verneint, d. h. genau dann, wenn seine Nihilismustherapeutika vergessen werden, seine dynamische Rassenontologie, seine Forderung nach Kastenordnung oder Massenausrottungen, sein werttheoretischer Antijudaismus.

Etwas anderes kommt hinzu. Immer dann, wenn fragwürdige Tendenzen der demokratischen Zivilisationen sichtbar werden, gerät das Urteil auf den Abweg, es müßte Gegenbewegungen geben, die den »Nihilismus« des Massenzeitalters stoppen! Bewegungen, die vor dem Schlimmsten bewahren! In diesem Sinn hat ein scharfer Diagnostiker der Gegenwart, der französische Autor *Jean Baudrillard*, sich sogar zu einer gewissen Apologie des Faschismus hinreißen lassen: Der Faschismus sei bei aller seiner Grausamkeit und bei allem Terror dennoch eine Widerstandsbewegung gewesen. Widerstand gegen die »Verwechslung des Realen und des Rationalen«. Er sei das kleinere Übel gewesen! (Baudrillard 1981, S. 71 f., Anm.).

Übereinstimmungen aus konservativer Sicht

Konrad Algermissen (1946) stellt mit wenigen Belegen zum Italofaschismus (nur Mussolini) und zum Germanofaschismus einen simplen Zusammenhang her: Nietzsches Forderungen nach Herrenmenschentum zeichnen »das Bild des Dritten Reiches« (S. 22). Diese Simplifikation drückt einerseits gewiß ein postkatastrophales Bewußtsein aus. Andererseits aber dient sie dem Verfasser zu einer katholizistisch-konservativen Erklärung von Nietzsches Radikalität. Nietzsche hat, so heißt es am Ende, »den protestantischen Gottesbegriff [...] logisch zu Ende gedacht und [...] hat mit dem irrigen Gottesbegriff den Glauben an Gott überhaupt abgelegt« (S. 32). Der geistige Zusammenbruch Nietzsches sei »unausbleibliche Folge seines ekstatischen, dämonischen Rausches und [...] Symbol dessen, was dieser Rausch für die Welt in sich schloß, falls sie ihm folgte« (S. 30). Daraus ergibt sich ein sonnenklarer Schuldzusammenhang: Radikalisierung des Protestantismus führt zu einer selbstdestruktiven Philosophie (Nietzsche), und diese wiederum führt zu selbstdestruktiver Politik (Nationalsozialismus). Ist man intellektuell katholisch, so weiß man dies stets schon vor, bei, nach Katastrophen. Es gibt da nicht viel zu beweisen: extra ecclesiam nulla salus, außerhalb der Kirchenkatholizität gibt es nur eines – Unheil. (Hitler war jedoch, wie Stalin, von Haus aus Katholik.)

Ein höheres Argumentationsniveau als Algermissen erreicht *Alfred von Martin* in seiner Schrift »Geistige Wegbereiter des deutschen Zusammenbruchs. Hegel, Nietzsche, Spengler« (1948). Hitler wird nun als Dreifaktorenpersönlichkeit gesehen, die den politischen Doktrinen Hegels, Nietzsches und Spenglers zugleich entspricht: »Der totalitäre Etatist, das willentliche Raubtier und der unüberbietbare Nihilist – sie haben, in engster Verbindung miteinander, ihre exemplarische Verkörperung in Hitler selbst« (S. 44). Dieser Satz ist ebenso nichtssagend wie unglaubwürdig: »engste Verbindung miteinander« bildet eine Floskel, die die behauptete Verbindung nicht aufzeigt; »exemplarische Verkörperung«: entweder »Verkörperung« oder »exemplarisch« oder – richtiger – keines von beiden. Hitler ist – leider – kein Abstraktum gewesen. Bei von Martin erscheint er nur wieder als der Lärm, den man aus ihm macht, nicht aber als realer Verführer. Der Verfasser schließt seine Broschüre mit einem Banalitätenakkord des Konservativismus: »Was uns heute wieder nottut«, das sind »echte Bindungen«, das sind die »Ideen des Heiligen, des Wahren, des Guten und des Gerechten«, die alle seit Hegel fortschreitend verlorengingen und in die Katastrophe des Nationalsozialismus führten (S. 46f.).

Christlich-konservatives Gericht über Nietzsche halten auch *Otto Flake* (1947) sowie *Ernst Barthel* (1947). Flake bietet das radikalste katholische Gericht über Nietzsche: Gegen Nietzsches »subjektivistische Triebe« stelle die »katholische Substanz« eine »objektivistische Gegenkraft«, die »sich nicht aufzehren« kann (S. 190). Barthel gibt eine überkonfessionell-christliche Wertung: Nietzsche hat »die Grundsätze der Barbarei« vollständig in die Philosophie eingeführt. Aber das enthalte, im ganzen gesehen, auch einen heilsamen Effekt: Es werde »die Menschheit in aller weiteren Zukunft der Jahrtausende vor solcher Lehre und solchem Experiment auf immer bewahrt« werden (S. 172ff.).

1969 publizierte *Ernst Sandvoss* seine Untersuchung »Hitler und Nietzsche«, auf die oben schon Bezug genommen wurde. Der Titel läßt erkennen, wie vorgegangen werden soll: Von Hitler zu Nietzsche, Nietzsche ganz im Blick auf Hitler. Mit einer Fülle guter Belege aus dem Germanofaschismus und aus Nietzsche, die Wissenschaftlichkeit demonstrieren, wird ein ganz unwissenschaftliches Verfahren gedeckt: Hitler = Nietzsche, Nietzsche = Hitler. Die Beziehung Nietzsche ≥ Faschismus wird verengt auf eine strikte Identität, ohne daß Alternativen in den Blick gelangten. Die Ausgangsdiagnose ist theologisch, diesmal protestantisch, »Der Mensch verdrängt den Glauben an Gott aus seiner Seele [...] Auf politischer

Ebene bedeutet die damit verbundene *Umkehrung* ideeler Wertstrukturen den Anfang eines skrupellosen Kampfes um die *Macht.* [...] Am Ende [...] zeigt sich [...] die *Bestie Ich,* das Restprodukt einer dem radikal Bösen verfallenden Menschennatur« (S. 7f.). In diesem moralisierenden Ton geht es fort mit beweisunfähigen Gleichungen wie: »Nietzsches ›Hammer‹ war die ewige Wiederkehr, Hitlers Instrument die Gaskammer« (S. 197), oder Nietzsches »Experimentier-Philosophie findet in den medizinischen Experimenten des SS-Staates ihr Analogon« (S. 200).

Zugleich gebührt Sandvoss das Verdienst, eine Fülle an Äußerungen Hitlers und anderer Nationalsozialisten zusammengetragen zu haben. Wolfgang Harich (1987) beruft sich auf Belege bei Sandvoss. Das Sandvoss-Buch läßt die Schwächen der konservativen Optik zum Thema »Nietzsche und der Faschismus« gerade angesichts seines Vorzuges (der Belege) zusammenhängend deutlich werden: Es geht um den Nachweis eines seit Beginn der Darstellung klaren und vorentschiedenen Tatbestands: Die Abwendung des Menschen vom Christentum und von der Platonischen Metaphysik (auf die sich Sandvoss als Instanz beruft, ohne den totalitären Charakter der Platonischen Politeia und ihren Zusammenhang mit Nietzsche wahrzunehmen) führe zu Unheil. Jenseits von Christentum und Metaphysik lasse das Unheil alle Unheilsbringer und -träger offenbar wesensgleich werden, so daß Nietzsche = Hitler ein Beispiel »aus dem Nexus des Verhängnisses« darstelle (S. 7).

Marxistische und linksliberale Sichtweisen

Georg Lukács' Studie »Die Zerstörung der Vernunft« (1962) ist im ganzen und hinsichtlich Nietzsches allzu bekannt, um noch besonderer Erwähnungen zu bedürfen. Es geht um den Nachweis, daß »der Weg Deutschlands zu Hitler auf dem Gebiet der Philosophie« über die irrationalistischen Strömungen beschritten wurde. Von Schelling über Schopenhauer, Nietzsche, Simmel, Spengler führe der Weg des Irrationalismus zur großen demagogischen Synthese des Nationalsozialismus. Der Irrationalismus habe »im Hitlertum die ihm angemessene Form der Praxis erhalten« (S. 657). Lukács' Buch schärft den Blick für gern verdrängte Züge zwischen Irrationalismus und Faschismus und bietet eine eindrucksvolle Fülle von sicher nicht überall willkommenen Belegen. Die Kritik hat versucht, seine Konzeption lächerlich zu machen. Es entsteht der Eindruck, als suche man durch eine Lukács-Kritik dem Thema »Nietzsche und der Faschismus« zu entkommen: Lukács hat unrecht, also gibt es keine diskutierbaren Bezüge zwischen Nietzsche und dem Faschismus. Lukács erlaubt den Wechsel des Themas: Von Nietzsche zu Lukács, statt: Von Nietzsche zu Hitler.

Nun ist es allerdings Lukács selbst zu verdanken, daß Kritik an seinen Thesen unausweichlich ist. Er arbeitet mit ungedeckten, starken Prämissen. Seine beiden maßgeblichen Voraussetzungen lauten »es gibt keine ›unschuldige‹ Weltanschauung« (S. 10), und die Vernunft sei »etwas Objektives«, das als ein »Moment der Parteiung, des Klassenkampfes in der Philosophie« aufzufassen sei (S. 11). Es gibt also einen Weg, der richtig ist, und das ist der des Sozialismus-Kommunismus und der Partei, die den richtigen Weg erwählt. Außerhalb dieses Weges liegt das Reich der Finsternis. Lukács reproduziert das konservative Muster der Argumentation gegen Nietzsche unter säkularisierten Vorzeichen: ›objektive Parteivernunft‹ statt ›Gott‹ oder ›metaphysische Ideale‹.

Lukács' Vorentscheidung für eine prosozialistische bis prostalinistische Vernunft schärft hinsichtlich der Wahrnehmung Nietzsches den Blick für Schwächen: Methodisch richtig wird Nietzsche – trotz dessen Systemfeindlichkeit – ein systematisches Denken unterstellt (S. 283). Laut Lukács ist Nietzsches Denken »von Anfang an gegen Demokratie und Sozialismus gerichtet« (S. 285). Lukács schließt sich hier *Franz Mehring* an, der Nietzsche als »Modephilosoph der Bourgeoisie« bezeichnete, der antisozialistische Parolen von Treitschke plagiiert habe.[35] Im ganzen scheint für Lukács zu gelten, daß Nietzsche größer als der Faschismus war, auch wenn Hitler teilweise mit ihm gleichgesetzt wird. Im Nachwort »Über den Irrationalismus der Nachkriegszeit« wird betont, daß der Imperialismus der Zeit des Kalten Krieges den Germanofaschismus weit überbiete. Im Hintergrund steht wiederum Nietzsche, der »als erster diesen ideologischen Kampf auf allen Gebieten begann« (S. 665). Die Formel Nietzsche ≥ Faschismus sei zu eng. Sie müsse ersetzt werden durch Nietzsche ≥ Imperialismus.

»Auf den Spuren Zarathustras« ist der sowjetische Autor *S. F. Oduev* (1977) diesen Weg ohne besondere Originalität, aber auch ohne die urteilszersetzende Leidenschaftlichkeit von Lukács gegangen. Der Nietzscheanismus, so Oduev, sei die vermutlich »markanteste Erscheinungsform dieser sich permanent vertiefenden Krise des bürgerlichen Geistes« (S. 427). Nietzsche lieferte »ein theoretisches Modell für die indirekte Apologetik der kapitalistischen Weltordnung und die imperialistische Versklavung« (S. 429). Entsprechend bleibe auch jede Verbindung von Marxismus und Nietzscheanismus unmöglich (S. 431).

Theodor W. Adorno hat Lukács' Buch über die Zerstörung der Vernunft als Zerstörung der Lukácsschen Vernunft bezeichnet. Lukács entgehe das Protestpotential gegen Verdinglichung bei Nietzsche; er werde damit seiner eigenen Lehre untreu: »Am krassesten wohl manifestiert sich in dem Buch ›Die Zerstörung der Vernunft‹ die von Lukács' eigener. Höchst undialektisch rechnete darin der approbierte Dialektiker alle irrationalistischen Strömungen der neueren Philosophie in einem Aufwaschen der Reaktion und dem Faschismus zu, ohne sich viel dabei aufzuhalten, daß in diesen Strömungen, gegenüber dem akademischen Idealismus, der Gedanke auch gegen eben jene Verdinglichung von Dasein und Denken sich sträubte, deren Kritik Lukács' eigene Sache war. Nietzsche und Freud wurden ihm schlicht zu Faschisten, und er brachte es über sich, im herablassenden Ton eines Wilhelminischen Provinzialschulrats von Nietzsches ›nicht alltäglicher Begabung‹ zu reden« (Adorno 1961, S. 153).

Adornos Urteil über Nietzsche, speziell im Verhältnis zum Faschismus, findet sich in Nr. 60 seiner »Minima Moralia«. Nietzsches Amoralismus sei, so das Argument, im 19. Jahrhundert berechtigt gewesen. Gegen die Lügen von »Pastorenweisheit« habe im 19. Jahrhundert objektiv eine ökonomische Mangelsituation bestanden. Wenn tatsächlich »nicht genug für alle da ist«, dann gelte als Herrenmoral: »wer leben wolle, müsse zupacken«. Aber: »Die objektiven Voraussetzungen dafür haben sich verwandelt.« Die Verschiebung zum Wohlstand mache Nietzsches Immoralismus, sein Votum für die Starken heute gegenstandslos: »Stünde Cesare Borgia heute auf, so gliche er David Friedrich Strauß und hieße Adolf Hitler. Amoralität predigen ward zur Sache derselben Darwinisten, die Nietzsche verachtete, und die den barbarischen Kampf ums Dasein krampfhaft als Maxime proklamieren, gerade weil es seiner nicht mehr bedürfte.« Es komme heute darauf an, die von Nietzsche verabschiedeten ›asketischen Ideale‹ als Chance zum Widerstand »gegen den Wahnsinn der Profitökonomie« zu erkennen.

Ein merkwürdiger Versuch, das eine zu tun und das andere nicht zu lassen, den Faschismus zu verurteilen und Nietzsche hochzuhalten. Die Argumentation bedient sich einer marxistischen Sicht hinter die Kulissen, d. h. der objektiv wirtschaftlichen Mangelsituation. Nun sind Nietzsches Forderungen nach Wenigenherrschaft und Vernichtung jedoch *nicht ökonomisch begründet.* Wenig Interesse findet er an dem Problem von Malthus (1766 bis 1834), wonach jede Verbesserung der materiellen Lebensbedingungen durch das geometrische Bevölkerungswachstum aufgezehrt würde. Es sind die moralspezifischen Inhalte – gleiche Rechte, Menschenrechte, Mitleid, Nächstenliebe –, die Nietzsche bekämpft.

Adornos Versuch, Nietzsche in seinem Herrenmoral-Votum für das 19. Jahrhundert recht zu geben, verfehlt, worum es Nietzsche ging. In der Optik von Marxisten schießt Adorno gar ein Eigentor: Wenn der starke Herrenmensch denn tatsächlich die neue Klassenlage des 19. Jahrhunderts spiegelt, dann könnte Lukács die größere Konsequenz in der Beurteilung Nietzsches für sich beanspruchen. (Zur Konstruktion der ›Dialektik der Aufklärung‹ vgl. unten, S. 145).

Die Nietzsche-Diskussion in der DDR – ausgetragen bisher in der Zeitschrift »Sinn und Form« seit *Heinz Pepperles* Aufsatz »Revision des marxistischen Nietzsche-Bildes? Vom inneren Zusammenhang einer fragmentarischen Philosophie«, (Heft 38, 5, 1986, S. 934ff.) – gelangt hinsichtlich des Themas »Nietzsche und Faschismus« über Lukács in zweierlei Hinsichten hinaus: Zum einen gewinnt sie einen versachlichten Ton (Pepperle, R. Schottlaender, M. Buhr (Heft 40/1, 1988)). Zum anderen überbietet sie noch den leidenschaftlichen Lukács-Ton und gewinnt Züge eines eschatologischen Pamphlets (*W. Harich,* Heft 39/7, 1987, S. 1018ff.). Fortschritte in der theoretischen Durchdringung des Nietzsche-Faschismus-Themas bleiben in beiden Fällen dem Ton umgekehrt proportional: Der Zunahme des versachlichten Tons entspricht kein Erkenntnisgewinn; der Zunahme der Ablehnungsvehemenz folgt kein Augenblick größerer Einsicht. Nietzsche und der Faschismus gehören nun einmal im Bösen zusammen wir Marx und Lenin (und Stalin) im Guten. Das Interesse der DDR gelte dem Aufbau eines Staatswesens »als eines *antifaschistischen,* das es auch heute noch ist und in der Zukunft auch bleiben wird« (M. Buhr, S. 202). Nietzsches Texte bleiben daher auch heute in diesem Staatsgebiet verboten. Ihn zu edieren ist ein »Verbrechen« (Harich, S. 1034).

Die über 100 Seiten währenden Dispute drehen sich in der Sache weniger um Nietzsche selbst als um die verschieden getönte Bestätigung, daß es recht sei, daß er im DDR-Staatsgebiet verboten sei. Nur Pepperle weicht, vermutlich bisher noch unbemerkt, ab. Anstelle der zu erwartenden Linientreue, wonach Bürgerliche bürgerlich und Sozialisten sozialistisch denken bzw. denken sollten, wiederholt Pepperle die Nietzsche-Deutung eines bürgerlichen Denkers: Wilhelm Windelband hatte Nietzsche 1891 (!) einen zerstörerischen Relativismus vorgerechnet. 1986 (!) hat Pepperle »dem nichts hinzuzufügen« (S. 968).

Ein präzises Bild der politischen Philosophie Nietzsches hat *Stefan Breuer* (1987) gezeichnet. Breuer weist auf bisher unbeachtete Züge im politisch radikalisierten Diskurs Nietzsches hin: 1. Wenn Nietzsche Judentum und Christentum für die décadence, für Gleichmacherei usw. verantwortlich erklärt, bleibt er – methodisch von ihm nicht durchschaut – der idealistischen Prämisse treu, daß Geschichte die eines »Geistes« ist. 2. Nietzsche wiederholt die Bedrohungstheorie der Aufklärung des 18. Jahrhunderts, die, wie er, vom Betrug der »Priester« redete. Hinsichtlich des Faschismus weicht Breuer allerdings in die unverbindliche Verbindlichkeit von Formeln wie Nietzsches Vorbereitung eines »geistigen Klima(s)« aus, das zum Germanofaschismus führte. Diese Überzeugung kann als gemeinsamer Nenner der marxistischen und der linksliberalen Nietzsche-Kritik gelten.

Das philosophische Urteil: Martin Heidegger

Martin Heidegger hat zwischen 1936 und 1946 Aufzeichnungen angefertigt, die 1954 als »Überwindung der Metaphysik« in der Sammlung »Vorträge und Aufsätze« erschienen. Auf 30 Seiten wird hier eine Auseinandersetzung mit dem Thema »Nietzsche und der Faschismus« geliefert. Heidegger ist an dieser Stelle nicht bereit oder nicht fähig, Irrtümer einzugestehen, die ihn selbst zum Germanofaschismus geführt hatten. Nietzsche und der Faschismus werden in einen Zusammenhang gebracht, der formal Lukács' Bild von Nietzsche ähnelt: Es existiere eine Gesamtentwicklung, die mit logischer Notwendigkeit von Nietzsches Prinzip »Wille zur Macht« zu den

Weltkriegen und den – von Heidegger nicht namentlich erwähnten –, d. h. weder »Faschisten« noch »Nationalsozialisten« genannten – Faschisten führe. Laut Heidegger wird ein Zustand erreicht, in dem nur noch »die Macht selbst das Bestimmende« ist (S. 90). Der Zustand der »Seinsverlassenheit« ist politisch erreicht, wenn die »Irrnis [...] die vollständig durchgerüstete Ordnung und Sicherheit jeglicher Planung« entwickelt (S. 93). Und: die »Führer [...] sind die notwendigen Folgen dessen, daß das Seiende in die Weise der Irrnis übergegangen ist, in der sich die Leere ausbreitet, die eine einzige Ordnung des Seienden verlangt [...] Die ›Führer‹ sind die maßgeblichen Rüstungsarbeiter [...] Der bedingungslosen Ermächtigung des Übermenschentums entspricht die völlige Befreiung des Untermenschentums. Der Trieb der Tierheit und die ratio der Menschheit werden identisch« (S. 93f.).

Was Heidegger auf diese Weise zum Thema »Nietzsche und der Faschismus« bietet, ist philosophisch unzulässig: Nietzsches Forderungen nach Wenigenherrschaft, Kastenordnung und Übermenschentum werden von Heidegger mit der faschistischen Politik von ›Führern‹ nicht verglichen, sondern sie finden sich zu festen Kategorien erstarrt. Heidegger begibt sich damit unnötig jeder Differenzierungsmöglichkeit. Weder kann es zu einer differenzierten Wahrnehmung von Nietzsches politischer Philosophie kommen, noch auch zu einem differenzierten Urteil über den Faschismus. Es scheint, daß Heidegger keine Begriffe für den Faschismus besitzt. So borgt er Nietzschesche und fügt sie mit Phänomenen des Faschismus in einen seinsgeschichtlichen Zusammenhang des Nihilismus ein, der zur Notwendigkeit tauft, was nicht analysiert wird, sondern als Gleichung zwischen Nietzsche und dem Faschismus fraglose Voraussetzung ist.

Die faschistischen Angleichungen: Von Giulio Evola und Benito Mussolini zu Alfred Baeumler und Richard Oehler

Benito Mussolini hat Nietzsche schon vor seinem Ausstieg aus dem Sozialismus rezipiert. Allerdings entwarf er nicht, wie die Gerüchte lauten, eine eigene »filosofia della forza«, sondern lieferte eher ein Referat der Nietzsche-Vorlesung von Treves (s. oben S. 100f.). Ein wichtiges Zeugnis für den inneren Zusammenhang der Ideologie des Italofaschismus mit Nietzsche ist jener schon erwähnte Text von 1921 »Relativismus und Faschismus«, auf den E. Nolte hingewiesen hat. Der Sozialismus habe, so Mussolini, noch nicht begriffen, daß es keine wissenschaftlichen ewigen Wahrheiten gebe. Mussolini will das von der Wissenschaftsgläubigkeit des Positivismus und des Sozialismus nicht gefüllte, sondern eher vergrößerte Vakuum der Abwesenheit von Wahrheit politisch nutzen. Nietzsches Leitsatz ›Nichts ist wahr, und folglich ist alles erlaubt‹, dem die Entfesselung von Machtwillen und Machtkämpfen entspricht, soll nun dazu dienen, dem Faschismus eine nicht nur politische, sondern auch erkenntniskritische Legitimation zu verschaffen. Erst diese befähige ihn zu einer Überlegenheit gegenüber dem Bolschewismus, der immer noch an feste Gesetzlichkeiten glaube. Sicherlich: Nicht nur Nietzsche wird hier wirksam, sondern auch die Wissenschaftskritiken von Hans Vaihinger oder Georges Sorel.

Nahezu unbekannt ist heute der Name desjenigen Philosophen, der die Verbindung zwischen Nietzsche und dem Faschismus aus faschistischer Sicht am weitesten trieb: *Giulio Evola* (1889–1974). In einem Artikel der italienischen »Enciclopedia Filosofica« heißt es über Evola, er habe die Philosophie Gentiles zusammengebracht mit »der Nietzscheschen Ethik des Willens zur Macht: die empirische Welt ist vom Denken gesetzt [das entspricht Gentile], aber in letzter Instanz leitet sie auf einen individuellen Willen zur Macht zurück, der sich des Denkens bedient als Instrument seines eigenen Egoismus, der jenseits von Gut und Böse steht« (Florenz 1982, Bd. III, S. 425). Der italienische Faschismusforscher Renzo de Felice bezeichnet den Maler und philosophischen Schriftsteller Evola als einen »spiritualistischen Rassisten« (de Felice 1976, S. 121). Nolte bemerkt, Evola habe kein politisches Amt bekleidet, sei aber an der italofaschistischen Rassenhetze beteiligt gewesen. Einflußlos war Evola keineswegs. Immerhin erschienen drei seiner faschistischen Schriften in deutscher Übersetzung: »Heidnischer Imperialismus« (1933); »Erhebung wider die moderne Welt« (1935); »Die arische Lehre von Kampf und Sieg« (1941).

Die Beziehung Nietzsche ≥ Faschismus ist letztlich Evola zu verdanken. Der Faschismus wird als ein Anfang gewertet, der die bürgerliche Welt zerschlug: Es wäre töricht, »zu verkennen, was die neuen ›faschistischen‹ Bewegungen vollbrachten, indem sie der entfesselten roten Flut des letzten europäischen Niedergangs einen Damm entgegensetzten, ein bürgerlich-parlamentarisches Regime der Mittelmäßigkeit durch einen Willen zur Ordnung, zur Disziplin und zu Männlichkeit zerschlugen. Aber was hier für die meisten als Endpunkt gelten kann, könnte für uns nur ein Ausgangspunkt für eine mögliche Aktion weit größeren Umfangs sein« (Evola 1935, S. 360). Die Umrisse der größeren Aktion bietet Evola in »Heidnischer Imperialismus« (Imperialismo pagano, Rom 1928). In einem anonymen Vortext zur deutschen Ausgabe wird nicht nur klar, daß Evola als »anerkannter Führer des faschistischen Italien« gesehen wurde, sondern vor allem wird Evola als *Bindeglied* verstanden zwischen Nietzsches politischem Rangordnungskonzept und dem hierarchischen NS-Rassenstaat: »Drei Begriffe in diesem Buch sind es, die vor allem den deutschen Leser ansprechen und ihn zur Auseinandersetzung mit dem Denkgebäude Evolas anregen. Sie lauten: Gibellinentum, Nietzsche, Hierarchie [...] Die Gestalt Nietzsches überschattet die Kulturphilosophie unserer Gegenwart in stärkstem Maße. Das Wort Hierarchie ist in den Reden führender Männer, auch des Führers Adolf Hitler, neuerdings verschiedentlich aufgetaucht in der Forderung einer neuen Führerhierarchie.« Evola selber geht es um *»Rückkehr zur nordisch-heidnischen Tradition«* (S. 11). Diejenigen, »die Symbole des Hakenkreuzes, des Adlers und des Beils heraufbeschwören«, sind oft »aufblitzend wie tragische Meteore – Nietzsche –, die zusammengebrochen sind unter dem Gewicht einer Wahrheit, welche, zu groß für sie, nun auf andere wartet« (ibd.).

Evola arbeitet in der Tat – wie de Felice anmerkt – nicht mit einem biologischen, sondern mit einem spiritualistischen Begriff von »Rasse«: »eine Rasse verfällt, *wenn ihr Geist verfällt*« (1933, S. 55). Entsprechend hält er Nietzsche vor, allzusehr Gobineau gefolgt zu sein (S. 54f.). Der Unterschied zum biologischen Rassenbegriff bleibt allerdings nominell. Höherwertigkeit des Nordisch-Arischen und Minderwertigkeit des Semitischen wird von Evola mit spiritualistischen Mitteln ebenso behauptet wie von Rassenbiologisten. Nietzsche: das ist für Evola der in Wirklichkeit noch gar nicht wahrgenommene Philosoph. »Das Erlebnis Nietzsche ist insofern noch nicht erschöpft, als es noch gar nicht begonnen hat« (S. 85). Ein von seiner naturalistischen Hülle befreiter Nietzsche »wartete noch darauf, von den Zeitgenossen verstanden und übernommen zu werden« (S. 86). »Wille zur Macht« und »Übermensch« sollen »übernatürliche Werte« bilden, »ein Weg, [...] längs dessen man zum großen Ozean gelangen kann« (ibd.).

Evola bildet bedingt ein Pendant zu Rosenbergs »Der Mythus des 20. Jahrhunderts«. Seine Zielsetzung ist, wie bei Rosenberg, ein neuer Rassenmythos, nur eben – zumindest verbal – spiritualistisch. Die befremdlich anmutenden politischen Zielsetzungen lauten:

- Rückkehr zu einer transzendentalen arisch-heidnischen Führerschaft (S. 24f.), einer »königlichen Göttlichkeit« (S. 104)
- Vereinigung des römischen und des germanischen Adlers (S. 94ff.)

– Überpolitische Politik, in der gewöhnliche Politik nur ein Instrument darstellt; sie soll bei den Beherrschten »Stolz« erwecken (S. 23).

Der Übersetzer Evolas, Friedrich Bauer, bemerkt in seinem Nachwort, Evola habe für die deutsche Ausgabe seinen Text umgearbeitet, »wodurch die Thesen unmittelbar ins Licht gerückt werden, die von allgemeiner Gültigkeit sind und die deshalb als schöpferische Kräfte auch innerhalb der deutschen Kultur sich auswirken können« (S. 112). In der Tat: Der Baron Giulio Evola ist als Schöpfer der faschistischen Aneignung Nietzsches zu betrachten. Er hat die Beziehung hergestellt, wonach Nietzsche als größer bzw. gleich Faschismus zu beurteilen ist. Nietzsche bezeichnet für Evola ein politisch-überpolitisches Ideal, dessen Realisierung die Energien der Gegenwart und Zukunft zu gelten haben.

Es gehört zur Ironie der politischen Nietzsche-Beurteilung, daß diese italofaschistische Nietzsche-Aneignung unbefragt zur Grundlage derjenigen wurde, die Nietzsche als bejahenden Visionär des Faschismus betrachten: Der Faschismus als unbesiegtes Schicksal (Th. Mann), der Faschismus-Imperialismus als Bedrohung des Sozialismus (Lukács), der Faschismus als Erscheinungsform nihilistischer Seinsvergessenheit unter dem Antrieb von Führern (Heidegger). Stets wirkt die italofaschistische Optik Evolas undurchschaut nach. Der Zusammenhang ist um so signifikanter, als der Name Evolas nirgendwo sonst in dieser Linie auftaucht, bzw. dort, wo er erscheint (etwa bei E. Nolte), fälschlich als Randerscheinung registriert wird.

Aufgenommen wurde eine Bezeichnung Evolas, nämlich das »Ghibellinische« für die nordisch-arische Monarchie. Dies geschah bei *Alfred Baeumler*. Baeumler ist der wirkliche Nietzsche-Kenner unter den nationalsozialistischen Professoren und Autoren. Mit seinem Namen wird – infolge der Pointierungen Montinaris – im allgemeinen die germano-faschistische Nietzsche-Aneignung überhaupt verbunden.

Baeumler hat Schwierigkeiten mit dem Rassenbegriff

der Nationalsozialisten und insbesondere mit seiner antijüdischen Spitze. Was er zu vertreten sucht, ist ein Hitlerismus ohne antisemitischen Rassismus. Zwar wird gelegentlich in Bestätigungen Rosenbergs der Antisemitismus in Kauf genommen (z. B. Baeumler 1943, S. 47), aber im ganzen scheint Baeumler den rassenontologischen Prosemitismus Nietzsches nicht vergessen zu haben, der Nietzsche und den Germanofaschismus trennt. Wenn es um »Rasse« geht, verengt Baeumler nicht, wie sonst im Nationalsozialismus üblich, sondern neigt zur Erweiterung bis Neutralisierung: »eine Gemeinde, eine Rasse, ein Volk« (Baeumler 1937a, S. 293); der Rassenbegriff hat nicht nur trennende, sondern auch verbindende Wirkung wie zwischen Deutschland und Hellas (1937b, S. 65); »Rasse« schließt Vielfältigkeit von Typen ein und meint das antike Gesetz, daß Gleiches aus Gleichem entstehe (1943b, S. 22).

Dies sei hier angeführt, um einer undifferenzierten Wahrnehmung des Baeumlerschen Angleichungsversuches zwischen Nietzsche und dem Hitlerismus vorzubeugen. Baeumler spart das Trennende zwischen Nietzsche und Hitler aus, d. h. jene inhaltliche Differenz zwischen Nietzsches rassenontologischem Projudaismus und dem rassistischen Antisemitismus der Germanofaschisten. Dabei fußt er in zweierlei Hinsicht auf Evola:

1. Das Bindeglied zwischen Nietzsche und dem Nationalsozialismus ist das »Ghibellinische«, d. h. das Germanisch-Nordische. »Rosenberg, der Ghibelline« lautet ein Aufsatz aus »Politik und Erziehung«. Baeumler hat den Namen Evolas nicht genannt, aber die faschistische Semantik des »Ghibellinischen« ist durch Evola geprägt und seit 1933 mit der erwähnten Übersetzung in Deutschland eingeführt worden. Die Nichterwähnung von Evolas Namen bei Baeumler hat einen plausiblen Grund: Bei Evola verbindet sich mit dem Ghibellinentum ein militanter spiritualistischer Antisemitismus, den Baeumler für seine Angleichung zwischen Nietzsche und Hitler nicht gebrauchen wollte.

2. Baeumler benutzt die maßgebliche, von Evola errichtete Gedankenbrücke zwischen Nietzsche und dem Faschismus, nämlich daß dieser die historische Chance habe, das gigantische Programm jenes Denkers zu verwirklichen. Nietzsche bekämpfte das 19. Jahrhundert, Hitler die Weimarer Republik. Beide stünden auf der Linie einer »*ghibellinischen* Bewegung« (1937a, S. 283). »Nietzsche [...] weist aus seiner Zeit heraus *vorwärts*« auf den Nationalsozialismus (S. 282). Die am deutlichsten der NS-Propaganda abgelauschten Sätze Baeumlers lauten denn auch: »Wenn wir heute die deutsche Jugend unter dem Zeichen des Hakenkreuzes marschieren sehen, dann erinnern wir uns der ›Unzeitgemäßen Betrachtungen‹ Nietzsches, in denen diese Jugend zum erstenmal aufgerufen worden ist. Es ist unsere größte Hoffnung, daß dieser Jugend heute der Staat offen steht. Und wenn wir dieser Jugend zurufen: Heil Hitler! – so grüßen wir mit diesem Rufe zugleich Friedrich Nietzsche« (1937a, S. 294). Hier findet sich ein auf den Germanofaschismus zugeschnittener Evola: Nietzsche ≥ Faschismus. Mit Hitler beginnt die Chance, die Hoffnung auf die politische Einlösung Nietzsches.

Richard Oehler, Leiter des Weimarer Nietzsche-Archivs in der NS-Zeit, der Mussolinis Dionysos-Statue im englischen Bombenhagel vom Bahnhof ins Archiv geleitete, publizierte 1935 »Friedrich Nietzsche und die deutsche Zukunft«. Dieses Brevier der Anbiederung bietet einen philiströsen Vergleich zwischen dem sächsischen Philosophen und dem aus Braunau. Ließen Evola und Baeumler noch eine visionäre Spannung in der Beziehung Nietzsche ≥ Faschismus erkennen, so stimmt bei Oehler schließlich alles überein. »Und nun erleben wir das Erstaunliche, daß die Erfüllung beginnt« (S. 3): Weimar und Bayreuth sind keine Gegensätze mehr, denn Hitler fährt vom Nietzsche-Archiv gleich nach Bayreuth (S. 11). Marxismus mündet laut Nietzsche-Hitler in Nihilismus (S. 14), und der Germanofaschismus ist »als weltanschaulich organisierte Macht das dauernde Gegengewicht gegen nihilistische Bewegungen« (S. 17); beiden dient der »Übermensch« (S. 24). Die Politästhetik Nietzsche-Hitlers wird nicht übersehen (S. 69). Der Projudaismus Nietzsches wird einem antijüdischen »Gesamtbild« Nietzsche-Hitler untergeordnet (S. 87 ff.). Nicht, daß einiges unrichtig wäre, spricht gegen Oehler, sondern daß – im Unterschied zu Evola oder Baeumler – ohne Begriffe alles unterschiedslos über einen Leisten geschlagen wird.

Die Linie der Nichtübereinstimmung

Ernst Jünger oder das Recht auf Lernunfähigkeit

Ernst Jünger hat 1959 demonstriert, daß er es für besser hält, als lernunfähig zu gelten, obwohl er das Umgruppieren gelernt hat. Die Situation der Menschheit gerät bei ihm zur Metapher einer Bahnhofssituation. Im ankommenden Zug können und wollen nur einige mitfahren. Ein mißglücktes Bild, jedenfalls für Nietzsche. Will Jünger an die Erinnerung deutscher Aussiedler appellieren? »Der neue Typus ist nicht der kommende Großherr, sondern er gibt den ›Vielzuvielen‹ ihre Würde, ihre Bedeutung zurück. Ein Gerechter hätte Sodom gerettet – und säße in unserem Zug nur ein Einzelner, der ein neues Ziel erreichte, so wäre damit auch Myriaden auf der Station Verbliebener gedient.« Das Ziel bleibt vermutlich das alte der »totalen Mobilmachung« , nur übersetzt in die zeitgenössische Bahnhofsmetaphorik: derjenige, der einsteigt und die anderen verläßt, rettet sie. Aus Nietzsches Corpus politico-philosophicum wird das Motiv gewonnen. Die ›Überflüssigen‹ wollen im Grunde ein Kastenwesen, wollen die ›Pracht‹ der Herrscher. Es komme, das Ende der selbstverschuldeten Mündigkeit! Jüngers Unfähigkeit zum Umdenken kompensiert ihren Mißgriff bei der Bildwahl durch eine vermutlich Heidegger abgelauschte

Nichtverschämtheit: Kritik an Nietzsche, Kritik an faschistischem Nietzsche-Mißbrauch ist zwecklos. Nietzsche ist immun: »Daß er durch Deutschlands Schicksalsstunde in Mitleidenschaft gezogen wurde, verfälscht, verdächtigt, nach jeder Richtung, berührt sein Werk nicht; es bleibt ein Intelligenztest an die Zeitwende, und noch einiges mehr. Ihn ortet nicht die Kritik, sie rangiert sich an ihm« (E. Jünger, An der Zeitmauer, zit. nach Hillebrand 1978, S. 312f.).

Montinari, gegen Montinari verteidigt

Von *Mazzino Montinari* (1982) wird im dritten Teil dieses Buches noch wiederholt zu handeln sein. Sein Nietzsche-Bild entwickelte sich im Widerstand gegen den italofaschistischen Nietzscheanismus der Mussolinizeit. Montinari ist diesem Bild treu geblieben. Gramsci und Thomas Mann bilden seinen Hintergrund, nicht Evola, Mussolini oder Baeumler. Hätte Montinari recht, so wäre Nietzsche tatsächlich nichts als der evolutionistisch-voltairianische Aufklärer, als der er sich in manchem Aphorismus seiner mittleren Periode darstellte.

Montinari weigert sich, Nietzsches Öffnungen zum Faschismus wahrzunehmen. Er wehrt sich »gegen die restlose politische Aktualisierung« von links (Lukács) oder von rechts (Baeumler). Statt dessen ist es seine Absicht, den »Denker mit und in seiner Zeit zu verstehen und aus deren Problemen seine Fragestellung zu erklären« (S. 199). Mit der vollständigen Edition der Nietzsche-Texte will Montinari jene Zusammenstellung bzw. Zusammenballung vermeiden, die in jener zündenden Kompilation »Der Wille zur Macht« politisch explosiv wird. Montinaris und Collis editorische Verdienste stehen – verglichen mit den gescheiterten deutschen Editionsexperimenten – außerhalb der Diskussion. Aber editorische Authentizität sowie historische Einordnung einerseits und philosophisch-politische Einschätzung andererseits sind zweierlei. Das eine kann das andere nicht ersetzen. Schärfer: Wenn Edition und historische Einordnung über eine philosophisch-politische Beurteilung Nietzsches entscheiden sollten, dann stünden sie selbst unter philosophisch-politischen Erkenntniszielen und ihr Authentizitätsanspruch wäre Alibi für Hintergrundideologie. Es scheint, daß man die Leistungen Montinaris und Collis vor den Konsequenzen in Schutz nehmen muß, die Montinaris eigenes Nietzsche-Bild nahelegen.

Daß im übrigen die Spur eines historisch vermessenen Nietzsche auch mit philosophischer Kritik kombiniert werden kann, wurde oben zu zeigen versucht: Nietzsche ging Gobineaus Rassenontologie auf den Leim und verfemte Ernest Renan, der die Unzulässigkeit eines Rassenbegriffs für die Kulturforschung aufzeigte.

François Laruelle: Nietzsche simuliert den Faschismus, um ihn zu zerstören

Die – selbst für den französischen Nietzscheanismus – kühnste Aussage zu Nietzsches Nichtvergleichbarkeit mit dem Faschismus stammt weder von Bataille noch von Klossowski, Foucault oder Deleuze/Guattari. Sie wurde 1977 von *François Laruelle* in seinem Buch »Nietzsche contre Heidegger. Thèses pur une politique nietzschéenne« getroffen.

Laruelle zitiert in seinem 250 Seiten starken Nietzsche-Buch nicht ein einziges Mal eine Nietzsche-Stelle. Ein Nietzsche-Zitat habe, so Laruelle, noch nie ewas bewiesen, im Gegenteil, es diene vielmehr sogleich der Darbietung entgegengesetzter politischer Optionen (S. 140f.). So gelte es, sich zu einer Nietzsche-Auffassung zu bekennen, die in das »Nietzschesche Dispositiv« zusätzliche Kategorien einschreibe (S. 91). Die Nietzsche-Auslegung, so Laruelle, läuft in ein Dilemma aus: entweder man dechiffriert ihn in faschistischer oder in sublimierender Form. Die Nationalsozialisten – und da hat Laruelle recht – »waren leider gute Nietzsche-Leser, manchmal sogar mit einer seltsamen Texttreue« (S. 141). Die anderen lesen ihn sublimierend und im Hinblick auf das Wahrheitsproblem, die Interpretation, das Heilige, das Sein. Beide jedoch bilden eine und dieselbe Lesart, nämlich eine »reaktive Lektüre«. Solange Nietzsche jedoch reaktiv verstanden werde, d. h. teils faschistisch-politisch, teils sublimierend, werde die Chance vertan, den herrschaftssubversiven, den eigentlich *revolutionären* Nietzsche zu entdecken.

Die ebenso gewagte wie faszinierende These Laruelles lautet: *Nietzsche macht sich zum Faschisten, um den Faschismus von innen zu sprengen.* »Nietzsche hat *sich* zum Faschisten *gemacht*, um den Faschismus besser zu besiegen; er hat die schlimmsten Formen der Herrschaft angenommen, um gegen sie zu rebellieren« (S. 9). Nietzsche sei auf diese Weise allen Formen von politischer Subversion überlegen. Während Marxismus und Psychoanalyse dem Modell einer Herrschaftssubversion durch Ideale neuer Herrschaften verfallen seien, habe Nietzsche eine neue Dimension von Politik erschlossen. Er überlasse sich nicht »der Albernheit (niaiserie) der unmittelbaren Befreiung oder Linksideologien (gauchisme)« (S. 56). Die politische Subversion Nietzsches besteht laut Laruelle in dem, was sich bei Nietzsche als Nicht-Trennung einer Kraft von ihren Wirkungen ausgesprochen findet. Es geht darum, Kraft und Ursache nicht mehr von ihren Wirkungen zu trennen, wie dies im Gedanken der Repräsentation geschehe, auf den Herrschaft baut (S. 103). Nietzsches rassistische oder faschistische Äußerungen bildeten den Versuch, dem Faschismus den Anschein des Transzendentalen zu verleihen und damit den Widerstand erst zu ermöglichen (S. 44 f.). Das Prinzip des Widerstands sei keine neue Hierarchie, sondern ein *Fluß*, ein Kontinuum von ›Begierde‹ oder ›Libido‹ (anstelle der Trennung von Kraft und Wirkung), der Hierarchie und Herrschaft unmöglich werden läßt. *»Die Libido hat den Primat über die Macht, nicht umgekehrt«* (S. 39).

Es wird ersichtlich, welche Argumentation Laruelle anstrebt: 1. Die an Faschismus erinnernden Äußerungen Nietzsches lassen sich nicht leugnen. 2. Wenn es einen macht- und herrschaftssubversiven Diskurs geben soll, der nicht marxistisch oder psychoanalytisch, sondern nietzscheanisch ist, dann muß Nietzsche das Gegenteil von dem intendiert haben, was seine radikalpolitischen Äußerungen besagen. 3. Nietzsche muß also – entgegen der bisherigen Auslegungspraxis – mit einer *Ergänzung* unterfüttert werden. Laruelle läßt keinen Zweifel darüber, wes Geistes Kind diese Ergänzung ist: Es handelt sich um den antipsychoanalytischen Nietzscheanismus von *Deleuze und Guattari.*

Laruelle hat damit aber sein eigenes Unternehmen blockiert. Man kann schwerlich von *Nietzsche* reden und damit die nicht-nietzscheanischen Ergänzungen *meinen.* Entweder Nietzsche, wie er ist, oder aber ein Nietzscheanismus, wie er sein sollte. Antifaschistische Potenzen wären in Nietzsche selber nachzuweisen. Laruelle bietet einen faschistoiden Nietzsche und eine antifaschistische Ergänzung: wodurch Nietzsches ohnehin nicht geringfügige Öffnungen zum Faschismus unnötig geweitet werden. Fazit: Warten auf Deleuze und Guattari (vgl. Schluß).

Zwei nationalsozialistische Entnazifizierer Nietzsches

Im ganzen läßt sich nicht behaupten, daß der Nationalsozialismus Nietzsche mehr oder minder abgelehnt und nur propagandistisch genutzt hätte. Die Arbeiten von Stackelberg (1988) und zuvor die Dissertation von Langreder (1971) bieten ein differenziertes Bild der germanofaschistischen Nietzsche-Ablehnung. Das ist verständlich angesichts eines Bildes, das bestimmt ist von einer Totalübereinstimmung zwischen Nietzsche und dem Germanofaschismus.

Zwei nationalsozialistische Autoren sind es vor allem, die mit Nietzsche abrechnen: *Curt von Westernhagen* und

Christoph Steding. Westernhagen geht den Spuren von Nietzsches rassenontologischem Projudaismus nach und kommt zu dem Ergebnis:

»In diesem Waffengang zwischen Judentum und Deutschtum stand Nietzsche in den Reihen des Judentums, aus Neigung und Berechnung, mit Herz und Kopf. [...] Nietzsche hat das Problem des Judentums gesehen: wie hätte es ihn sonst in jeder Gestalt immer wieder beunruhigt? Aber er hat es umgebogen, in sein Gegenteil umgewandelt: er hat den jüdischen Geist über den deutschen Geist gestellt; er hat die Lehre von der Rasse in seine Lehre von der Unrasse verkehrt; er hat die judenfeindliche Strömung vom Judentum auf das Christentum abgelenkt und damit eine Frage der Rasse wieder in eine Frage der Religion umgemünzt; er hat die Vorkämpfer gegen das Judentum geistig und menschlich diskreditiert. Er hat alles in allem, statt einen Schritt vorwärts zu gehen, in einem entscheidenden Augenblick der deutschen Geschichte vier Schritte rückwärts getan« (Westernhagen 1936, S. 73).

Keineswegs hat die Wahrnehmung *inhaltlicher* Unterschiede zwischen Nietzsches Rassenontologie und dem germanofaschistischen Rassismus (vgl. oben, S. 49 f.) die Nationalsozialisten jedoch an einer Umarmung und Beerbung Nietzsches gehindert. Westernhagens nationalsozialistischer Enttarnungsversuch hat *nicht* zu einer Revision des germanofaschistischen Gesamtbildes von Nietzsche geführt. Diese Revision, die darauf hinausgelaufen wäre, Nietzsches politische Philosophie und den Nationalsozialismus für unvereinbar zu halten, hätte die Strategie des damals einflußreichen Alfred Baeumler verkennen müssen. Der Nietzsche-Kenner Baeumler zimmerte freilich mit Hilfe des Ansatzes von Giulio Evola ein Gesamtbild Nietzsches, in welchem Pro- und Antisemitismus keine wesentliche Rolle spielten.

Hauptzeuge derer, die Nietzsche mit Hilfe nationalsozialistischer Autoren entnazifizieren wollen, ist das 770-Seiten-Werk des 1938 gestorbenen *Christoph Steding* »Das Reich und die Krankheit der europäischen Kultur« (1942). Steding betrachtet Nietzsche als »Staats- und Reichsfeind«.

Seine Argumente sind nicht mehr nur auf Nietzsches rassenontologischen Projudaismus bezogen wie in der begrenzten Optik Westernhagens. Nietzsche begann, so Steding, seine Wirkung seit dem Sturz Bismarcks (S. 109, 215); sein politisches Ideal sei die »Verschweizerung«. Dazu gehörte bei ihm: Staat als Mittel der Kultur (S. 216); sein Interesse für die Juden als überpolitische Menschen (S. 160). Nietzsche »ist der klassische Philosoph der deutschen Zerrissenheit und er war gerade da am Platze und sein ›Zarathustra‹ in jedermanns Händen, als Deutschland sich in völliger Selbstauflösung befand« (S. 159). Kurzum, für Steding gehört Nietzsche nicht in das Dritte Reich, sondern in das Zweite Reich und zu dessen Nachspiel: »seinem Sein, seiner ›Substanz‹, seinem Stil nach gehört er in die Zeit des Wilhelminismus und der Locarneser Republik« (S. 160). Steding war im übrigen ein Schüler Heideggers, auf den er sich wiederholt – allerdings nicht zur Stützung seiner Nietzsche-Ablehnung – beruft (S. 129, 304f., 395).

Walter Frank, Leiter des Reichsinstituts für Geschichte des neuen Deutschlands, weist in seiner vorausgeschickten Beschreibung des Verfassers eigens auf Heidegger als Lehrer Stedings hin (S. XVII). Frank hat in seiner Vorrede zur zweiten Auflage des Steding-Buches die Nietzsche-Schelte des Verfassers ganz im Sinne der nationalsozialistischen Nietzsche-Erbschaft neutralisiert: »Christoph Steding hätte Friedrich Nietzsche sicherlich gerechter beurteilt, wenn er ihm nicht in Vielem *so ähnlich* gewesen wäre. Wie aber hätte ein solcher Streit von dem Herausgeber unterdrückt werden dürfen? Lassen wir sie im Diesseits streiten! Im Jenseits werden sie dennoch am selben Tisch sitzen, am Tisch derer, die verbrannten um der großen Erkenntnis willen« (S. X). Die große Erkenntnis: beide wollten das Große, das Dritte Reich.

Rückblick und Ausblick

Die beiden Linien der Nietzsche-Rezeption – Nietzsche ist größer bzw. gleich Faschismus/Nietzsche und der Faschismus stimmen nicht überein – sind ungleich stark. Die Linie, die eine Übereinstimmung hervorhebt, überwiegt. Gemeinsam ist beiden Positionen jedoch eine unbewußte Bezugnahme auf faschistische Einschätzungen, die ihnen vorausgegangen sind. Die antifaschistischen Urteile zu Nietzsches Übereinstimmung bzw. Nichtübereinstimmung befinden sich, da sie diese Vorläufer nicht zu kennen scheinen, in einer Art Wettlauf des Hasen mit dem Igel, der »allhier« ist. Das ist das erste grundsätzliche Problem bisheriger nachkatastrophaler Einschätzungen zum Thema »Nietzsche und der Faschismus«. Inhaltlich gehört zu ihnen besonders jene vergessene oder verdrängte Position des Italofaschisten Giulio Evola, der die dynamische Beziehung ›Nietzsche ≥ Faschismus‹ zuerst entwarf. Baeumler hat sie, ohne Evolas Namen zu verwenden, modifiziert und im Germanofaschismus weitergeführt. Einen zweiten Problemkreis bildete die Qualifikation der Urteile selber. Kritik, mit der oben nicht gespart wurde, ist hier nicht zu wiederholen. Ein drittes Problem betrifft die Zulässigkeit beider Linien. Es zeigt sich bisher, daß die stärkeren Argumente auf der Seite der ersten Position stehen.

Wenig spricht bisher für diejenigen, die eine strikte Trennung zwischen Nietzsche und dem Faschismus wollen: Weder sind die Argumente der nationalsozialistischen Autoren (v. Westernhagen, Steding) noch die von Montinari oder gar Ernst Jünger hier besonders schlagkräftig (zu W. Kaufmann, vgl. oben, S. 77 f.). Inhaltlich und logisch bleibt allerdings diese zweite Linie durchaus möglich: sie wartet nur auf die besseren Argumente. Es ist der französische Nietzscheanismus, von dessen antifaschistischer Tradition hier am meisten zu erwarten und zu erhoffen ist. Allerdings wird sich zeigen, daß weder Bataille noch Deleuze/Guattari Interpretationen bieten können, die Nietzsches politische Philosophie schlüssig vom Faschismus abgrenzen. Die gewagte Argumentation von François Laruelle, wonach Nietzsche den Faschismus simuliert, um ihn zu stürzen, läuft darauf hinaus, daß die Verbindungen von Nietzsche zum Faschismus noch gewichtiger werden, als sie es bereits sind – und daß die Faschismus-Subversion nicht erkennbar ist. Es scheint, daß antifaschistische Potentiale bei Nietzsche eher aus ihm gefolgert, als bei ihm selbst gefunden werden können.

Teil III

Protofaschismus?
Versuch einer Antwort mit Hilfe von Nietzsches Vernunftkritik

> Aber auch Hitler selbst wird man bei Nietzsche wiederfinden.
>
> *Emmanuel Levinas*

Ein Blick auf Nietzsches Vernunftkritik aus der Sicht von Habermas

Die griechischen Philosophen gingen im allgemeinen von zwei Annahmen aus: der Annahme, daß die Welt im ganzen vernünftig ist und daß in uns Menschen eine Portion Vernunft wohnt, die in Beziehung steht zu jener Vernünftigkeit des Alls. Die Vernünftigkeit nannten sie in der Regel »Logos« und die Vernunft in uns »Nus«. Die Mikrorationalität jedes Menschen spiegelt die Makrorationalität des Universums. Die sogenannte Metaphysik ist eine spezielle und seit Platon dominante Form dieser Annahmen gewesen. In ihr wurde der Logos, die Vernunftordnung des Ganzen, wiederum als eine abgetrennte Einheit, als »Gott« gefaßt.[36]

Es gibt Denker, die diese doppelte Vernünftigkeit nicht mitvollziehen. Vor dem Sieg Platons waren es die Sophisten, nach ihm die Skeptiker; in der Neuzeit opponierte besonders Thomas Hobbes gegen die Metaphysik. Allgemein wird heute zugestanden, daß jedoch erst mit der Vernunftkritik *Kants* die beiden griechischen Annahmen über die Vernunft grundsätzlich methodisch in Frage gestellt wurden: Eine Weltvernunft, ein Logos, so Kant, kann wohl angenommen, aber nicht mehr erkenntnismäßig gesichert werden. Vernunft ist unsere menschliche Vernunft. Ihr eigentliches Gebiet ist nicht das Erkennen, sondern das Handeln: da jeder so handeln soll, daß seine persönlichen Handlungsregeln Grundlage einer allgemeinen, für alle Menschen ausnahmslos verbindlichen Gesetzgebung werden können, ist der Logos, die Vernunftordnung des Ganzen, nicht mehr gegeben wie für die griechische Philosophie, sondern *aufgegeben*, d. h. im Bereich des Handelns aus der Vernunftmenge eines jeden Menschen zu schaffen.

Nietzsche gehört in die Geschichte eines weiteren Radikalisierungsprozesses der Kritik von Vernunft. Er steht im Ruf, dabei die nötige Kritik der Vernunft mißachtet oder über Bord geworfen zu haben: Irrationalismus statt vernünftiger, philosophisch-methodischer Erforschung der Grenzen von Vernunft. Und es erscheint auf den ersten Blick plausibel: Nietzsche zitiert den Spruch eines islamischen Ordens »Nichts ist wahr, alles ist erlaubt« (Zur Genealogie der Moral III, Nr. 24). Er will den »Werth der Wahrheit [...] versuchsweise einmal in *Frage* [...] *stellen*« (ibd.). Irrationalismus kann – mit Herbert Schnädelbach – verstanden werden als Weltanschauung, d. h. als theoretische Bemühung, Standpunkte so einzunehmen, daß man sich mit einem Standpunkt identifiziert und zugleich einräumt, daß es viele mögliche, andere Standpunkte gibt (vgl. Schnädelbach 1987, S. 67 ff.).

Georg Lukács hat gegenüber Nietzsche den Vorwurf des Irrationalismus formuliert, nur eben auf die schlechtestmögliche Weise, d. h. auf der Basis einer selber zur Weltanschauung abgesunkenen Philosophie. Das ließ seine durchaus wichtigen und scharfen, aus Nietzsches Texten gewonnenen Beobachtungen zu Zwecken der Kritik stumpf werden. Lukács' Vernunftmaßstab war Parteinahme für die politisch organisierte Bewegung des Sozialismus. Eine sozialistisch bis stalinistisch gewordene Vernunft vermeinte, in Nietzsche nichts als einen Repräsentanten von Kapitalismus-Faschismus-Imperialismus zu sehen (vgl. oben, S. 116 ff.).

Die Fragen, die Lukács an Nietzsche richten wollte, sind deshalb noch einmal zu stellen, nun aber ohne die kritikentwertende Position einer selber weltanschaulich gewordenen Vernunft. Inwiefern also führt Nietzsches Vernunftkritik ihn zu einem Politikkonzept, das zum Faschismus hin offen ist? Polemischer ließe sich Sartres Bemerkung gegen Georges Sorel, Irrationalismus führe direkt zur Gewalt (vgl. Taureck 1988, S. 277) abwandeln: *Inwiefern führt Nietzsches Irrationalismus ihn zu Gewalt und Macht anstelle von Vernunft und Rationalität?*

Längst meinten Apologeten Nietzsches, diese Fragen seien durch Erledigungen von Lukács ebenfalls erledigt. Die obligatorische Zurückweisung von Lukács sollte Nietzsche faschistischen Aspekten entrücken. Das scheinbar stärkste neue Argument in diesem Zusammenhang sollte sein: Lukács und die Nazis waren auf eine manipulierte Ausgabe angewiesen. Die neue und endlich vollständige Colli-Montinari-Ausgabe – die gar nicht ganz vollständig ist, weil sie Nietzsches Jugendaufzeichnungen nicht enthält – sollte nicht nur die manipulierte Nachlaßsammlung »Der Wille zur Macht«, die übrigens in Frankreich nach wie vor zugrunde gelegt wird, in das auflösen, was Nietzsche selber unabhängig von dieser Zusammenstellung seiner Äußerungen aufgezeichnet hatte. Sie sollte darüber hinaus auch nach Möglichkeit von der faschistischen Interpretation befreien. Diese erwuchs nämlich (so Montinari 1982, S. 206) nicht ohne jene tendenziöse Zubereitung des Nachlasses in dem Buch »Der Wille zur Macht«.

Hier wird von Montinari, dem an Gramsci orientierten Intellektuellen, zweierlei miteinander vermengt: die Aufgabe einer philologisch-kritischen *Edition* und ein Vorgriff in der *Deutung*, der Nietzsche und den Faschismus entflechten will. Eine solche Vermengung wäre zu schön, um auch nur philologisch wahr zu sein: 1. Nietzsches Äußerungen im Nachlaß über Rasse, Radikallösungen der Rassenbedrohung, Krieg, Politästhetik u. a. m. sind durch die Colli-Montinari-Ausgabe nicht nur bestätigt, sondern durch die Erweiterung des Textcorpus auch noch mengenmäßig erweitert worden. (Eine Auflistung des Zuwachses politisch-radikaler Äußerungen der kritischen Ausgabe wäre wünschenswert.) 2. Nietzsche hat seine radikalpolitischen Äußerungen nicht in seinen Nachlaßheften versteckt. Sehr vieles – vielleicht das kategorial Relevante – findet sich im »Zarathustra«, in der Genealogie-Schrift, der »Götzen-Dämmerung«, im »Antichrist«, im »Ecce homo«, in »Jenseits von Gut und Böse«. Zu keiner dieser von Nietzsche selbst publizierten bzw. zur Publikation redigierten Schriften förderte die historisch-kritische Gesamtausgabe Neues zutage. Es wäre, um es deutlicher zu sagen, der redlichen Kompromißlosigkeit Nietzsches, auch und vor allem als eines politischen Denkers, ein schlechter Dienst erwiesen, wenn folgendes Gerücht das Urteil bestimmte: »Nur durch eine Nachlaßauswahl – der ›Wille zur Macht‹ – wurden Nietzsches Texte faschistischem Mißbrauch ausgesetzt.« Was die Ausgabe von Colli und Montinari ermöglichte, ist nicht die Trennung zwischen Nietzsche und dem Faschismus. Das vermag eine Edition nicht, außer sie könnte den Nachweis führen, Faschisten hätten Nietzsche-Texte fabriziert wie italienische Damen Mussolini-Texte oder ein deutscher Fälscher Hitler-Tagebücher. Ermöglicht wurde endlich die umfassende Grundlage eines Vergleichs der begrifflichen Verbindungen zwischen Nietzsches politischer Philosophie und faschistischer Theorie und Praxis. Ein Vergleich, der nicht mehr auf eine fragwürdige Textzusammenstellung zurückzugreifen braucht bzw. den bisher unvollständigen Nachlaßausgaben ausgesetzt ist.

Zurück zur Frage nach dem Zusammenhang zwischen Vernunftende und Gewaltanfang bei Nietzsche: Es konnte nicht ausbleiben, daß einem Autor, der den überlieferten Vernunftbegriff zu einer in der Tradition noch gar nicht erreichten Einheit zusammenführen will, Nietzsches Position zutiefst suspekt erscheinen mußte. *Jürgen Habermas* ist es, der die Nietzsche-Kritik von Lukács mit anderen philosophischen Mitteln fortgesetzt hat.

Habermas konnte ohne die Erblast von Lukács den Irrationalismusvorwurf gegen Nietzsche wiederholen und philosophisch präzisieren. In der hier gebotenen Kürze – es geht um eine Entscheidung über die Existenz eines nietzscheschen »Protofaschismus« und nicht um eine Darstellung von Habermas' Theorie des kommunikativen Handelns – kann zunächst daran erinnert werden, daß

Habermas' Ausgangspunkt nicht so sehr Nietzsche, sondern vielmehr eine Verbindung von Adorno/Horkheimer mit Nietzsche ist. Wie oben verdeutlicht, verstand Adorno Nietzsche als Diagnostiker und Gegner von Tendenzen, die im 19. Jahrhundert dem entsprochen hätten, was im 20. Jahrhundert die Faschisten repräsentierten. Die paradoxale Entfaltung von Aufklärung, nämlich die in gesellschaftlichen Zwang umschlagende Befreiung von Naturzwang, mündet laut Adorno und Horkheimer in den Faschismus. Habermas erkennt, daß Nietzsche in dieser nicht mehr materialistischen Dialektik – die übrigens in Grundzügen Beobachtungen der französischen Philosophin Simone Weil entspricht – ambivalent erscheinen muß, d. h. sowohl als Diagnostiker der Gesamtentwicklung wie zugleich als ihr Repräsentant und Befürworter.[37]

Habermas' Kritik an Nietzsche setzt nun zwei Einwände gegen das Konzept einer Adorno-Horkheimerschen »Dialektik der Aufklärung« voraus: Adornos und Horkheimers Beschreibung einer totalitären, zwangsläufig in Faschismus endenden Aufklärung entgehen Fortschrittsformen, die im Bereich der kommunikativen Alltagspraxis entstanden sind. Ferner schließt die Selbstentfaltung einer totalitären Aufklärung mögliche politische Alternativen aus und läßt die politische und auch logische Ortsbezeichnung der Autoren zum Problem werden. Wollten Adorno und Horkheimer Aufklärer sein, so Nietzsche laut Habermas (1983, S. 420) nicht mehr: »Wie können die beiden Aufklärer, die sie immer noch sind, den vernünftigen Gehalt der kulturellen Moderne so unterschätzen, daß sie in allem nur eine Legierung von Vernunft und Herrschaft, Macht und Geltung wahrnehmen? Lassen sie sich auch darin von Nietzsche inspirieren?«

Habermas' Kritik der Vernunftkritik Nietzsches läuft vor allem auf drei Vorwürfe hinaus:

1. Nietzsches Vernunftkritik zersetzt ihre eigenen Grundlagen.
2. Nietzsche verzichtet auf emanzipatorische Gehalte.

3. Nietzsche deutet Geltungsansprüche in Machtansprüche um.[38]

Die erste Kritik soll hier nicht in ihrer Habermasschen Version besprochen werden. Der Sache nach wird alsbald auf sie zurückzukommen sein. Für das Verständnis des Umwandlungsprozesses, den Nietzsche mit der »Vernunft« betreibt, ist es lohnend, ausdrücklich auf den zweiten und dritten Habermas-Vorwurf einzugehen. Ansatzweise lassen sich dabei auch die gegenwärtigen philosophischen Veränderungen des Begriffs von »Vernunft« erkennen. Bezieht man französische Beiträge ein, so wird das Spektrum der Spannung deutlich, in welchem Nietzsche steht und in welches er offenbar die Diskussion stellt.

Zunächst der Emanzipationsverzicht: »Mit Nietzsche verzichtet die Kritik der Moderne zum ersten Mal auf die Einbehaltung ihres emanzipatorischen Gehaltes« (Habermas 1985, S. 177). Mit dieser Aussage ist zunächst wenig Einsicht gewonnen in das, was sich bei Nietzsche als Vernunftkritik vollzieht. Nietzsche denkt Emanzipation, verstanden als soziale Evolution der europäischen Aufklärung, sofern diese mit der französischen Revolution nicht beendigt ist. Er bejaht die Emanzipation, behauptet aber zweierlei, was von Marx und Marxisten nicht akzeptiert werden kann. Erstens führt laut Nietzsche Emanzipation zu einer nihilistischen Sinnkrise. Zweites können emanzipatorische Errungenschaften wegen der Sinnkrise wiederum nur dann bewahrt werden, wenn es eine hierarchische Herrschaftsstruktur gibt.

Diese Argumentation entspricht dem, was oben zur Teilung der Moral in zwei Moralen (s. oben, S. 65 ff.) ausgeführt wurde. Die »Herde« soll durchaus nach ihrer egalitären Moral leben, aber sie vermag dies nur, wenn sie einem Herrschaftszusammenhang untersteht, dessen Befehlsgeber eine andersartige Moral besitzen. Emanzipation der Menschen kann infolge ihrer nihilistischen Selbstradikalisierung nur unter der Bedingung ihres Gegenteils, d. h. einer machiavellistischen und rassenontologisch fundierten Rangunterscheidung stattfinden. Das würde sich aus der Sicht von Habermas – und nicht nur aus seiner – als Protofaschismus einstufen, der allerdings noch von der Illusion umhüllt wird, daß ohne terroristischen Alltag auszukommen sei. Wenn diese Bewertung zuträfe, so sagte sie mehr aus als die abstrakte Aussage vom Verzicht auf emanzipatorischen Gehalt.

Nietzsche bekennt sich in Nr. 197 seiner Schrift »Morgenröte« vorbehaltlos zur Aufklärung als Faktum und Aufgabe. Er spottet über den »Hang der Deutschen [...] gegen die Aufklärung«. Falsch war: »Der Cultus des Gefühls wurde aufgerichtet an die Stelle des Cultus der Vernunft.« Der Text schließt mit einem Bekenntnis, die Aufklärung »jetzt weiterzuführen«. Emanzipation allerdings wird schon in »Der Wanderer und sein Schatten« Nr. 350 für gefährlich gehalten: Die »Ketten der Religion und Moral«, die den Menschen vom Tier abtrennten, dürfen nur *»dem veredelten Menschen«* abgenommen werden. Diese Redeweise setzt ein geschlossenes politisches Herrschaftsgefüge voraus wie z. B. Preußen, das Aufklärung von oben verordnete. Über diese Voraussetzung schweigt Nietzsche hier.

Habermas' Diktum vom Emanzipationsverzicht bei Nietzsche als Kritiker der Moderne läßt sich passend in einem Vergleich mit *Marx* präzisieren. Marx kritisiert die Moderne als nur partiellen Fortschritt, d. h. als »politische Emanzipation«, die die »menschliche Emanzipation« noch nicht erreicht habe. »Die politische Revolution [d. h. die französische Revolution von 1789] löst das bürgerliche Leben in seine Bestandteile auf, ohne diese Bestandteile selber zu *revolutionieren* [...] Erst wenn der wirkliche individuelle Mensch den abstrakten Staatsbürger in sich zurücknimmt und als individueller Mensch in seinem empirischen Leben, in seiner individuellen Arbeit, in seinen individuellen Verhältnissen, *Gattungswesen* geworden ist, erst wenn der Mensch seine ›forces propres‹ als gesellschaftliche Kräfte erkannt und organisiert hat und daher die gesellschaftliche Kraft nicht mehr in der Gestalt der politischen Kraft von sich trennt, erst dann ist die menschliche Emanzipation vollbracht« (Zur Judenfrage, MEW, Bd. 1, S. 369 f.). Marx geht also von einer politischen Emanzipation aus und interpretiert diese als einen Schritt auf das Ziel der Gattungsemanzipation der Menschen. Nietzsche nimmt *umgekehrt* den Ausgang von einer Emanzipation der Menschen als Gattung – der Mensch als Gattung wird Mensch durch seine moralische Selbstinterpretation laut »Der Wanderer und sein Schatten« Nr. 350 – und interpretiert die Gattungsemanzipation als einen Schritt zur politischen Emanzipation. Politische Emanzipation heißt für Nietzsche: Egalitäre Gesellschaft unter den Bedingungen einer Herrenkaste. (In der Jahrhundertdistanz allerdings erscheint keines der beiden Emanzipationskonzepte realistisch.)

Der zweite, hier zu nutzende Vorwurf von Habermas lautete: Nietzsche deutet Geltungsansprüche in Machtansprüche um. Das sei bodenlos, weil sich »*jede* theoretische Arbeit« auf der Basis einer Unterscheidung zwischen Ansprüchen auf Macht und Ansprüchen auf Geltung vollziehen muß (Habermas 1985, S. 154; 1983, S. 422 ff.).

Das Spannungsfeld der Divergenzen zwischen Habermas einerseits und den von Nietzsche geprägten französischen Gegenwartsphilosophen andererseits ist verhältnismäßig unübersichtlich. Der folgende Versuch einer Beschreibung der Streitgrundlage möge zugleich als ein erster Zugang zum Verständnis von Nietzsches Umformungen der Vernunft dienen.

Am einfachsten und gerechtesten ist eine Darstellung, die nicht mit Namen, sondern mit Positionen beginnt. Ausgangsfrage ist: Inwiefern sind *Feststellungen* wahr? Die Besonderheit der hier zu bezeichnenden Positionen liegt darin, daß diese Frage nicht auf ein Kriterium von Aussagen im Hinblick auf Wahrheit und Falschheit zielt. Es wird nicht nach einem Verfahren gefragt, das über wahr und falsch bei Aussagen entscheidet (etwa »Klarheit« und »Deutlichkeit« von Vorstellungen wie einst Descartes), sondern nach *Umständen,* unter denen feststellende, konstatierende Äußerungen sinnvollerweise wahr sein können.

Dem verbreiteten Brauch folgend, sei eine Konstatierung mit beliebigem Inhalt als ›p‹ abgekürzt. Was muß p vorausgehen, so daß p wahr ist, oder, vorsichtiger, als wahr betrachtet werden darf? Oder anders: Was muß geschehen, damit p als wahr gelten darf? Diese Fragen enthalten den Keim verschiedener Positionen. Einmal wird nach Vorangegangenem gefragt, ein anderes Mal nach etwas, das geschehen müßte. In einem Fall könnte man von etwas ausgehen und schließlich zu p gelangen, d. h. zu der Feststellung, daß etwas sich so und so verhält, wie es ausgesagt wird. In einem anderen Fall könnte man, statt von »etwas« auszugehen, von p und nichts als p ausgehen und zusehen, unter welchen Umständen p wahr heißen sollte. In beiden Fällen geht es um p: p als Abschluß, p als Ausgangspunkt. So gesehen braucht es nicht zu zwei sich gegenseitig ausschließenden Positionen zu kommen. Vielmehr scheinen sich zwei sich gegenseitig ergänzende Aspekte zu treffen:

? I
↓
. . . . p . . . .
↓
? II

Im Bereich I ist danach gefragt, was geschehen muß, damit es zu p kommt. Im Bereich II ist danach gefragt, was geschehen muß, damit p, das nun den Ausgang bildet, als wahre Konstatierung gelten darf. Das bleibt sehr abstrakt, bildet aber eine Grundlage der Theoriespannungen zwischen Habermas und Nietzsche bzw. den französischen Nietzscheanern.

Ein Beispiel möge erläutern, inwiefern man tatsächlich ohne Stolpern von I über p zu II gelangen kann. Wenn man das, wonach in I gefragt wird, mit »biologischer Evolution bis zur Stufe der Entstehung der Menschenart« beantwortet, so würde dies besagen: In den riesigen Zeiträumen der Evolution, d. h. der Veränderung zwischen den Generationen von Lebewesen in Bau und Funktion, ist der homo sapiens entstanden. Er bedarf zu seiner Selbsterhaltung der Konstatierung. Er muß in der Lage sein, etwas festzustellen, d. h. p zu denken und zu äußern. Daraus folgt nicht – wie Vertreter der sog. »evolutionären Erkenntnistheorie« es wollen –, daß dies auch schon die Antwort auf die Frage des Bereiches II darstellt. Bruchlos könnte z. B. so fortgefahren werden: Der mit der Fähigkeit zu p, zu Konstatierungen ausgerüstete homo sapiens testet p jeweils nach Maßgabe der wissenschaftlichen Theorien, die ihm zur Verfügung stehen.

Aber diese Bruchlosigkeit zwischen I und II wirkt allzu harmonistisch – und sie ist es auch. Kontinuierlicher Übergang von I zu II ist streng genommen unzulässig: ›p‹, die Feststellung in Aussageform, folgt nicht logisch und begrifflich aus irgendwelchen Ursachen, z. B. aus der Evolution. Sie ist ein eigenes, neues Faktum gegenüber *allem*, was dasein muß, damit geäußert, gesprochen, gedacht, aufgeschrieben werden kann. ›p‹ kann daher auch nicht rückwärts verstanden und auf sein Zutreffen hin überprüft werden, indem man seine Vorgeschichte erklärt. Schreibt ein Student in einer Klausur eine falsche Aussage – z. B. »Leibniz und Schopenhauer waren Zeitgenossen« – dann kann diese falsche Aussage p gewiß psychologisch verstehbar sein. Das ändert aber nichts daran, daß dieses p im Hinblick auf sein Zutreffen gänzlich anderen Prüfverfahren zu unterwerfen ist als denen, die seine psychologischen Voraussetzungen betreffen.

An dieser Stelle beginnt die Differenz zwischen zwei Positionen. Aus I wird: p ist nur p, sofern es p geworden ist. Es kommt nicht eigentlich auf p an, sondern auf das, woraus p hervorgeht. Aus II dagegen wird: p ist eine eigene Qualität. Es kommt auf die Verfahren an, die sicherstellen, daß p wahr bzw. falsch ist. Diese spezielleren Positionen, deren Hintergrund nun bezeichnet wurde, lauten wie folgt:

I	II
Objektive Feststellungen und Tatsachen gibt es nicht, sondern nur Machttendenzen	Anspruch: p als Aussage entspricht dem Sachverhalt/entspricht ihm nicht (p ist wahr/ist falsch)
↓	↓
p ist Folge eines Machtanspruchs	Die Einlösung des Anspruchs von p hat in rationalen und idealen Diskursen zu geschehen. »Die Bedingung für die Wahrheit von Aussagen ist die potentielle Zustimmung *aller* anderen.«

Die Position I wird von Nietzsche, die Position II von Habermas vertreten. Reizwörter sind dabei »rationaler Diskurs« und »Machtanspruch« geworden. Beide bezeichnen bestimmte Einsetzungen in den Argumentationsbereich: I, woraus p hervorgeht; II, wie p rational verwendet werden kann. Nietzsches Position befindet sich in der Defensive, und zwar aus einem leicht einsehbaren Grund: Wenn es zutrifft, daß es keine Feststellungen gibt, sondern nur Machttendenzen, die eine Nötigung enthalten, daß etwas sich so und so verhalte, dann ist der Satz »Es gibt keine Feststellungen« selber eine Feststellung. Es ergeht Nietzsche hier wie den Skeptikern, wenn sie sich auf *Sätze* wie »Alle Sätze sind falsch« einlassen würden. Dies drückt die Kritik von Habermas an der Bodenlosigkeit von Nietzsches Umdeutung von Geltungs- in Machtansprüche aus.

Es gibt einige exponierte Stellen bei Nietzsche, die erkennen lassen, daß er den bezeichneten Selbstwiderspruch riskiert. Keineswegs ist Nietzsches Konzeption selbstbezüglich widerspruchsfrei (vgl. dazu Taureck 1985). Zur Verteidigung Nietzsches müßte sich bei ihm zeigen lassen, wie er den Selbstwiderspruch, mit einer Konstatierung die Existenz von Konstatierungen zu leugnen (sog. performativer Widerspruch) auflösen kann oder ob er ihn zumindest schadensfrei benutzen könnte.

Wir lassen diese Frage auf sich beruhen. Es gibt nämlich noch zwei weitere Möglichkeiten für die Position I: Erstens muß nicht auf eine Machtdoktrin zurückgegriffen werden. Hinsichtlich der Herkunft von p ließe sich auch argumentieren, daß weder die biologische noch die soziale Evolution Gesetzmäßigkeiten aufweist. Das hat Nietzsche gegenüber Darwin vehement vorgebracht.

Zweitens: Für Nietzsche ist p Resultat und Ausdruck eines Machtanspruches. Auch die Naturwissenschaften finden nicht, was ist, sondern zwingen die Natur, so zu sein, wie sie es sehen. Das haben Francis Bacon und Immanuel Kant vor Nietzsche übrigens schon genauer durchdacht. Um Feststellungen nun in der alltäglichen oder wissenschaftlichen Diskussion zu bewähren – so würde das zweite Argument lauten –, geht es nicht um vernünftige Diskurse, um Gespräche unter Vernünftigen, um die Bestätigung von Rationalität, sondern um Machtnahmen. Machtnahme kann sich dabei durchaus rationaler Elemente bedienen, aber diese bleiben nur Mittel.

Damit eröffnet sich die eigentliche Debatte. Man könnte einwenden, sie sei sinnlos, weil Nietzsche und Nietzscheaner, um in der Debatte aufzutreten, Aussagen (p) benutzen müssen, die für sich, würden sie konsequent sein wollen, keinen Gehalt besitzen. Nehmen wir einmal an, Nietzsche erliegt nicht einfach dem performativen Widerspruch, feststellend Feststellungen zu leugnen. Dann hat die Debatte zwei Streitfelder, den der Herkunft und den der Geltung von p:

Herkunft
↓
. . . . p . . . .
↓
Geltung

Wie erwähnt, Nietzsche hielt nichts von einer darwinistisch-gesetzmäßigen Erklärung biologischer Evolution. Biologische Evolution verläuft für Nietzsche »übereinander und durcheinander und gegeneinander« (Frühjahr 1888, VIII, 3, S. 109, Nr. 14 [133]). Dieser Diagnose entspricht politisch Nietzsches Bekämpfung einer zweckbestimmten geschichtlich-sozialen Evolution. Für Habermas gilt entgegengesetzt, daß sich besonders in der sozialen Evolution Rationalitätspotentiale ausgebildet haben. Grundsätzlich kann also im Hinblick auf die Herkunft chaotische gegen gesetzmäßig rekonstruierbare Evolution gesetzt werden. Dieser Bereich ist nun allerdings nicht sehr attraktiv und ist auch kaum zu Disputen genutzt worden.

Das aktuelle Streitfeld bildet vielmehr der Bereich der Geltung. Hier steht die Habermassche ›Universalpragmatik‹ mit ihrer Forderung nach potentieller Zustimmung aller zu p, nach vernünftigem Konsens[39] den verschiedenen Nietzscheanismen französischer Denker gegenüber. Die Franzosen benühen sich zu zeigen, daß gegenüber Geltungsansprüchen Machtansprüche keine äußeren, sondern innere Bedingungen für p darstellen. Grob läßt sich sagen, daß der Gegensatz zwischen der Position von Habermas und dem französischen Nietzscheanismus hinausläuft auf die Opposition: Macht der Vernunft (Habermas) vs. Vernunft der Macht (franz. Nietzscheaner).

Nun hat sich in unserem Jahrhundert im Zuge der Abwendung vom Bewußtsein als philosophischem Kompaß die sogenannte *Sprechakttheorie* ergeben (Folgerungen von Austin und Searle aus dem späten Wittgenstein). Mit Hilfe sprachlicher Äußerungen können verschiedenartige Handlungen vollzogen werden. Eine Feststellung p »Es regnet« kann als Mitteilung, als Warnung (z. B. vor Erkältungsgefahr) oder als Empfehlung (»Ziehe deine Gummistiefel an!«) geäußert werden, obwohl die Gestalt des Satzes (Wörter und Wörterfolge) dieselbe bleibt. Mit behauptenden Sätzen können sehr verschiedenartige Handlungen vollzogen werden: neben den genannten z. B. ein Zu-Bedenken-Geben, ein Versprechen, ein Zugestehen, Bitten, Kritisieren, Entgegnen, Ironisieren u. a. m. *Jacques Derrida* hat deshalb grundsätzlich nicht unrecht, wenn er im Ansatz der Austinschen Sprechakttheorie eine Entsprechung zu Nietzsches Konzept von Sprache und Macht erblickt (Derrida 1972, S. 382 f.). *Pierre Bourdieu* kritisiert die Sprechakttheorie, weil sie sich auf formale Analysen von Sprachhandlungen beschränke. Sie erfasse dabei nicht, daß Sprache sich als Macht und soziale Differenzierung vollziehe. *Jean-François Lyotard* unternahm den Versuch, die formale Sprechakttheorie mit der machttheoretisch-soziologischen Theorie von Bourdieu zu kombinieren. Herausgekommen ist dabei seine Theorie von der Sprache als sozial beschreibbarer Machtnahme. Gleichzeitig ist Sprache zu fassen als Ereignisverlauf verschiedener Satztypen (Behauptungen, Fragen usw.), die von verschiedenen Diskurstypen gesteuert werden. Sprache gerät mit sich selbst in einen Krieg (Lyotard: »Bürgerkrieg der Sprache mit sich selbst«), denn jede Diskursart versucht, andere Diskursarten zu verdrängen (vgl. zur Darstellung und Kritik Lyotards in diesem Sinn Taureck 1988, S. 291 ff.).

Gezielt weiterverfolgt haben die Spuren Nietzsches – ›Es gibt keine Feststellungen, sondern nur Ansprüche auf Macht‹ – besonders *Deleuze/Guattari* (Mille plateaux 1980, Nr. 4, S. 95 ff.). Gesucht wird nach der »elementaren« sprachlichen Einheit: sie ist der énoncé (d. h. die Äußerung, engl. utterance). Worin diese Elementareinheit der Sprache bestehen soll, breiten Deleuze und Guattari in der Nachfolge Nietzsches und Foucaults so aus: es ist »das Wort des Befehls« (le mot d'ordre). Zurückgewiesen wird die Ansicht, daß damit ein Ursprung der Sprache bezeichnet sei. Das würde nur in den von Deleuze/Guattari verabschiedeten »Repräsentationismus« zurückleiten, wonach erst die Sache, dann der (abbildende, re-präsentierende) Sprachausdruck existiert. Sprache verweist nur auf Sprache. Das »Wort des Befehls« ist die erste Sprache, und zwar als *»indirekte Rede«* (S. 97). Der Aussage- oder Informationsgehalt sei nicht das Elementare. Information beruhe auf »Äußerung, Übermittlung und Befolgung von Befehlen« (S. 98). Befehle benötigen einen bestimmten Informationsgehalt, andernfalls können sie nicht geäußert und befolgt werden.

Damit ist die These Nietzsches von der Nichtursprünglichkeit von Feststellungen in einer starken Version fortgesetzt. Die »indirekte Rede« ist, so Deleuze und Guattari, Gegenwart sozialer Machtdifferenzierungen in jeder Äußerung. p weist stets zurück auf indirekte und »erlebte« Rede. ›Es regnet‹ – so könnte man erläutern – weist zurück auf schon im Sprecher vorhandene Reden wie Wettervorhersagen, Erwartungen anderer, Erinnerungen an ähnliche Situationen und ihre sprachliche Regelung in gegebenen sozialen Situationen. Diese Reden stellen einen Überschuß dar (Redundanz). Die soziale Befehlsform benötigt den Überschuß.

Das Problem auch dieses Ansatzes von Sprache als Machtäußerung bildet der Status sozialer Differenzierungen: Es wird nicht gezeigt, daß soziale Differenzierungen notwendige und hinreichende Bedingungen für sprachliche Äußerungen darstellen. Die Autoren versuchen, diesen Einwand dadurch abzufangen, daß das »Wort des Befehls« nicht den Sprach*bau* bewirken könne. Sprachbau und die »kollektive Anordnung« (agencement collectif) seien umfangsgleich (coextensif, S. 108).

Die Sprechakttheorie hat dazu gedient, beide Positionen zu stärken. Habermas bezieht aus ihr Motive für sein Konzept der kommunikativen Vernunft, und die französischen Nietzscheaner nutzen sie, um Nietzsches Lehren von Machtakten mit sprachinternen Strukturen zu kombinieren. Das Spannungsfeld entsteht dabei erst, wenn Nietzsche nicht einfach »Macht« *statt* »Vernunft« unterstellt wird, sondern wenn eine »Vernunft der Macht« behauptet wird. Die Arbeit der Franzosen an einer inneren, strukturellen Verknüpfung von Machttendenzen, Machtansprüchen und Machtbefehlen mit dem Gehalt von Aussagesätzen ist Nietzsche selbst nicht fremd. Im Nachlaß heißt es: »Grundlösung: wir glauben an die Vernunft: diese aber ist die Philosophie der grauen *Begriffe*, die Sprache ist auf die aller naivsten Vorurtheile hin gebaut [...] *wir hören auf zu denken, wenn wir es nicht in dem sprachlichen Zwange thun wollen,* wir langen gerade noch bei dem Zweifel an, hier eine Grenze als Grenze zu sehn. *Das vernünftige Denken ist eine Interpretation nach einem Schema, welches wir nicht abwerfen können«* (VIII, 1, S. 197 f., Nr. 5 [23]). Eine oft angeführte Stelle, die in der Tat ein Licht auf Nietzsches Kritik an der Vernunft wirft und seine Stellung in dem Spannungsfeld zwischen dem kommunikativen Rationalismus von Habermas einerseits und den machttheoretischen Sprechakttheorien der Franzosen andererseits markiert. Nietzsche räumt ein: wir bleiben an Sprache, an Sprachbau gebunden. Sprache ist Zwang. Sprache ist, so Roland Barthes, faschistisch, weil sie zum Reden zwingt. Den Machtansprüchen des ›Denkens‹ stellt sich damit ein vom Sprachbau ausgehender Zwang entgegen. Um etwas mitzuteilen, zu empfehlen, zu befehlen, muß sich das ›Denken‹ dem Sprachbau – und Nietzsche denkt vor allem an die Gliederung des prädikativen Satzes in »Subjekt« und »Prädikat« – fügen.

Es fragt sich, was mit diesem Zugeständnis erreicht wird: Wo bleibt der Machtanspruch, wenn er am Sprachbau zerschellt? Wo bleibt überhaupt eine Theorie der Macht als Grundzug dessen, was ist, wenn das menschliche Denken vom Zwang des Sprachbaus gebrochen wird? Soll die Vernunft der Macht darin bestehen, daß die Machttendenz ›Denken‹ den Zwang des Sprachbaus einsieht, die »Grenze als Grenze«, die Nietzsche schreibt, erfaßt und achtet? Dann wäre die ›Vernunft‹ der Macht der Machtverzicht angesichts einer stärkeren, anonymen, strukturellen Macht, d. h. der Macht des Sprachbaus.

*

Fassen wir zusammen: Nietzsche repräsentiert eine radikalisierte Phase der Zersetzung des antiken Vernunftgedankens. Die menschliche Vernunft (Nus) korrespondierte einst mit einer Vernunfteinheit des Alls (Logos). Bei Kant reduziert sich »Vernunft« auf menschliche Vernunft, der eine Ordnungstotalität nicht gegeben, sondern aufgegeben ist. Lukács hielt Nietzsche Irrationalismus vor, legte dabei aber eine ihrerseits irrationale

Gleichsetzung von Vernunft und Parteisozialismus als Maßstab an.

Die maßgebliche Frage ist: Findet in Nietzsches politischer Philosophie ein Abbau von Vernunft statt, der zu Macht und Gewalt statt Vernunft führt? Von der Beantwortung dieser Frage hängt letztlich eine mit philosophischen Mitteln herbeiführbare *Entscheidung* über Nietzsches *Protofaschismus* ab.

Die Darstellung der Vernunftkritik Nietzsches kann anhand der Kritik von Habermas an Nietzsche eröffnet werden. Dabei erwies sich:

1. Nietzsche verzichtet in seiner Kritik an der Moderne nicht einfach auf deren emanzipatorischen Gehalt, wie Habermas behauptet. Emanzipation ist für Nietzsche ein unaufhaltsames Geschehen. Es endet allerdings in einer nihilistischen Sinnkrise. Am Ende kann eine emanzipierte und egalitäre Gesellschaft nur unter der Schirmherrschaft einer Herrenkaste existieren. Im Gegensatz zu Marx, für den politische Emanzipation einen Schritt zur Gattungsemanzipation aller Menschen darstellt, läuft für Nietzsche eine Gattungsemanzipation am Ende auf eine nur politische Emanzipation hinaus. Bereits darin kann man einen protofaschistischen Ansatz erblicken.

2. Nietzsche, so Habermas, tauscht Geltungsansprüche in Machtansprüche ein. Damit ist ein komplexer Zusammenhang bezeichnet, der nicht nur die Herkunft und Geltung von konstatierenden Äußerungen betrifft, sondern auch eine gegensätzliche Deutung der Konstatierungen. Die französischen Theoretiker Derrida, Bourdieu, Lyotard, Foucault, Deleuze/Guattari versuchen im Sinne Nietzsches, eine Vernunft in der Macht zu denken. Dem kommt Nietzsche zwar entgegen, jedoch scheint sich mit seiner Konzession, daß wir dem Zwang zur Beachtung des Sprachbaus nicht entkommen können, seine Vernunftkritik erheblich zu relativieren.

Eine Übersicht über Nietzsches Umformungen der Vernunft

Es zeichnet sich ab, daß Nietzsches in Politik verwandelte Deutung von Moral, d. h. Herrschaft von Herren über eine egalitäre Herde, die gattungsgeschichtliche Emanzipation in eine politische, eine politisch zu bedingende verwandelt. Insofern liegt Protofaschismus vor. Die im ersten Teil dieser Studie beschriebene Öffnung von Nietzsches politischer Philosophie zum Faschismus erweist sich im Hinblick auf Emanzipation als eine frühfaschistische Konzeption. Gleichwohl bleibt dies ein noch partielles Urteil. Bereits die Diskussion des zweiten Habermas-Vorwurfs (Machtanspruch statt Geltungsanspruch bei Nietzsche) erwies einen weitaus vorsichtigeren Nietzsche: Machtansprüche unseres Denkens vermögen gegen den Sprachbau, auf den Denken angewiesen bleibt, nichts auszurichten. Selbst wenn es Nietzsche um Irrationalismus ginge, dann wäre jene Konzession ein Tribut des Lasters an die Tugend, eine Infektion des Irrationalismus mit Rationalität.

Aber: Trifft es überhaupt zu, daß Nietzsche philosophisch an einem Irrationalismus als Weltanschauungsposition arbeitete? Nietzsche hat schon zu seiner Zeit so gewirkt: als Apostel. Jacob Burckhardt, der mit Bedenken die Entwicklung seines Kollegen Nietzsche beobachten konnte, schrieb 1877 in einem Brief, Nietzsche eigne »der religiöse Accent des Apostels«, und zwar in seinem Auftreten bei öffentlichen Vorträgen (Burckhardt, o. J., S. 378). Lou Andreas-Salomé, die Nietzsche mehr als einmal ausführlich im Gespräch erlebt hatte, hält in ihrem »Lebensrückblick« (1968, S. 84) fest, man müsse von der »Bewegung des Gottsuchers« Nietzsche reden, der »von der Religion herkam und auf Religionsprophetie zuging«. Der Naturwissenschaftler Josef Paneth, mit dem sich Nietzsche im Frühjahr 1884 in Nizza mehrfach ausführlich unterhalten hatte, notierte in seinen genauen Berichten: »Mir wird immer mehr klar, daß Nietzsche vorwiegend Gefühlsmensch ist« (zit. nach Colli/Montinari, Nietzsche – Krit. Gesamtausg., Nachbericht VII 4/2, S. 21).

Nietzsche war in einen Konflikt verstrickt. Auf der einen Seite drängte sich alles in ihm zu einer Religion, die die Funktionen der bisherigen Religion ablösen und auf neuer Grundlage übernehmen könnte. Sein »Zarathustra« bekennt sich auch zu dem altpersischen Religionsstifter, der seine Lehre eines Weltkampfes von Gut und Böse widerruft. Auf der anderen Seite erkannte er, daß sich dieser Drang zum ultrareligiösen Religionsersatz nicht verträgt mit philosophischem Denken, das er immer auch für sich beanspruchte. In »Ecce homo«, Vorwort Nr. 4, heißt es: »Innerhalb meiner Schriften steht für sich mein *Zarathustra*. Ich habe mit ihm der Menschheit das größte Geschenk gemacht, das ihr bisher gemacht worden ist ... Hier redet kein ›Prophet‹, keiner jener schauerlichen Zwitter von Krankheit und Willen zur Macht, die man Religionsstifter nennt.« Menschheitsbeglückung, die Religionsstiftung überbietet, überreligiöse Religion. Anstatt auf Horizonte philosophischer Reflexion Wert zu legen, siedelt sich Nietzsche auf der Vertikalen an, der Leiter von Prophetentum und Religionsstiftung. Diese Leiter verleitet zum Erklimmen immer höherer (und vielleicht gar nicht mehr vorhandener) Sprossen: zur Überbietung der vorhandenen Religionen. Entsprechend bezeichnet Nietzsche seine Lehre, wonach alles in derselben Weise und als dasselbe wiederkehren soll, auch als »Religion der Religionen« (VII, 3, S. 208, Nr. 34 [199]).

Von Nietzsches Doktrin einer ewigen Wiederkehr – einer Doktrin, in der sich Ethik, Naturwissenschaft, Anspruch auf Religion, Mystik unklar mischen [40] – wird hier um der Disziplin des Themas willen abgesehen. Diese Lehre soll nur am Schluß, im Zusammenhang mit Deleuze kurz berührt werden. Nietzsches Irrationalismus liegt nicht primär in seinen Lehrstücken, sondern in seiner Person und in ihren Absichtserklärungen, d. h. in seinen auf ultrareligiösen Religionsersatz hinauslaufenden

Deklarationen. ›Irrationalität‹ ist ein Prädikat der Disponiertheit Nietzsches. Daß diese persönliche Disposition zu irrationalistischer Weltanschauung sich in seinen Schriften äußert und bisher in Wellen für ein Nietzschefieber gesorgt hat, ist bekannt und erklärlich. Dagegen wäre es eine philosophische Fehldiagnose, Nietzsches Philosophie allein als Ausdruck seiner Disposition zum Irrationalen zu deuten. Wenn man Nietzsche für gefährlich hält, wird er auf eben diese Weise unterschätzt. Hält man ihn für philosophisch fundamental und ergänzungsfähig, so bleibt er damit ebenso unterschätzt. In beiden Fällen nämlich sorgt sein Rationalitätspotential für eine Bedeutsamkeit, nenne man sie nun ›gefährlich‹ oder ›fundamental‹.

Nietzsches Vernunftkritik ist schwer zu durchschauen, auch für Fachphilosophen. Der philosophische Laie mag einige Schlagwörter aufgreifen, z. B. daß die Vernunft nur Mittel sei; daß sie mit sprachlichen Unterscheidungen zusammenhänge: »Die ›Vernunft‹ in der Sprache: oh was für eine alte betrügerische Weibsperson!« (Götzen-Dämmerung, Die Vernunft in der Philosophie Nr. 5). Diese Bemerkungen sind genießbare und auf Genuß berechnete Bonmots, ein »plaisir du texte«, vielleicht eine *»subversion subtile«* à la Roland Barthes (1973, S. 87). Einen Zusammenhang philosophischer Arbeit an der Vernunft ergeben diese Bemerkungen nicht. Dieser Zusammenhang aber muß hergestellt werden, um die für Nietzsche selber wichtigen politischen Konsequenzen zu verstehen und zu beurteilen. Der Umweg einer Rekonstruktion von Nietzsches Kritiken an der Vernunft läßt sich nicht vermeiden.

»Vernunft«, sagt der Etymologe, leitet sich von »vernehmen« ab: Vernunft ist ein Vermögen, etwas zu vernehmen. Was wird vernommen? Die Tradition behauptete: Wir Menschen haben eine Fähigkeit, über die Aufnahme und Verarbeitung von Sinneseindrücken hinaus etwas zu vernehmen, das unwandelbar ist und das letztlich alles, was uns in Form von Vielheit und Bewegung begegnet, zu begründen vermag, ohne dabei selbst Vielheit und Bewegung zu sein. Dieses Unwandelbare, das man »Absolutes«,

»Unbedingtes« nannte, wurde als die Einheit des Seins verstanden, das unsere Welt begründet. Dieses »Absolute« ist nicht mit den Sinnen erfaßbar. Es kann nur auf eine ganz und gar unsinnliche, leiblose Weise gegeben werden: als reines Denken, das über die Abstraktheit des mathematischen Operierens und seine Verdeutlichung in Zeichen (Figuren, Zahlen) noch hinausgeht. Dieses reine Denken war das, was »Vernunft« genannt wurde.

»Vernunft« ist nun allerdings ein deutsches Wort. J. G. Fichte oder Heidegger haben erkennen lassen, daß Vernunft deutsch sei, daß man nur in der deutschen Sprache philosophisch denken könne. Diese nationale, innerhalb Deutschlands durchaus sozial gemeinte, daher national-sozialistische (bis nationalsozialistische) Ansicht Fichtes oder Heideggers hat Nietzsche übrigens nie vertreten. Er ist auch sprachlich Europäer und scheut sich nicht, »décadence« aus dem Französischen mit Selbstverständlichkeit in seinen Diskurs aufzunehmen.

Im 20. Jahrhundert ist »Vernunft« einer anderen Bezeichnung gewichen, nämlich der abschwächenden und zugleich differenzierenden Bezeichnung »Rationalität«. Das deutsche Vernunftprivileg, dessen Kern nur die Sprachtatsache ist, ein vom Lateinischen ›ratio‹ und vom Griechischen ›Logos/Nus‹ abweichendes *Wort* zu besitzen, ist damit verschwunden. Nietzsche übrigens kennt und verwendet das Wort ›Rationalität‹ noch nicht; er spricht nur einmal von ›Rationalisierung‹. Er gebraucht, mit anderen Worten, das Substantiv ›Vernunft‹ im Sinn der alteuropäischen Tradition *und* ebenso in seinem, in verändertem Sinn. Darin liegt eine Quelle der Verwirrung.

Es ist zweckmäßig, Nietzsches Vernunftkritik kartographisch zu erfassen, ohne dabei pedantisch Vollständigkeit zu beanspruchen. Eine Aufstellung seiner Vernunftkritik müßte vor allem zweierlei deutlich werden lassen: Unterschiede zur traditionellen ›Vernunft‹ und eine Vielfalt von unterscheidenden Gesichtspunkten zwischen altem und neuem Vernunftkonzept. Es ist Nietzsches eigene Schuld, daß seinen Lesern zunächst seine ideologiekritischen[41]

Anmerkungen zur alteuropäischen Vernunft auffallen: Vernunft und das Absolute als Fiktion derer, die sich für ihr Leiden am Leben rächen wollen. Nietzsches Texte enthalten aber erheblich mehr Aspekte von Kritik an der Vernunft als nur Ideologiekritik. Die auf Seite 163 folgende Liste möge dies schematisch verdeutlichen. Die *politische* Konsequenz wird dabei nur an einer Stelle deutlich (Kasten rechts unten).

Dieses Tableau bringt die Vielfalt und Unübersichtlichkeit von Nietzsches Vernunftkritik zur Anschauung, ermöglicht aber gleichzeitig eine Rekonstruktion der Zusammenhänge. Um es vorweg zu sagen: Nietzsches politische Philosophie der ranggeordneten Wenigenherrschaft ist nur ein Punkt (Kasten) unter fünf. In allen andern Aspekten der neuen Vernünftigkeit bei Nietzsche fehlt eine Divergenz, ein Auseinandergehen wie in der Unterscheidung zwischen leibgewordener und nihilistischer Vernunft. Alle übrigen Aspekte beinhalten nur *eine* neue Linie. Erst in bezug auf die menschliche Vernunft treten bei Nietzsche *zwei* neue Linien auf. Bevor wir diese Eigentümlichkeit erläutern, sollen kurz die übrigen Aspekte verdeutlicht werden:

Die *ontologische Vernunftkritik Nietzsches*, bezieht sich auf das Zentrum des metaphysisch gedachten absoluten Seins, das auf sinnlich-wahrnehmbare Weise nicht begreiflich ist. Nietzsche zeichnet hier, wenn auch in polemisch-aggressiver Sprache ein korrektes Bild der traditionellen Unterscheidung zwischen dem, was sinnlich-leiblich als Vieles und Bewegtes gilt, und dem, was nur für die Vernunft gegeben wird. Der Abschnitt »Die ›Vernunft‹ in der Philosophie« der Spätschrift »Götzen-Dämmerung« enthält dazu die wichtigsten Beschreibungen, die auch das in den Nachlaßnotizen Mitgeteilte verdichten. Nietzsche sieht, daß die Unterscheidung von Absolutem, Sein, Vernunft einerseits, und von Bewegung, Vielheit, Leib, Sinnlichkeit andererseits nicht eine auf nur wenige Denker beschränkte Deutung gewesen ist, sondern daß sie schlechthin bestimmend war für das Reden über das, was ist: »Alles, was Philoso-

Schema zu Nietzsches Kritik der traditionellen Vernunft bzw. zu Nietzsches neuem Vernunftkonzept:

Aspekt	Vernunft	
	traditionell	bei Nietzsche
ontologisch	Einheit des mit dem Denken erfaßten Seins (statt Sinne und Leib)	Sinne und Leib
ideologiekritisch	Metaphysik: Sinne können täuschen; Nietzsche: Nur Rache-Behauptung	Ja zur Realität des Scheins
Opposition zur Vernunft	Triebe, Affekte, Leidenschaften sind zu beherrschen. Sie sind nur Werkzeuge der Vernunft	Die Vernunft ist Mittel eigensüchtiger Triebe
Unterscheidung von Weltvernunft und Menschenvernunft	Logos als Weltvernunft: ihr entspricht Nus, die Menschenvernunft	Chaos statt Kosmos und Weltvernunft; Chance zur Menschenvernunft
Menschliche Vernunft	Beherrschung des Unvernünftigen: Selbstbeherrschung als Folge eines Gehorsams gegenüber Vernunftbefehlen	*leibgewordene Vernunft* d. h. Selbstherrschaft Organisation von Trieben; Vernunft als real stärkster Trieb); *nihilistische Vernunft*

phen seit Jahrtausenden gehandhabt haben, waren Begriffs-Mumien […] Was ist, *wird* nicht; was wird, *ist* nicht […] Nun glauben sie Alle, mit Verzweiflung sogar, an's Seiende. Da sie aber dessen nicht habhaft werden, suchen sie nach Gründen, weshalb man's ihnen vorenthält. ›Es muß ein Schein, eine Betrügerei dabei sein, dass wir das Seiende nicht wahrnehmen: wo steckt der Betrüger?‹ – ›Wir haben ihn, schreien sie glückselig, die Sinnlichkeit ist's.‹ Die Sinne, *die auch sonst so unmoralisch sind,* sie betrügen uns über die *wahre* Welt« (a. a. O. Nr. 1).

Es gibt seit der Antike viele polemische Porträts von Philosophien bei Philosophen. Keine Philosophiegeschichte erreicht indessen die Pointierungen Nietzsches, die nicht nur auf Doktrinen zu sprechen kommen, sondern auch Motive anspricht: Hier ist es das Motiv des Glaubens an Sein. Ein Glaube, der nach Schuldigen dafür sucht, daß es beim Glauben bleibt. Die Sinnlichkeit ist der Schuldige: Sinnlichkeit, Leib und Lebendigkeit. Die traditionelle Vernunft war, so Nietzsche, lebensfeindlich. Sie war nicht nur monotheistisch, sie war »Mumie«, war »Monotono-Theismus« (ibd.).

Nietzsches Bezugnahmen auf griechische Denker – Parmenides, Heraklit – sollen hier nicht kritisch referiert werden.[42] Nietzsche argumentiert gegen die leibfeindliche alte Vernunft weiter, daß ihre Verfechter dem Sprachbau verfallen seien, speziell der Gliederung des prädikativen Satzes. Es gelte, der »Irrthum vom Sein« habe »jedes Wort für sich, jeden Satz für sich, den wir sprechen« (Nr. 5). Damit wird allerdings die Basis seiner eigenen Kritik prekär. Wie im vorigen Kapitel dargestellt, wird seine Doktrin, sofern sie Aussagen (p) auf Machtbestrebungen gründen will, am Ende zur Anerkennung von Sprachstrukturen genötigt und damit erheblich relativiert. Dies geschieht auch an dieser Stelle von Nietzsches schneidig gerittener Attacke gegen die lebensfeindliche Vernunft: Es bleibt bei Hinweisen auf den Leib, die ebenso unzulänglich bleiben müssen wie der Glaube der traditionellen Vernunftdenker an das absolute Sein. Resultat ist die Rede vom Leib in »Also sprach Zarathustra«: »Der Leib ist grosse Vernunft, eine Vielheit mit Einem Sinne, ein Krieg und ein Frieden, eine Heerde und ein Hirt« (I, Von den Verächtern des Leibes). Die Gefahr ist, daß die neue Vernunft des Leibes alle Prädikate enthält, die in der Tradition dem nicht-leiblichen reinen Sein zugesprochen wurden.[43]

Nietzsches ideologiekritische Version der alteuropäischen Vernunft ist bereits angeklungen. Sein schärfstes Argument geht in dieser Hinsicht auf Motive, die noch hinter denen liegen sollen, die zum Glauben an das Sein führten. Es sei hier ein »Instinkt der Verleumdung, Verkleinerung, Verdächtigung des Lebens« am Werke, mit dem man sich am Leben »rächen« wolle; ein »Symptom *niedergehenden* Lebens« (Götzen-Dämmerung, a. a. O., Nr. 6). Das Ansetzen von absolutem Sein und Vernunft folgt also nicht Zielen der Wahrheit und der reinen Erkenntnis, sondern irrationalen Motiven der Rache.

Die Alternative lautet: Schluß mit der Scheidung in Sein und Schein. Der ›Schein‹ gewinnt vielmehr eine neue Bedeutung: er meint »Realität *noch einmal*, nur in einer Auswahl, Verstärkung, Correctur« (ibd.). ›Schein‹ also nicht als Abschwächung von Sein, sondern als dessen Verstärkung. Gemeint ist: Schein ist Verstärkung des leiblichen Daseins, wie es in der Kunst auftritt. Nietzsches ideologiekritische Alternative zur alten Vernunft bildet eine ästhetische Vernunft, wobei die Bedeutung von »ästhetisch« nicht mehr der traditionell negativen Bewertung der Sinnlichkeit folgt.

Der folgende Aspekt betrifft die traditionelle Stellung der *Vernunft als Herrschaft über die Leidenschaften*. In dieser Hinsicht war Nietzsche mit den griechischen Ansätzen des Anaxagoras und des Aristoteles und ebenso mit der Stoa vertraut. Anaxagoras läßt die materiellen Elemente der Welt durch »Vernunft« als einem ordnungslosen Zustand in eine Ordnung übergehen. Bei Aristoteles herrscht »Vernunft« in jedem einzelnen über etwas, das sich der Vernunft auch entziehen kann und sie bekämpft. Dieser Bereich ist der der Strebungen. Sie sind von Natur vernunftlos, aber zugleich fähig, auf Vernunft »zu hören«. Aristoteles sieht das, was der Vernunft entgegengesetzt ist, im Menschen zum einen als »Ernährungsvermögen«, d. h. als Prädikat des biologischen Lebens. Zum anderen bilden die Strebungen einen Gegensatz zur Vernunft. Gefragt ist nach der spezifisch menschlichen Tüchtigkeit und

Tauglichkeit. Diese könne, so Aristoteles, »nun nicht die des Leibes (tou sómatos), sondern die der Seele sein« (Nikomachische Ethik I, 13, 1102 a 15 f.). Menschliche Tüchtigkeit (areté) bedeutet Herrschaft der Vernunft (hier: lógos) über die Strebungen.

Die Strebungen wirken unter der Herrschaft der Vernunft. Nietzsche kehrt das Szenario um: Nicht die Seele, nicht der Geist ist der spezifisch menschliche Ort der Vernunft, sondern der Leib. Die Argumentation ist einfach: »man *glaubte*, daß es unselbstische Triebe giebt, man *verwarf* alle selbstischen man *verlangte* die unselbstischen [...] Man hatte die stärksten natürlichen, mehr noch die *einzig realen* Triebe in Bann gethan – man mußte, um eine Handlung fürderhin lobenswert zu finden, in ihr die Anwesenheit solcher Triebe *leugnen ungeheure Fälscherei in psychologicis*« (VIII, 2, S. 153, Nr. 10 [57]). Real sind also nur selbstsüchtige Triebe. Die alte Vernunft ist nur Instrument einer neuen Vernunft, der des Leibes. Der menschliche »Leib ist ja nur ein Gesellschaftsbau vieler Seelen« (Jenseits von Gut und Böse Nr. 19). Im Zarathustra-Kapitel »Von den Verächtern des Leibes« wird zusammengefaßt: »Der Leib ist die grosse Vernunft, eine Vielheit mit Einem Sinne, ein Krieg und ein Frieden, eine Heerde und ein Hirt. Werkzeug deines Leibes ist auch deine kleine Vernunft, [...] die du ›Geist‹ nennst, ein kleines Werk- und Spielzeug deiner grossen Vernunft.« Diese Redeweise ist bei Nietzsche begrifflich nicht gedeckt: der Leib als Vielheit egoistischer Triebe, als Kampf, in dem jedoch der Stärkere siegt, löst das bezeichnende Problem nicht, wonach Außervernünftiges, wonach ›Triebe‹, jedenfalls im Menschen, auf den Bau der Sprache angewiesen bleiben. Nietzsches Umbewertung des Leibes, der von der alteuropäischen Vernunft vorausgesetzt, nicht aber zum Ort der spezifisch menschlichen Möglichkeiten erklärt wurde, ist philosophisch nicht eingelöst. Nicht der ›Leib‹ kann Alternative zur alteuropäischen Vernunft sein, sondern nur eine Rationalität, die am Beispiel des Leibes explizierbar ist. Das scheint auch Nietzsche gewußt zu haben. Die nächsten Gesichtspunkte zeigen es.

Sucht man eine erste Formel für Nietzsches Vernunftkritik im ganzen, so darf man sagen: Nietzsche löst die *Weltvernunft* der Tradition in *Chaos* auf, sucht aber gleichzeitig nach *Neuformulierungen* der *Menschenvernunft*.

»Die fröhliche Wissenschaft« Nr. 109 bildet das Dokument der Auflösung von Logos in Chaos, der Zurücknahme einer vorausgesetzten logischen Weltordnung in Nichtordnung: »Der Gesammtcharakter der Welt ist [...] in alle Ewigkeit Chaos, nicht im Sinne der fehlenden Notwendigkeit, sondern der fehlenden Ordnung, Gliederung, Form, Schönheit, Weisheit, und wie alle unsere ästhetischen Menschlichkeiten heissen. Von unserer Vernunft aus geurtheilt, sind die verunglückten Würfe weitaus die Regel.« Komplementär zu dieser Verabschiedung der Weltvernunft[44] ist »unsere Vernunft«, von der es 1875 heißt: »Das einzige Vernünftige, was wir kennen, ist das Bischen Vernunft des Menschen: er muss es sehr anstrengen, und es läuft immer zu seinem Verderben aus, wenn er sich etwa ›der Vorsehung‹ überlassen wollte. Das einzige Glück liegt in der Vernunft, die ganz überige Welt ist triste« (Krit. Stud.ausg. Bd. 8, S. 36, Nr. 375).

Worin soll aber die Menschenvernunft bestehen angesichts eines Chaos in dem, was die Menschen als Naturgeschehen umgibt? An der zitierten Stelle setzt Nietzsche so fort: »Die höchste Vernunft sehe ich aber in dem Werk des Künstlers.« Das weist zurück auch auf den Staatslenker als Künstler, dem das Staatsvolk als Material dient (s. oben, S. 82 ff.).

Damit ist der abschließende Aspekt erreicht, die *Unterscheidung der alten und der neuen Menschenvernunft*. Für die traditionelle Konzeption stehe hier das beschriebene Modell des Aristoteles, wonach es Selbstbeherrschung gibt. In ihr gehorchen die von sich aus nicht vernünftigen Teile in uns der Vernunft. (Von der Stoa ist gleich noch zu reden.) Nietzsche eigentümlich ist nun eine Art Spaltung der Vernunft der Menschen: Es gibt Menschen, die die Vernunft des Leibes repräsentieren. Sie beherrschen sich. Ihre Triebvielheit gelangt zum Ausgleich einer inneren Herrschaft über sich. Es gibt aber ebenso Menschen – und diese überwiegen –, die noch an der alten Vernunft hängen. Die alte Vernunft aber, so hämmert uns Nietzsche im Spätwerk ein, hat sich selbst aufgelöst. Nihilismus ist der Name dieser Auflösung sowohl als Prozeß wie als Zustand. Der »Nihilism ist keine Ursache, sondern nur die Logik der décadence« (VIII, 3, S. 57, S. 14 [86]). Für den Nihilisten scheiden sich Weltvernunft (Logos) und Menschenvernunft. Aber diese Scheidung bringt für ihn, da er sich noch an der alten Ordnung orientiert, keine Hilfe: »Nihilist ist der Mensch, welcher von der Welt, wie sie ist, urtheilt, sie *sollte* nicht sein und von der Welt, wie sie sein sollte, urtheilt, sie existirt nicht« (VIII, 2, S. 29 Nr. 9 [60]). Für den Denker der Auflösung der alten Vernunft, für Nietzsche selbst, stellt sich diese Gesamtlage so dar, daß (a) der Logos (Weltvernunft) zu Chaos und (b) der Nus (als Menschenvernunft) einerseits zu einer neuen souveränen Selbstherrschaft und andererseits zu einem nihilistischen Sinnverlust wurde:

(a) Logos (Weltvernunft) → Chaos

(b) Nus (Menschenvernunft) → neue Selbstherrschaft: *leibgewordene Vernunft*
(b) Nus (Menschenvernunft) → nihilistischer Sinnverlust: *nihilistische Vernunft*

Die Welt im ganzen ist daher: »Ein *Wenig* Vernunft zwar, ein *Same der Weisheit* gestreut von Stern zu Stern, – dieser Sauerteig ist allen Dingen eingemischt: um der Narrheit willen ist Weisheit allen Dingen eingemischt!« (Also sprach Zarathustra III, Vor Sonnen-Aufgang; Hervorhebungen von mir, B. T.). Diese Stelle bildet einen nicht weiter auszuführenden Beleg für Nietzsches Transformationen des alteuropäischen Vernunftbegriffs. Nietzsche bedient sich hier – seinen Kenntnissen der antiken Philosophie entsprechend – eines Begriffes der alten Stoa: »Gott ist ein und dasselbe mit Vernunft (nus), Schicksal und Zeus […] Im Anfang war er bei sich selbst. Er […] ist ein *Samen der Vernunft* (spermatikós lógos) des Kosmos, hält sich als Tätiges im Hintergrund, gleicht die Materie sich an und ersinnt einen nächsten Zustand der Weltveränderung«, berichtet ein antiker Autor über ein Lehrstück der alten Stoa, über Zenon (Diogenes Laertios VII, Nr. 136; Hervorhebungen von mir, B. T.).

Nietzsche greift das stoische Bild von einem »Samen der Vernunft« (spermatikós lógos) auf, aber er wendet es gegen die Stoa und gegen die gesamte traditionelle Vernunftkonzeption. In der Stoa war der Logos das gestaltende Prinzip der Welt. »Eine Vernunft herrscht ewig, faßt alles harmonisch zusammen« (héna gígnesthai pánton lógon aién eónta) lautet dafür die erhabene Formel des Stoikers Kleanthes (Stoicorum veterum fragmenta, ed. Arnim I, Nr. 537). Die Weltvernunft (Logos) teilt in stoischer Lehre einer gestalt- und bewegungslosen Materie Qualitäten mit, nämlich Wärme, Kälte, Trockenheit und Feuchtigkeit, denen die vier Elemente entsprechen. Die Weltvernunft ist also kein Element neben Elementen in der Welt, sondern sie ist Aktivität des Steuerns und der Beherrschung. Bei Nietzsche wird aus dem »Samen der Vernunft« etwas, das sich nur über sein Gegenteil bestimmt: wenn es »Narrheit« gibt, dann muß es auch etwas Nicht-Närrisches geben in der Welt, und das ist die kleine Portion Vernunft im Kosmos.

Betrachtet man im übrigen Nietzsche im Licht stoischer Lehren, so lassen sich überall Anleihen erkennen: die für Nietzsche wichtigen Begriffe wie »Trieb«, »Affekt«, »Wert« (axía) wurden allesamt von den Stoikern philosophisch geprägt oder akzentuiert. Nietzsche bearbeitet das stoische System so, daß die »Tugend« als reine Vernunfttätigkeit entfällt und nun als Spiel der »Triebe« (hormé) und »Affekte« (páthos) erzeugt wird: der Geist als »Spielzeug« der leibgewordenen Vernunft. Die stoische Definition des Affektes als »Trieb, der nach *mehr* begierig ist« (hormé pleonázusa, Stoicorum veterum fragmenta I, Nr. 205), scheint in Nietzsches Doktrin vom Willen zur Macht als Streben nach *mehr* Macht eingegangen zu sein.

Zurück zu Nietzsches Transformation der Menschenvernunft: Die alteuropäische Vernunft der Menschen verwandelt sich in zwei Typen von Menschen. Derjenige, der die Vernunft des Leibes repräsentiert, wird z. B. so beschrieben: »Der freieste Mensch hat das größte *Machtgefühl* über sich, das größte *Wissen* über sich, die größte *Ordnung* im nothwendigen *Kampfe* seiner Kräfte, die verhältnißmäßig größte *Unabhängigkeit* seiner einzelnen Kräfte, den verhältnißmäßig größten *Kampf* in sich: er ist das *zwieträchtigste* Wesen und das *wechselreichste* und das *langlebendste* und das überreich begehrende, sich nährende, das am meisten von sich *ausscheidende* und sich *erneuernde*« (Krit. Stud.ausg. Bd. 9, S. 448, Nr. 11 [130]). Nietzsche beschreibt hier den Repräsentanten der neuen Vernunft auf drei Ebenen: auf der des Wissen und der Macht, auf der der Vielheit und des Kampfes und schließlich auf der der vegetativen Funktion (Ernährung und Ausscheidung). Es gibt jedoch auch hier keine Begründung dafür, ob und wie in einer Vielheit, in einem Kampf von Trieben eine Vernunfteinheit möglich sein soll. Es bleibt nur eine Behauptung: Je mehr Vielheit und Kampf, desto mehr Einheit des Machtgefühls und des Wissens »über sich«. Der Leib besteht aus vielen Seelen, aber als deren »Gesellschaftsbau« (Jenseits von Gut und Böse Nr. 19). Auch wenn Nietzsche den Anschluß an Heraklit (Einheit von Entgegengesetztem) sucht oder an die Physiologie seiner Zeit anknüpft, wird dadurch kein Begründungszusammenhang gestiftet. Würde sich Nietzsche nämlich Heraklit in der Sache nähern, so müßte er dort landen, wohin es für ihn kein Zurück mehr gibt, nämlich bei einer Weltvernunft, einem Logos, den Heraklit in der Einheit von Gegensätzen findet. Würde er seine Lektüre der Physiologie seiner Zeit (Wilhelm Roux oder Claude Bernard) als Begründung seiner Behauptung von der leibgewordenen Vernunft verstehen, so würde er seiner

Einsicht untreu, wonach die Wissenschaften Fakten verehren, die es als solche gar nicht gibt.

Der neue Vernunftbegriff ist begrifflich ebenso ungedeckt wie jenes Sein der Vornehmen, der höheren Typen, der Starken, für das Nietzsche einen Gobineau entlehnten Rassenbegriff bereithält. Wenn das transformierte Konzept von Vernunft als Vielheit-Einheit des Leibes auch nicht begründet, nicht begrifflich legitimiert ist, so wird doch deutlich, was gemeint ist. Die leibgewordene Vernunft meint

- ein Geschehen in der Einzelperson, im *Individuum*, das aber zugleich als Schauplatz überindividueller Kräfte gilt;
- daß dieses Geschehen Selbstmacht, Selbstbeherrschung, Selbstherrschaft bedeutet.

Diese beiden von Nietzsche mehr oder minder ausdrücklich betonten Kennzeichen der leibgewordenen Vernunft bilden eine Brücke, die von seiner Vernunftkritik zu seiner *politischen* Philosophie führt. Die Gedankenreihe, die von hier aus zu der oben (1. Teil) beschriebenen Konzeption der Rangordnung, der Wenigenherrschaft, der Pyramide zweier Moralen läuft, läßt sich in einer ersten Annäherung folgendermaßen umreißen:

1. Die traditionelle Vernunft ist kein wirkliches Sein gewesen, sondern eine Annahme. Ideologiekritisch will Nietzsche zeigen, daß die Entwertung des Leiblichen zugunsten eines leiblosen absoluten Seins eine Rache der Schwachen, der am Leben Leidenden bildet.
2. Die traditionelle Vernunft läßt sich als politisches Herrschaftsmittel der Schwachen entlarven.
3. Mit dem Zusammenbruch der traditionellen Vernunft, mit der Auflösung des Glaubens an eine unleiblichwahre Welt, mit der nihilistischen Sinnkrise wird auch die bisherige politische Herrschaft hinfällig.
4. Eine neue Vernunft verlangt eine neue politische Herrschaft.

Im ersten Teil wurde bereits entwickelt, daß sich für Nietzsche das Politische als Dynamisierung des Gobineauschen Rassenbegriffes und als Rangordnung zweier Moralen definiert: Wenn die Rassenmischung vollständig wird, dann wird eine Höherzüchtung zu Herrschermenschen wünschenswert sein und mit ihr die pyramidale Rangordnung zweier Moralen.

Die Vernunftkritik Nietzsches scheint in eben dieses Programm des Politischen einzumünden. Die Auflösung der alteuropäischen Vernunftordnung als mikrorationale Herrschaft der Menschenvernunft im Individuum und als makrorationaler, kosmischer Logos mündet bei Nietzsche offenbar in zwei Vernunftformen, die am Ende nur in einer politischen Beziehung stehen: die leibgewordene Vernunft von Individuen steht in einer Beziehung politischer Herrschaft zur alten, nunmehr nihilistisch gewordenen Vernunft:

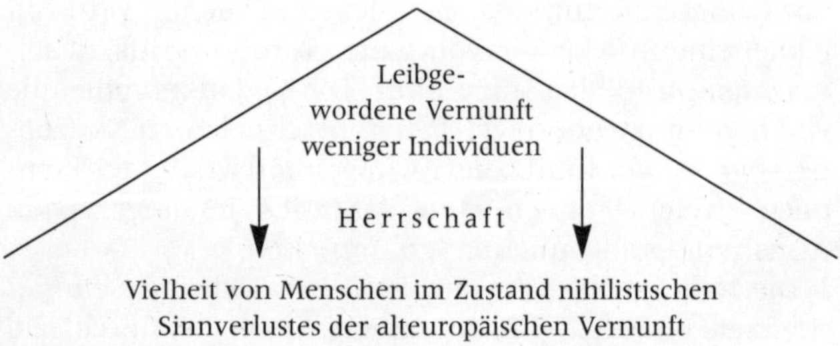

Ein Gesamtzusammenhang scheint sich abzuzeichnen, gar eine Lösung, die am Ende eine Entscheidung über Nietzsches Protofaschismus zu fällen erlaubt. Bei genauerem Hinsehen ist jedoch eine Lösung noch nicht sichtbar. Woher soll sie auch stammen? Die beiden neuen Formen der Menschenvernunft sind zunächst disparat. Sie lassen keine Bezüge aufeinander erkennen.

Ihre Verschiedenheit läßt sich genauer beschreiben. Gewöhnlich deutet man ›Vernünftigkeit‹, ›Rationalität‹ bzw. ›vernünftig‹, ›rational‹ als Prädikate, die die *Disposition* handlungsfähiger Personen betreffen, deren Verhalten im Hinblick auf diese Norm bewertet wird. Jemand hat z. B. auf eine Beschimpfung (»Sie Schwein!«) reagiert. Wir sagen, er habe ›rational‹ reagiert. ›Rational‹ meint dabei, daß von einer Veranlagung, von einer Disposition Gebrauch gemacht wurde. Die Disposition ›rational‹ steht allerdings nicht auf derselben Stufe wie Dispositionen von der Art einer körperlichen Qualität, z. B. ›elastisch‹. Die rationale Handlungsweise (mit einer Gegenfrage auf Beschimpfungen zu reagieren) impliziert, daß auch anders hätte gehandelt werden können. Es war allein die Entscheidung der beschimpften Person, diese Handlungsweise in Gang zu setzen, die als positiv und wertvoll beurteilt wird. Das *normative* Urteil, wonach die rationale Handlungsweise als positiv gilt, kann so aufgefaßt werden, daß das Werten selber eine Eigenschaft der Beurteilenden ist oder aber etwas über die beurteilte Handlungsweise aussagt.

Diese Bezüge von Rationalität einmal vorausgesetzt, kann im Hinblick auf Nietzsches zwei Gestalten von Menschenvernunft formuliert werden: Nietzsche will die *leibgewordene Vernunft* rein als *Disposition* ohne Norm fassen. Die *nihilistische Vernunft* dagegen gilt ihm nicht als Disposition, sondern nur noch als *Norm*.[45]

Die leibgewordene Vernunft ist eine Disposition ohne Norm: »ein wohlgerathener Mensch, ein ›Glücklicher‹, muss gewisse Handlungen thun und scheut sich instinktiv vor anderen Handlungen, er trägt die Ordnung, die er physiologisch darstellt, in seine Beziehungen zu Menschen und Dingen hinein. In Formel: seine Tugend ist die *Folge* seines Glücks« (Götzen-Dämmerung, Die vier grossen Irrthümer, Nr. 2). Den *dispositionalen* Charakter dieser Vernunft«, die Nietzsche auch die »wiederhergestellte Vernunft« – im Unterschied zur alten = »*kranken* Vernunft« (a. a. O.: Moral als Widernatur, Nr. 6 oder: Der Anti-Christ, Nr. 52) – nennt, bezeichnet Nietzsche als »Instinkt des Lebens« (Nr. 4). Die leibgewordene Vernunft soll diejenige Disposition darstellen, die all das, was bisher als Norm galt, hinter sich läßt. Die »kranke Vernunft« war eine moralisch motivierte Fiktion von Weltordnung, die zu Ende ging.

Die kranke, nihilistische Vernunft ist als reine Norm zu beurteilen. Grund: Sie entspricht der Abwesenheit all der Dispositionen, die die leibgewordene Vernunft darstellen. Die nihilistische Vernunft bildet die Vernunft derer, denen es an Kraft mangelt. Nietzsche benennt zwei Muster dieser Vernünftigkeit: die Ethiken von Kant bzw. von Schopenhauer. Kants Ethik der Pflicht aus Achtung vor einem allgemeinen moralischen Gesetz nennt er einen »Moloch der Abstraktion«, »letzte Entkräftung des Lebens«, *»lebensgefährlich«* (Der Antichrist, Nr. 11). Die christliche und Schopenhauersche Ethik des *Mitleids* bildet für Nietzsche eine zweite Gestalt der nihilistischen Vernunft neben der Pflichtethik Kants. Mitleiden »wirkt depressiv«. Und: »es erhält, was zum Untergang reif ist« (Der Antichrist, Nr. 7). »Mitleiden ist die *Praxis* des Nihilismus« (ibd.). Die Moral des Mitleids ist eine Vernünftigkeit, die ganz Norm ist. Es fehlt ihr jedes Sinnpotential des Lebens, »Mitleiden überredet zum *Nichts*!« (ibd.). Für den, der jemanden bemitleidet, entsteht ein physischer Kraftverlust. Mitleid als Gebot wäre folglich Forderung zur Erfüllung einer Norm, die uns aller Dispositionen beraubte. Und, so Nietzsche weiter, die Bemitleideten sind eben die, die »zum Untergange reif sind«, sind die »Enterbten und Verurtheilten des Lebens«, die »Missrathnen« (ibd.).

So mag deutlich werden, daß Nietzsche die neue, leibgewordene Rationalität ganz als Disponiertheit deutet, die sich normativ nicht fassen läßt. Gleichzeitig möchte er der nihilistisch gewordenen alteuropäischen Vernunft das Vorhandensein von Dispositionen bestreiten und als reine Normensetzung deuten, die in ihrer Reinheit lebensfeindlich ist. Der Unterschied der beiden Formen steigert sich auf diese Weise zu einem Gegensatz: Vernunft als leibhaftige Disponiertheit einerseits und Vernunft als leibfeindliche Normensetzung andererseits. Wie soll, wie kann dieser Gegensatz noch in einer Theorie des Politischen gemildert bzw. aufgelöst werden?

Es ließe sich ein Rezept benennen für einen politischen Herrschaftszusammenhang, der in der Unterscheidung der leibgewordenen und der nihilistischen Vernunft angelegt ist:

1. Die normfreie leibgewordene Vernunft als Disposition wird selber normativ.
2. Die dispositionslose nihilistische Vernunft gewinnt eine Disposition.

Konkreter hieße dies, daß die leibgewordene Vernunft sich nach dem Ende der Herrschaft der Metaphysik ungehindert entfalten darf. Sie würde jene beherrschen, die nicht das Glück haben, eine mikrorationale Disponiertheit zu besitzen. Die Masse der mit nihilistischer Vernunft Dahinlebenden erlangte, zusammen mit dem gleichzeitig entstehenden politischen Gesamtorganismus, zumindest von außen ein Gleichgewicht, das ihre innere Lehre und Dispositionslosigkeit durch Außensteuerung stabilisieren würde. Die Neoaristokraten, die Repräsentanten leibgewordener Vernunft, beherrschen sich selbst. Die Masse der nihilistisch-vernünftigen Menschen vermag sich nicht selbst zu beherrschen. Daher könnte hier Nietzsches Formel greifen »Dem wird befohlen, der sich nicht selber gehorchen kann. So ist des Lebendigen Art« (Also sprach Zarathustra, Von der Selbst-Überwindung). Oder: »Wer sich nicht befehlen kann, der soll gehorchen« (ibd. Von alten und neuen Tafeln, Nr. 5). Wie ist Nietzsches politisches Rezept hinsichtlich der entgegengesetzten Typen menschlicher Vernunft beschaffen?

Exkurs: Wo bleibt der »Wille zur Macht«?

Mazzino Montinari, der mit philologischen Mitteln die Legende hat zerstören wollen, wonach Nietzsches Nachlaß vor allem als Sammlung von Notizen zu einem nicht mehr fertiggestellten Opus »Der Wille zur Macht« zu verstehen sei, parodierte Nietzsches Formel ›Wille zur Macht‹ gesprächsweise mit »Pille zur Nacht«. Dieser Kalauer führt in der Tat zur Sache, wie sich im Kontext des hier verhandelten Themas zeigt: Nietzsches Doktrin eines Willens zur Macht, verstanden als ein Gegeneinander-Miteinander unzähliger Kraftkonstellationen, ist in einer Hinsicht zu weit, zu generell, um spezifisch politische Aussagekraft zu besitzen. In anderer Hinsicht aber müßte gelten: Wenn der Wille zur Macht Grundzug des Weltgeschehens ist, dann müßte er auch (a fortiori) für politische Verhältnisse gelten. Was für die Gattung zutrifft, sagt die Logik, muß auch von den Arten zutreffen. Außerdem erscheint es auf den ersten Blick reichlich paradox, daß ›Wille zur Macht‹ nicht spezifisch fürs Politische tauglich sein soll: Ist dies nicht der Bereich, wo er zu Hause, wo er primär ablesbar ist?

Dies bezeichnet eine Erwartungshaltung, mit der Nietzsche gewiß häufig gelesen wird. Sie führt an ihm vorbei. Politik als ein Geschehen, das auf das Motiv ›Wille zur Macht‹ hin entzifferbar ist, wird weitaus mehr in den Theorien des Historikers *Thukydides* bzw. von philosophischen Autoren wie *Blaise Pascal, Thomas Hobbes* oder dem *Marquis de Sade* geboten. Nietzsches Wahrnehmung ist von Anfang bis Ende geprägt von einer Verachtung dessen, was *normalerweise* ›Politik‹ genannt wird. Im Frühwerk übernimmt er den Schlosser-Burckhardt-Satz, daß Macht stets böse sei (Fünf Vorreden, Nr. 3, Der griechische Staat). Im Zarathustra-Kapitel »Vom neuen Götzen« geißelt er die Machtgier derer, die zu nichts als zur Herrschaft kommen wollen. Oder man denke an die schon angeführte Stelle: »Und den Herrschenden wandt' ich den Rücken, als ich sah, was sie jetzt Herrschen nennen: schachern und markten um Macht – mit dem Gesindel!« In »Jenseits von Gut und Böse« fällt eine Bemerkung vom »Schmutz alles Politikmachens«. ›Wille zur Macht‹ ist nicht unbedingt das zu entziffernde Motiv des normalen politischen Geschehens. Wille zur Macht ist eher am Beispiel des Künstlers deutlich, der sein Material gestaltet. Wille zur Macht ist ein Name dafür, daß Politik anders als im gewöhnlichen Sinn zu verstehen wäre, d. h. als eine Art künstlerischer Produktivität. Oder: Wille zur

Macht bedeutet das, was der »Leib« wirklich ist, Kampf selbstsüchtiger Triebe.

Genau das, so möchten viele schließen, läßt Nietzsche gegen Faschismus immun werden, der stets nur auf politische Wertung gerichtet ist. Ein Ziel der vorliegenden Studie ist es jedoch, zu zeigen, daß genau diese Abwendung vom gewöhnlichen Politikverständnis jene Öffnung Nietzsches zum Faschismus ausmacht. Das wurde im ersten Teil im Hinblick auf sein politisches Zentralmotiv ausführlicher belegt: Das andere, anti-normalistische Politikverständnis Nietzsches (mit seinem totalitären Platonismus, der Sakralisierung politischer Herrschaft, der Identität von Staatsmann und Künstler) öffnet ihn zum Faschismus, eröffnet gar ein faschistisches Politikverständnis. »Wir sind die ersten, die reine Politik (la politica pura) verwirklicht haben, nicht die Politik der Parteien, die sich überall im Verfall befindet und nicht mehr die Massen interessiert« (Mussolini 1929, zit. nach Montemaggiori 1934, S. 531). »Politik? Ich mache keine Politik mehr, das widert mich so an« (Hitler 1945, zit. nach Fest 1974, S. 836).

Einerseits ist die Formel ›Wille zur Macht‹ (mit ihren Kennzeichen der Steigerung und des Miteinander-Gegeneinander von Kraftkonstellationen) zu weit, zu generell, um politische Begrifflichkeit zu liefern. Andererseits gilt: Der Sachverhalt ›Wille zur Macht‹ kommt mit anderen, aber genaueren Angaben im politischen Kontext häufiger zur Sprache. Wir haben, anders gesprochen, von Kennzeichen des ›Willens zur Macht‹ gehandelt, ohne stets diese Bezeichnung zu wählen. Daß dies zulässig ist, sollte selbstverständlich sein. Andernfalls geht man – wie der amerikanische Pragmatist William James anmerkte – mit Begriffen so um, daß man sich wundert, weshalb die ›Reichen‹ immer ›so viel besitzen‹. Somit: der Machtanspruch, der Feststellungen (p) entstehen läßt, ist Wille zur Macht; die leibgewordene Vernunft als normfreie Disposition ist Wille zur Macht; das anti-normalistische Konzept der Wenigenherrschaft als Verbindung von Machtstaat und

Zweckstaat der Vollkommenheit ist Wille zur Macht. Wäre am Ende doch alles Wille zur Macht? Davor hat sich Nietzsche vermutlich instinktiv gehütet: Er arbeitet, jedenfalls im politischen Teil seiner Philosophie, beständig an Präzisierungen, an Spezifizierungen dessen, was die Formel ›Wille zur Macht‹ möglicherweise enthält. Diesen Präzisierungen und Spezifizierungen ist zu folgen – nicht jenen Interpreten, für die alles ›Wille zur Macht‹ und damit ›Pille zur Nacht‹, d. h. dogmatischer Schlummer, ist.

Im Schlußkapitel wird auf das Thema einer Machttheorie zurückzukommen sein.

Der Staat der nihilistischen Vernunft und der Lohn der Aussteiger

Noch ist eine politische Beziehung zwischen den verschiedenen Gestalten der neuen Menschenvernunft nicht erwiesen. Nietzsches Vernunftkritik führt, soviel wurde bisher deutlich, auf zwei gänzlich verschiedene Vernunftformen: leibgewordene Vernunft bei wenigen Menschen einerseits, nihilistische, »kranke« Vernunft bei vielen Menschen andererseits. Die leibgewordene Vernunft denkt Nietzsche als normentbundene Disposition. Die nihilistische Vernünftigkeit faßt er als Normensetzung, als Anspruch auf Normen anstelle von Disposition. Die leitende Frage war: Entkräftet Nietzsche Vernunft und Rationalität so, daß Macht und Gewalt an die Stelle der traditionellen Vernunft treten und *damit* Protofaschismus vorliegt? Bisher kann diese Frage nicht bejaht werden. Es gilt vielmehr:

- Die leibgewordene Vernunft ist eine Konstellation, in der das Individuum als mikrophysiologisches Gegeneinander-Miteinander Selbstmacht, Selbstbeherrschung bedeutet. Von einer Macht über andere oder von einer Überwältigung anderer ist dabei nicht die Rede.

- Die nihilistische Vernunft erhebt normativen Anspruch (z. B. als Ethik des universellen Moralgesetzes bei Kant oder als Schopenhauersche Mitleidsethik), aber sie hat ihre einstige Herrschaft verloren. Andernfalls bestünde kein Nihilismus. Nihilistische Vernunft beinhaltet normativen ethischen Anspruch und insofern zugleich das Ende der Priesterherrschaft mit Hilfe von Christentum und Metaphysik.

Was nun zunächst zu zeigen ist, soll den ambivalenten Charakter von Nietzsches zwei Vernunftformen im Hinblick auf das politische Verständnis dieser Formen aufweisen. Als Ausgangsbasis dazu diene das Kapitel »Vom neuen Götzen« aus »Also sprach Zarathustra«. Nietzsche bietet hier eine schneidende Kritik an der Tendenz zur allgemeinen Politisierung seiner Zeit. Die Konsequenz wird als eine apolitische dargestellt: Das Kapitel läuft hinaus auf ein Votum zum Ausstieg aus dem europäischen Staatsgebiet, d. h. aus einem Gesellschaftszustand, der fortschreitendem Zerfall preisgegeben ist.

Der Text enthält sieben zentrale Aussagen:

(1) »Staat« ist eine volksfeindliche Einrichtung.

(2) »Staat« ist Lüge und »Sprachverwirrung des Guten und Bösen«.

(3) »Staat« besteht nur aus etwas, was er nicht von sich aus besitzt, sondern was er dem Volk, der Gesellschaft oder dem einzelnen geraubt hat.

(4) »Staat« ist Einrichtung für die »Überflüssigen«, die »Viel-zu-Vielen«.

(5) »Staat« ist das Gebilde, das nach dem Ende des Glaubens an eine göttliche Weltregierung an die Stelle dieses Glaubens tritt.

(6) Als Ersatzform der göttlichen Weltregierung erweckt »Staat« Macht- und Geldgier.

(7) Es gibt noch Menschen, die nicht zu den »Überflüssigen« gehören. Sie können sich dem Staat entziehen, der grundsätzlich aufhören könnte, zu existieren.

Angelpunkte der bildhaften Argumentation sind hier: Staat als Gebilde nach dem Tode des moralischen Gottes

(Nr. 4, 5 und 6), sowie Nr. 7, die Abkehr vom Staat. Nietzsches Satz vom Tode des moralischen Gottes (vgl. Nachlaß VII, 3, S. 354, Nr. 39 [13] und dramatisch in »Die fröhliche Wissenschaft« Nr. 125) ist eine bildhafte Rede für die oben bezeichnete Verabschiedung eines Weltlogos zugunsten der Menschenvernunft. Der moralische Gott: das war Gott als »der *heilige Gesetzgeber*«; »der *gütige Regierer*«, »der *gerechte Richter*«, wie Kant einst schrieb. Diese Bestimmungen Gottes seien, so Kant weiter, »insgesamt moralisch« (Kant, Kritik der praktischen Vernunft [1788], A 236, Anm.). Das Ende des Glaubens an einen Weltlogos schließt das Ende des Glaubens an eine Gottperson als Gesetzgeber, Regierer und Richter der Welt ein.

Mit dem Ende des Glaubens an Weltvernunft und moralische Gottheit tritt ein anderes Gebilde in den Vordergrund: der Staat, und zwar der Staat in seiner maximalen und anmaßendsten Gestalt, d. h. als Staat mit dem Anspruch auf höchste irdische Realität. Es ist die politische Institution, von der Hegel 1821 geschrieben hatte: »es ist der Gang Gottes in die Welt, daß der Staat ist« (Grundlinien der Philosophie des Rechts, § 258, Zusatz) bzw. »Der Staat ist das an und für sich Vernünftige« (§ 258). Nietzsche greift zur Waffe der allegorischen Dämonisierung: »›auf der Erde ist nichts Grösseres als ich: der ordnende Finger bin ich Gottes‹ – also brüllt das Unthier.«. Der Staat ist ein »Unthier«, ein »Götze«, ein »Ungeheuer«, das sich selbst als Gegenwart Gottes darstellt. Hinsichtlich seines Anspruchs auf göttliche Präsenz ist der Staat verlogen. Seine Realität besteht darin, daß er das Vakuum des Verlustes göttlicher Weltregierung scheinbar füllt: »Falsch ist Alles an ihm [...] Falsch sind selbst seine Eingeweide.« Der Staat, der den entthronten moralischen Gott scheinbar ersetzt, wirkt als Faszinosum, und zwar eigens auf jene, die den Glauben an eine göttliche Weltregierung verabschiedet haben: »Ja auch euch erräth er, ihr Besieger des alten Gottes! [...] Alles will er *euch* geben, wenn ihr ihn anbetet, der neue Götze.« Dem in Deutschland ganz zu Unrecht vergessenen Zarathustra-Kommentar von Hans Weichelt (2. Aufl., Leipzig 1922, S. 304), der eine gute Liste der häufigen Anspielungen auf das Alte und Neue Testament im »Zarathustra« bietet, ist nicht entgangen, daß Nietzsche mit dieser Bemerkung die folgende Matthäus-Stelle verwendet: »Und der Teufel sprach zu Jesus: Dies alles will ich dir geben, wenn du niederfällst und mich anbetest.« Mit dem von Nietzsche beschworenen »Tod Gottes« geht das Bild von der Versuchung des Satans gegenüber Jesus auf den Staat über. Der aber besitzt keine satanische Anziehungskraft mehr, sondern Anziehungskraft schlechthin, die alles aufsaugt, was gilt: »Aber der Staat lügt in allen Zungen des Guten und Bösen.«

Nietzsches Staatskritik erscheint hinsichtlich ihres Inhalts nicht originell. Sie bietet eine bildlich verdichtete Sammlung der Proteststimmen des 19. und vorwegnehmend auch des 20. Jahrhunderts gegen den ›Leviathan‹ des Thomas Hobbes als ›Künstlichen Menschen‹, gegen das Großsubjekt aller Subjekte, das Hegel substantialisierte und sakralisierte. Platonische Polemik gegen die sophistische Stimmungsmache gegenüber dem »Ungeheuer« oder »Tier« der Massen (Politeia 492 a–c), gewissermaßen Demagogie als Dummagogie, wird von Nietzsche in inhaltlicher Umbesetzung mit neutestamentlicher Satanologie gekreuzt. Wiederfinden können sich hier Karl Marx (Theorie vom Absterben des Staates), Hitler (Volk contra Staat), in den antietatistischen, antikapitalistischen und atheistischen Zügen dieses Kapitels der Anarchismus, schließlich der Liberalismus (Votum für Individualfreiheit und Volkssouveränität). Nietzsche erscheint also als ein Sammelbecken politischer Proteste mit unterschiedlichsten Zielen und Begründungen, eine Art politischer ›Konfusius‹.

Doch dieses Bild täuscht. Nietzsches allegorische Kreuzungen aus Platon und der Satanologie des Neuen Testaments zur Entlarvung des Großsubjektes »Staat« verbergen – jedenfalls auf den zweiten Blick – ein theoretisches Muster: die Zweiteilung der Menschenvernunft nach der

Verabschiedung des Weltlogos bzw. des moralischen Gottes in leibgewordene und in nihilistische Vernunft. Die Großsubjektentlarvung enthält eine Sortierung der Kleinsubjekte nach Maßgabe der zwei Vernunftgestalten. Der Staat ist nicht bloß in der Optik historischer Morphologie als ein Ersatz Gottes gesehen, sondern: »Viel zu Viele werden geboren: für die Überflüssigen ward der Staat erfunden!« Das erst ist Nietzsche: Staat als Einrichtung von und für Repräsentanten nihilistischer Rationalität. In »Götzen-Dämmerung, Streifzüge usw.«, Nr. 37 fehlen die exzessiven Allegorien des Staatsentlarvungskapitels »Vom neuen Götzen«, aber dafür werden das Muster der Vernunftkritik und die zeitbezogene Politikkritik deutlicher: »Unsere Tugenden sind bedingt, sind *herausgefordert* durch unsere Schwäche ... Die ›Gleichheit‹, eine gewisse thatsächliche Anähnlichung, die sich in der Theorie von ›gleichen Rechten‹ nun zum Ausdruck bringt, gehört wesentlich zum Niedergang: die Kluft zwischen Mensch und Mensch, Stand und Stand, die Vielheit der Typen, der Wille, selbst zu sein, sich abzuheben, Das, was ich *Pathos der Distanz* nenne, ist jeder *starken* Zeit zu eigen. Die Spannkraft, die Spannweite zwischen den Extremen wird heute immer kleiner, – die Extreme verwischen sind endlich bis zur Ähnlichkeit ... Alle unsere politischen Theorien *und* Staatsverfassungen, das ›deutsche Reich‹ durchaus nicht ausgenommen, sind Folge-Nothwendigkeiten des Niedergangs.«

Der Staat des zweiten deutschen Reichs ist somit auch nur Exponent eines emanzipatorischen Ausgleichs, von dem Nietzsche will, daß aus ihm die Höherzüchtung und die Wenigenherrschaft hervorgehen. Nietzsche rechnet nicht nur die politischen Verfassungen seiner Zeit, nicht nur die faktischen Staatsgebilde zu den Verfallsformen, die sich mit den Kostümen des Göttlichen verkleiden. Hinzugenommen werden ausdrücklich die »politischen Theorien«: die Rationalitätsfiguren des Politischen, die Diskurse, in denen politische Institutionen rational beschrieben und gewichtet werden.

»Mein Einwand gegen die ganze Sociologie in England

und Frankreich bleibt, daß sie nur die *Verfalls-Gebilde* der Societät aus der Erfahrung kennt und vollkommen unschuldig die eigenen Verfalls-Instinkte als *Norm* des sociologischen Werthurteils nimmt. Das niedergehende Leben, die Abnahme aller organisirenden, das heisst trennenden Klüfte aufreissenden, unter- und überordnenden Kraft formulirt sich in der Sociologie von heute zum *Ideal* … Unsere Socialisten sind décadents, aber auch Herr Herbert Spencer ist ein décadent, – er sieht im Sieg des Altruismus etwas Wünschenswerthes!« (ibd.).

Ein typisches Beispiel auch für Nietzsches Argumentationsstrategie: Behauptung von undurchschauter Gebundenheit normativ-rationaler (sozial-) wissenschaftlicher Diskurse. Ziel ist die Beanspruchung von Wertthesen für die eigene Perspektive. Die soziologische Rationalität rechtfertigt, von ihr selbst nicht durchschaut, bloß das schwache, niedergegangene Leben. Die Antithese dazu hat deshalb den Vorzug der redlichen Offenheit; sie verkündigt das Ideal der Stärke, der leibgewordenen Vernunft und das der naturbestimmten, ursprünglich-unaufhebbaren Verhältnisse der Rasse. Gobineaus Axiom von der von keinem »Schlangenzahn« der Demagogie widerlegbaren Beweise der rassischen Menschenverschiedenheiten (Gobineau 1939, Bd. I, S. 287) kehrt bei Nietzsche wieder. Es geht um einen »Naturalismus« in der Ethik und Politik (Götzen-Dämmerung, Moral als Widernatur, Nr. 4), der die normative Herrschaft der nihilistischen Vernunft beendet. Nietzsches Vorschlag für eine Kastenordnung (»Der Antichrist«, Nr. 57) wird entsprechend so konzipiert, daß eine *»Natur-Ordnung«* existiert, »über die keine ›moderne Idee‹ Gewalt hat«. Nietzsches Teilung der neuen Menschenvernunft in leibgewordene/nihilistische Vernunft mündet hier in eine Bestätigung seiner politischen Rassenontologie. Die Beweisführung scheint sich zu schließen. Aber auch das bleibt nur ein Zwischenergebnis wie beispielsweise zuvor Nietzsches protofaschistischer Emanzipationsbegriff. Es kommt immer noch darauf an, den gesamten Hintergrund der politischen Züge der Vernunftkritik auszuleuchten.

Der Staat nach dem Tode des moralischen Gottes ist die Institution der »Überflüssigen«, der »Viel-zu-Vielen«; Staat bedeutet die Praxis der nihilistischen Vernunft. So wie Nietzsche in »Der Antichrist« (Nr. 7) das Mitleiden als »die *Praxis* des Nihilismus« bezeichnet, so entwirft er im Zarathustra-Kapitel »Vom neuen Götzen« ein Staatstableau des praktizierten Nihilismus. Staatsvolk und Staatsmacht sind im Makrosubjekt des nihilistischen Staates beide »Schlamm«: »Hin zum Throne wollen sie Alle – ihr Wahnsinn ist es, – als ob das Glück auf dem Throne sässe! Oft sitzt der Schlamm auf dem Thron – und oft auch der Thron auf dem Schlamme.« Das »Volk« dagegen würde eine natürliche Herrschaftsordnung wollen. Das »Volk« nämlich war in anderer Zeit Schöpfung von Politästheten: »Schaffende waren es, die schufen die Völker und hängten einen Glauben und eine Liebe über sie hin: also dienten sie dem Leben. [...] Wo es noch Volk giebt, da versteht es den Staat nicht und hasst ihn als bösen Blick an Sitten und Rechten.«

Das »Volk« ist Material und Schöpfung in den Händen der Künstler-Staatsmänner. Diese vom Faschismus fortgesetzte Politästhetik im Kapitel »Vom neuen Götzen« tritt jedoch zurück hinter die *Alternative* zum politischen Großsubjekt der nihilistischen Vernünftigkeit: den apolitischen Ausstieg aus dem heutigen Staat, ja den Ausstieg aus dem status civilis:

»Frei steht grossen Seelen auch jetzt noch die Erde. Leer sind noch viele Sitze für Einsame und Zweisame, um die der Geruch stiller Meere weht.

Frei steht auch grossen Seelen ein freies Leben. Wahrlich, wer wenig besitzt, wird um so weniger besessen: gelobt sei die kleine Armuth!

Dort, wo der Staat aufhört, da beginnt erst der Mensch, der nicht überflüssig ist: da beginnt das Lied des Nothwendigen, die einmalige und unersetzliche Weise.«

Da ist er wieder, der Nietzsche der sanften Stimme, des friedfertigen Rufers, des tiefsten Pazifismus der Gesinnung. Der schon erwähnte Naturwissenschaftler Josef Paneth, der 1884 Nietzsche als »Gefühlsmenschen« erlebte, berichtet: »Auch sprach er von seinem Projekt, einen Kreis von angenehmen Menschen zu sammeln, verschiedenen Berufsklassen angehörig und mit diesen an einem Meeresufer ein ruhiges Dasein zu führen oder auf einer Insel« (Krit. Gesamtausg. VII, 4/2, S. 17). Die Alternative zur allgemeinen Politisierung als Aktivität der nihilistischen Vernünftigkeit ist offenbar nicht nur als idyllischer Trug oder als trügerisches Idyll gemeint gewesen. Nietzsche scheint keineswegs eine dichterische Version favorisiert zu haben, wie er sie im 19. Jahrhundert bei Charles Baudelaire (»L'invitation au voyage«) hat finden können:

> Mon enfant, ma soeur,
> Songe à la douceur
> D'aller là-bas vivre ensemble!
> Aimer à loisir,
> Aimer et mourir
> Au pays qui te ressemble![46]

Nietzsche ging es offenbar um eine *Alternative*, um einen realisierbaren Ausstieg aus dem zu Verfallsgebilden entarteten status civilis überhaupt. Jene von Nietzsche geschätzte Philosophie der Freundschaft, des Gartens von Epikur klingt an, eine Praktik des »Lebe im Verborgenen!«. Weisheit wäre danach: keine Teilnahme an der Politik, kein Tyrann werden, aber auch kein Zyniker und kein Bettler (vgl. Diogenes Laertios X, Nr. 119). Es war um Autárkeia zu tun, um Selbstgenügsamkeit. Garten und Freunde statt Forum und Feinde. »Der Selbstgenügsamkeit größte Frucht ist: die Freiheit« (Epikur, Reclam-Ausgabe, 1985, S. 96, Nr. 77).

Handelt es sich tatsächlich um eine apolitische, ganz und gar politikabgewandte Fluchtbewegung ins Private bei Nietzsche? Um einen unpolitisch-moralistischen Dauertourismus wie ihn der unstete Nietzsche zwischen Genua, Nizza, Sils-Maria, Leipzig usw. jährlich praktizierte? Am Ende des ersten Zarathustra-Teiles wird bemerkt:

»Wacht und horcht ihr Einsamen! Von der Zukunft kommen Winde mit heimlichem Flügelschlagen; und an feine Ohren ergeht gute Botschaft. Ihr Einsamen von heute, ihr Ausscheidenden, ihr selbst sollt einst ein Volk sein: aus euch, die ihr euch selber auswähltet, soll einst ein auserwähltes Volk erwachsen: – und aus ihm der Übermensch« (Von der schenkenden Tugend 2). Bestätigt wird zunächst, daß die Einsamen von heute, die apolitischen Exilsucher oder Dauertouristen an fremden Stränden, auf einsamen Inseln die »Aussteigenden« sind, Aussteiger aus dem dekadent gewordenen status civilis. Sie exilieren sich vor der nihilistisch gewordenen Rationalität, die einen allmächtigen Staat an die Stelle der göttlichen Weltregierung setzte. »Nicht nur die Vernunft von Jahrtausenden – auch ihr Wahnsinn bricht an uns aus. Gefährlich ist es, Erbe zu sein« (ibd.). Die Gefahr des Vernunfterbes ist die Ansteckungsgefahr beim Nihilismus: »Die Gefahr der Gefahren: Alles hat keinen Sinn« (VIII, 1, S. 108, Nr. 2 [100]). Die alteuropäische Menschenvernunft hat sich in zwei Formen transformiert, und es kommt Nietzsche alles darauf an, daß beide voneinander so getrennt bleiben, daß die nihilistische Vernunft nicht die wenigen Repräsentanten leibgewordener Vernunft ansteckt. Daher die Formel »Pathos der Distanz«.

Die Neinsager zur Politikpraxis der nihilistischen Vernunft, die Aussteiger von heute, erweisen sich im Licht der angeführten Stelle aus dem Kapitel »Von der schenkenden Tugend« nicht als unpolitische Dauertouristen. Ihr Nein gilt nur der Politik von heute: Sie werden belohnt werden mit einer anderen Politik. Aus der Zukunft erreicht sie die frohe Botschaft: ein *Volk* sollt ihr sein, ein *auserwähltes* Volk. Die alttestamentarische Verheißung Israels als des auserwählten Volkes verändert sich nach dem Tode des »Monotonotheismus« in eine Verheißung von »Volk« (statt Staat) und von »Übermensch« (statt Mensch). Der unpolitische Ausstieg aus der nihilistischen politischen Rationalität von heute entpuppt sich als politischer *Attentismus* auf eine überpolitische Eschatologie.

Für die nihilistischen Rationalisten »kommt nun der Tag, die Wandlung, das Richtschwert« (Von den drei Bösen, Nr. 2).

Der 1876 geborene *Moeller von den Bruck*, als deutscher Nationalist Nietzsche nicht vergleichbar, schrieb vor dessen Anbruch das Buch »Das dritte Reich«: »Der deutsche Nationalismus ist Streiter für das Endreich. Es ist immer verheißen. Und es wird niemals erfüllt. Es ist das Vollkommene, das nur im Unvollkommenen erfüllt wird. [...] Der deutsche Nationalist ist gefeit gegen Ideologie um der Ideologie willen [...] und wir können hinzusetzen [...], daß er zugleich für alles kämpft, was von Deutschland aus europäische Reichweite hat« (Moeller van den Bruck 1931, S. 320 f.). Von Nietzsche aus geurteilt, denkt Moeller van den Bruck noch unrein. Er bleibt noch dem Politischen von heute verhaftet, er hat nicht die Notwendigkeit der aseptischen Polithygiene gedacht, welche die leibgewordene von der nihilistischen Rationalität trennen soll. Sein Ziel bleibt deshalb vergleichsweise bescheiden: ein deutsches, europabezogenes »Endreich«. Nietzsches überpolitische Verheißungen liegen politisch höher.

Der letzte Mensch: Totalitarismus der nihilistischen Vernunft

Die Alternative zum nihilistischen Staat ist nur langfristig politisch. Die apolitischen Aussteiger von heute sollen also das zur überpolitischen Politik von morgen auserwählte Volk werden. Hier und jetzt bleibt ihr Verhalten ein politikabgewandtes Neinsagen: »das, was sie singen, ›gleiche Rechte‹, ›freie Gesellschaft‹, ›keine Herren mehr und keine Knechte‹, das lockt uns nicht! – wir halten es schlechterdings nicht für wünschenswerth, dass das Reich der Gerechtigkeit und Eintracht auf Erden gegründet werde [...] wir ziehen es bei weitem vor, auf Bergen zu leben, abseits, ›unzeitgemäss‹, in vergangenen oder kommenden Jahrhunderten, nur damit wir uns die stille Wuth ersparen, zu der wir uns verurtheilt wüssten als Augenzeugen einer Politik, die den deutschen Geist öde macht, und *kleine* Politik ausserdem ist« (Die fröhliche Wissenschaft, Nr. 377).

Auf die Berge will ich steigen.
Wo die frommen Hütten stehen,
Wo die Brust sich frei erschließet,
Und die freien Lüfte wehen.
[...]
Lebet wohl, ihr glatten Säle!
Glatte Herren, glatte Frauen!
Auf die Berge will ich steigen,
Lachend auf euch niederschauen.

Nietzsche fand zwar nie diesen Ton und Rhythmus des von ihm geliebten Heinrich Heine (Die Harzreise, 1824), aber des Dichters Verse sprechen zugleich etwas aus, was Nietzsche auch wollte: eigenes, politikabgewandtes Distanzleben mit politisch (über-)sensiblem Bewußtsein.

Mit der Verheißung der Volkwerdung der Einsamen von heute und der Entstehung des »Übermenschlichen« aus dem künftigen Volk hat Nietzsche vom Staat der Gegenwart zur Zukunft gewechselt. Aber die Gegenwart wirft offenbar auch ihre Schatten in die Zukunft voraus. Auch die nihilistische Vernunft hat ihre Zukunft. Nietzsche hat darüber nur an einer Stelle zusammenhängend gesprochen. Es handelt sich um die berühmte Vision von den »Letzten Menschen«:

»Wehe! Es kommt die Zeit des verächtlichsten Menschen, der sich selber nicht mehr verachten kann.

Seht! Ich zeige euch den letzten Menschen.

›Was ist Liebe? Was ist Schöpfung? Was ist Sehnsucht? Was ist Stern?‹ – so fragt der letzte Mensch und blinzelt.

Die Erde ist dann klein geworden, und auf ihr hüpft der letzte Mensch, der Alles klein macht. Sein Geschlecht ist unaustilgbar, wie der Erdfloh; der letzte Mensch lebt am längsten.

›Wir haben das Glück erfunden‹ – sagen die letzten Menschen und blinzeln.

Sie haben die Gegenden verlassen, wo es hart war zu leben: denn man braucht Wärme. Man liebt noch den Nachbar und reibt sich an ihm: denn man braucht Wärme.

Krankwerden und Misstrauen-haben gilt ihnen sündhaft: man geht achtsam einher. Ein Thor, der noch über Steine oder Menschen stolpert!

Ein wenig Gift ab und zu: das macht angenehme Träume. Und viel Gift zuletzt, zu einem angenehmen Sterben.

Man arbeitet noch, denn Arbeit ist eine Unterhaltung. Aber man sorgt, dass die Unterhaltung nicht angreife.

Man wird nicht mehr arm und reich: Beides ist zu beschwerlich. Wer will noch regieren? Wer noch gehorchen? Beides ist zu beschwerlich.

Kein Hirt und Eine Heerde! Jeder will das Gleiche, Jeder ist gleich: wer anders fühlt, geht freiwillig in's Irrenhaus.

›Ehemals war alle Welt irre‹ – sagen die Feinsten und blinzeln.

Man ist klug und weiss Alles, was geschehn ist: so hat man kein Ende zu spotten. Man zankt sich noch, aber man versöhnt sich bald – sonst verdirbt es den Magen.

Man hat sein Lüstchen für den Tag und sein Lüstchen für die Nacht: aber man ehrt die Gesundheit.

›Wir haben das Glück erfunden‹ – sagen die letzten Menschen und blinzeln. –

Und hier endete die erste Rede Zarathustra's, welche man auch ›die Vorrede‹ heisst: denn an dieser Stelle unterbrach ihn das Geschrei und die Lust der Menge. ›Gieb uns diesen letzten Menschen, oh Zarathustra, – so riefen sie – mache uns zu diesen letzten Menschen! So schenken wir dir den Übermenschen!‹ Und alles Volk jubelte und schnalzte mit der Zunge.«

(Also sprach Zarathustra I, Vorrede, Nr. 5).

Die Pointe der Darstellung: der »Letzte Mensch« ist nicht nur zukünftig, sondern er bildet das Ideal der Massen von heute. Die Massen jubeln dem von Zarathustra als Schreckbild des verödeten Lebens gezeichneten Typus zu. Entsprechend heißt es im 4. Teil des Zarathustra-Buches: »Der Pöbel blinzelt ›wir sind Alle gleich.‹ ›Ihr höheren Menschen, – so blinzelt der Pöbel – es giebt keine höheren Menschen, wir sind Alle gleich, Mensch ist Mensch, vor Gott – sind wir Alle gleich!« (Vom höheren Menschen, Nr. 1). Der Pöbel, der den letzten Menschen als Ideal begrüßt, teilt mit ihm das Verb: beide »blinzeln«. Beide Texte vom »Pöbel« bzw. vom »letzten Menschen« gruppieren sich um dieses Verb. Nietzsche hat es vielleicht einem Aphorismus *Goethes* aus dessen »Maximen und Reflexionen« entlehnt, die er genauer Lektüre unterzog, wie vielfach belegt ist. Goethe schrieb: »Das Wahre ist eine Fackel, aber eine ungeheure; deshalb suchen wir alle nur blinzelnd so daran vorbei zu kommen, in Furcht sogar, uns zu verbrennen« (Maximen und Reflexionen von 1824, Nr. 236). Nietzsche verwendet vermutlich eine weitere, unmittelbar politische Quelle für seinen »letzten Menschen«, nämlich *Alexis de Tocquevilles* Schrift »Über die Demokratie in Amerika« (1835–40). Nietzsches Letzte-Menschen-Passage könnte auch als eine Kreuzung von Goethes Kritik am Meiden der Wahrheit mit Tocquevilles Diagnose der demokratischen Gleichheitsbesessenheit gelesen werden: »Da hier niemand von seinesgleichen abweicht, kann niemand eine tyrannische Macht ausüben; die Menschen werden vollkommen frei sein, weil sie vollständig gleich sein werden [...] Die Vorteile der Gleichheit zeigen sich schon in der Gegenwart [...] Die Gleichheit verschafft täglich jedem Menschen eine Vielzahl kleiner Genüsse. Die Reize der Gleichheit werden in jedem Augenblick empfunden und sind für alle erschwinglich; die edelsten Gemüter sind nicht unempfindlich für sie, und die gewöhnlichsten Seelen schwelgen darin [...] die demokratischen Völker haben für die Gleichheit eine glühende Leidenschaft [...] sie werden die Aristokratie nicht ertragen.«[47]

Nietzsches Letzte-Menschen-Version teilt mit Tocqueville:

- das Ende des Tyrannen oder »Hirten«
- die unmittelbaren Genüsse der materialen Gleichheit
- die Ansteckung auch der »edlen Herzen« oder der »Feinsten« mit Gleichheit
- die Ausschließung von Aristokratie

Das »Wahre«, woran die letzten Menschen sich – in Goethes Sinn – »blinzelnd« vorbeilügen, ist Nietzsches Satz: »die Menschen sind nicht gleich« (Zarathustra, Von den Taranteln).

Aber Nietzsche kombiniert nicht nur Bilder und Analysen anderer. Was er mit den »letzten Menschen« zeichnet, ist die politische Letztgestalt der nihilistischen Rationalität. Die rein normative Forderung der Nihilisten ist nun nicht mehr nur Forderung, sondern Realität. Die Universalität der Moralität Kants oder die »Praxis des Nihilismus«, die Mitleidsethik Schopenhauers, sind maximal realisiert. Ein Zustand materialer Gleichheit aller mit allen ist erreicht. Die Angabe der Norm, einander als gleich zu achten, ist ebenso schon identisch mit einer Beschreibung der tatsächlichen Gleichheit: »Jeder will das Gleiche, Jeder ist gleich.« Die Abweichung von dieser Gleichheit bedeutet eine Selbst-Psychiatrisierung: »wer anders fühlt, geht freiwillig in's Irrenhaus.« Die einstige ›Gleichheit vor Gott‹ hat sich in ›Gleichheit vor dem Pöbel‹ verwandelt (Vom höheren Menschen, Nr. 1). Die Herrschaft der metaphysisch-theologischen Priester mit Hilfe der Annahme moralisch-göttlicher Weltregierung ist zur totalitären Herrschaft des Herrschaftsverzichts geworden. »Wer will noch regieren? Wer noch gehorchen? Beides ist zu beschwerlich.«

Der letzte Mensch: Das ist Nietzsches Ergänzung der rein *normativen* nihilistischen Rationalität durch *dispositionale* Rationalität. Die Norm der Gleichachtung ist zur Verhaltensdisposition geworden, die nun totalitär praktiziert wird. Der abgeschaffte politische Herrschaftszusammenhang wird ersetzt durch einen Totalitarismus materieller Gleichheit, der sub-politisch und supra-politisch in einem ist. Die »Heerde« der letzten Menschen hat sich *noch nicht* zu einem politischen Verband strukturiert, mit Organen der gemeinsamen Willensbildung, mit einer Festlegung des Staatsgebietes. Der letzte Mensch lebt überall, die Erde ist sein ubiquitäres Wohngebiet. Die subpolitische Existenz der ubiquitären ›Erdflöhe‹ sorgt indessen für sein ebenso supra-politisches Dasein: Herrschen ist zu beschwerlich. Es gibt niemanden mehr, der herrschen wollte. Politik ist *nicht mehr* erforderlich. Die alteuropäische Moralität, die stets Moral, Pflicht und Glückseligkeit in Verbindung brachte – und sich darin allerdings nicht einig wurde zwischen Glück als Tugend, Glück als Bedingung der Tugend und Tugend als Bedingung des Glücks – ist nun über alle Hoffnungen hinaus erfüllt: das »Glück« ist »erfunden«. Blinzelnd wiederholen die letzten Menschen ihren Satz »Wir haben das Glück erfunden«. Für Nietzsche zeigt das »Blinzeln« (im Rückgriff auf Goethe) indessen nur die Verstellung im Angesicht der Wahrheit an, daß die Menschen nicht gleich sind.

Der »letzte Mensch« ist ein politischer Kampfbegriff Nietzsches, der die Politik des radikal Apolitischen demonstrieren soll. Er wird daher unterschätzt, wenn er nur als Desillusionierung über wissenschaftlich-technische Glücksstiftung (Max Weber) oder als Zeichen der Bodenlosigkeit der neuzeitlichen Metaphysik (M. Heidegger) zu werten wäre.[48] Wolfgang Harich (1987, S. 1042) versteht Nietzsches Bild der letzten Menschen zwar politisch, begeht aber den Fehler, Nietzsches Zerrbild als Wunschbild zu zeichnen:

»Mit den ›letzten Menschen‹ möchte Nietzsche all das verächtlich machen, was eine demokratische und sozialistische Gesellschaft dem Einzelnen an zwischenmenschlichem Wohlwollen, an Geborgenheit, Sicherheit, Zufriedenheit und Glück zu bieten verheißt. [...] Ja, wir brauchen Wärme und sorgen für sie; ja, wir streben danach, daß niemand mehr hart, gar gefährlich zu leben braucht, und auch gegen das ›Lüstchen für den Tag‹ und ›das Lüstchen für die Nacht‹ sowie gegen die Ehrung der Gesundheit haben wir nicht das mindeste einzuwenden.«

Harich erhebt damit den in der DDR verbotenen Nietzsche zum Propheten der sozialistischen Gesellschaft: zieht man die unheilvollen Töne bei Nietzsche ab, so erhält man eine Beschreibung des sozialistischen Vor-Paradieses. Noch ein Schritt, und Harich wird Nietzscheaner.

Denn erkannt hat der böse Friedrich ja das innigste sozialistische Glück und Glücksgeheimnis.

Die letzten Menschen, die Einswerdung von normativer und dispositionaler Rationalität, diese Tilgung des »ich« zugunsten eines »man« (dreizehnmal erscheint in dem Passus von 40 Zeilen ein »man«) oder zum »wir« wird von Nietzsche als politisch-apolitische Letztgestalt der nihilistischen Vernünftigkeit dargeboten. Die nihilistische Vernunft hat somit für Nietzsche zwei politische Formen: den Staat der Gegenwart und seine Auflösung in den über- und unterpolitischen Totalitarismus der materialen Gleichheit aller. Beide Formen bilden gleichsam ein Dilemma, d. h. etwas, das beides nicht wünschenswert ist. Der Staat von heute als etwas nicht Wünschenswertes löst sich auf, aber am Ende dieser Auflösung steht nur das Heraufkommen der letzten Menschen. Der Gesellschaftszustand des Letztmenschentums steht in der Zweideutigkeit, nicht politisch und doch politisch zu sein. Als herrschaftsloser Verband bilden die letzten Erdbewohner ein politikfreies Gebilde. Als material gleiche Atome sind diese Menschen innerlich jedoch gänzlich politisiert – bis hin zur Selbstpsychiatrisierung, d. h. zum freiwilligen Exil ins Irrenhaus in dem Fall, wo man sich verdächtigt, der Gleichheit nicht ganz zu entsprechen. Nietzsche beabsichtigt diese Dilemmata. Er will in den Bildern vom Staatsungeheuer und von den Erdfloh-Letztmenschen zeigen, daß die politischen Wünschbarkeiten von Demokratie, Liberalismus, Gleichberechtigung, Sozialismus etwas darstellen, was nicht wünschbar ist oder was sich als Gegenteil des Wünschbaren trotz gegenteiligen Anscheins erweist.

Ausrottungsphantasien, Kastenstaat, übermenschlicher Machiavellismus

Bisher wurde ersichtlich, daß sich Nietzsches Kritik an der alteuropäischen Vernunft auf eine Umformung der Menschenvernunft zubewegt, deren auseinandergehende Gestalten Nietzsche auch politisch deutlich voneinander getrennt hält: »Pathos der Distanz« statt normalpolitischer Forderungen nach Rechtsgleichheit, demokratischen Institutionen usw. Die politisch-apolitischen, im Urteil Nietzsches nicht wünschbaren Konsequenzen der nihilistischen Vernunft wurden dargestellt. Es kommt jetzt noch auf eine Beschreibung der politischen Folgerungen aus der nicht nihilistischen, *leibgewordenen* Vernunft an. Eine erste Handlungsweise in dieser Richtung wurde schon bezeichnet: es war der Ausstieg der ›großen Seelen‹ aus dem Staat von heute und ihr Warten auf das Volk von morgen. Nietzsches Bestimmungen der Politik einer leibgewordenen Vernunft, ähnlich wie seine Umformungen der Vernunft, sind im ganzen vielfältig und unübersichtlich. Eine Tabelle mag die Verständigung erleichtern.

Begonnen sei mit der Erläuterung des vierten Dilemmas, d. h. des Weges der »Vernichtung«. Es gibt immerhin mehrere Stellen, an denen Nietzsche sich für eine »Vernichtung«, eine physische Liquidierung derer ausspricht, die *nicht* die Disposition der leibgewordenen Vernunft aufweisen. Die Bezeichnungen desjenigen Lebens, das diesem Kriterium genügt, schwanken: es sind das Entartete, Parasitäre, ja die Massen überhaupt, die verfallenden Rassen, die Mißratenen. Die Argumentation entspricht in der Regel dem, was oben »Todeshilfe« genannt wurde, und zwar nach dem Muster von »Der Antichrist«, Nr. 2: »Die Schwachen und Mißrathnen sollen zugrundegehn [...] Und man soll ihnen noch dazu helfen.«

Die Stellen über die totale Vernichtung des Menschenlebens, das nicht leibgewordene Vernunft darstellt, werden in der zeitgenössischen Nietzsche-Literatur nicht gern

Übersicht über die politischen Formen der Menschenvernunft nach der Verabschiedung einer Weltvernunft:

Formen der Menschenvernunft nach der Verabschiedung einer Weltvernunft	Formen des Apolitischen/des Politischen	
	Apolitisches	Politisches
Nihilistische Vernunft	1. Dilemma: Letzte Menschen – zugleich politisch: Totalitäre Herrschaft der Herrschaftslosigkeit	2. Dilemma: Der Staat von heute als Ersatzform göttlicher Weltregierung – aber mit Tendenz zur Selbstauflösung
Leibgewordene Vernunft	3. Dilemma: Ausstieg aus dem Staat von heute – politisch als Attentismus auf Volk und Übermensch 4. Dilemma: Vernichtung des ›niedergehenden‹ Lebens – politisch, weil nur auf politischem Wege realisierbar	5. Dilemma: a) Stände-/Kasten-/Rassenstaat b) Machiavellismus beides apolitisch, sofern übermenschlich-transzendent

erwähnt. Nennen wir also die Namen, die Nietzsche nicht scheute. *Vernichtung der Massen*: »die Menschheit als Masse dem Gedeihen einer einzelnen *stärkeren* Species Mensch geopfert – das *wäre* ein Fortschritt« (Zur Genealogie der Moral II, Nr. 12). *Vernichtung von Entartendem und Parasitischem*: »die grösste aller Aufgaben, die Höherzüchtung der Menschheit« schließt »die schonungslose Vernichtung alles Entartenden und Parasitischen« ein (Ecce homo, Die Geburt der Tragödie, Nr. 4). *Rassenvernichtung*: »Es bedarf einer Lehre, stark genug, um *züchtend* zu wirken: stärkend für die Starken, lähmend und zerbrechend für die Weltmüden. Die Vernichtung verfallender Rassen« (Frühjahr 1884, VII, 2, S. 65, Nr. 25 [211]). *Millionenweise Vernichtung von Mißratenen*: »jene ungeheure Energie *der Größe* zu gewinnen, um, durch Züchtung und anderseits durch Vernichtung von Millionen Mißrathener, den zukünftigen Menschen zu gestalten und *nicht zu Grunde* zu gehen an dem Leid, das man *schafft*, und dessen Gleichen noch nie da war!« (VII, 2, S. 94, Nr. 25 [235]).

Nietzsche abstrahiert bei seinen Äußerungen dieser Art von etwas, was uns, aber wohl nicht ihm, selbstverständlich erscheinen muß: politische Rahmenbedingungen zur Organisation und Durchführung der Menschenvernichtungen. Heinrich Himmlers Äußerung, die deutsche Öffentlichkeit sei für ein Verständnis der rassischen Ausrottungsmaßnahmen noch nicht reif, und die SS habe diesbezüglich ein Geheimnis bis ins Grab zu wahren (vgl. Fest 1974, S. 1039), beweist deshalb, wie verschieden der Denker des späten 19. Jahrhunderts von den Tätern des 20. Jahrhunderts war! Nimmt man des Nietzscheaners *E. M. Ciorans* Aperçu hinzu, daß das 21. Jahrhundert »Hitler und Stalin als Chorknaben betrachten werde«[49], so erscheinen Nietzsches Vernichtungsvisionen umfassender als die Aktionen des ablaufenden Säkulums.

Sofern die Vernichtungsforderung zugunsten der apolitischen Vernunft apolitisch konzipiert ist, würde in der Tat ein Dilemma programmiert: die Vernichtung bleibt nicht realisierbar. Bestehen dagegen politische Rahmenbedingungen, so wäre die Vernichtung kein Ziel. Denn der bestehende Staat ist demokratieorientiert. Eine Lösung, wie Nietzsche sie wahrzunehmen glaubte, umschreibt Nr. 242 von »Jenseits von Gut und Böse«: Der ›Fortschritt‹ wird sich selber zur Herausbildung der Starken entwickeln. Das ist eine Argumentationsfigur, auf die wir bereits gestoßen sind. Nietzsche nimmt eine Dynamisierung der Rassenstatik Gobineaus vor bzw. eine umfassende gattungsmäßige Emanzipation, die am Ende nur in einen politischen Kastenstaat aufgehoben werden kann. Es vollzieht sich, so Nietzsche in der bezeichneten Nr. 242,

»ein ungeheurer *physiologischer* Prozess [...], der Prozess einer Anähnlichung der Europäer [...] dieser Prozess läuft wahrscheinlich auf Resultate hinaus, auf welche seine naiven Beförderer und Lobredner, die Apostel der ›modernen Ideen‹ am wenigsten rechnen möchten. Die selber neuen Bedingungen, unter denen im Durchschnitt eine Ausgleichung und Vermittelmässigung des Menschen sich herausbilden wird – ein nützliches, arbeitsames, vielfach brauchbares und anstelliges Heerdenthier Mensch –, sind im höchsten Grade dazu angethan, Ausnahme-Menschen der gefährlichsten und anziehenden Qualität den Ursprung zu geben. [...] während der Gesammt-Eindruck solcher Europäer wahrscheinlich der von vielfachen geschwätzigen willensarmen und äusserst anstellbaren Arbeitern sein wird, die des Herrn, des Befehlenden *bedürfen* wie des täglichen Brotes; während also die Demokratisirung Europa's auf die Erzeugung eines zur *Sklaverei* im feinsten Sinne vorbereiteten Typus hinausläuft: wird, im Einzel- und Ausnahmefall, der *starke* Mensch stärker und reicher gerathen müssen, als er vielleicht jemals bisher gerathen ist [...] Ich wollte sagen: die Demokratisirung Europa's ist zugleich eine unfreiwillige Veranstaltung zur Züchtung von *Tyrannen*, – das Wort in jedem Sinn verstanden, auch im geistigsten.«

Der Passus bestätigt die oben bezeichneten Zusammenhänge: Neben der Dynamisierung der Rassenstatik Gobineaus als Bedingung der Herrenrasse findet sich die Aufhebung der Emanzipation der Menschengattung in einer politischen Rangordnung. Die Textstelle läßt darüber hinaus etwas deutlich werden, was gerne von denen, die Nietzsche vom Faschismusverdacht freihalten wollen, angeführt wird: Nietzsche, der Europäer, d. h. der Feind von Nationalstaatlichkeit. Was für ein Europäer ist Nietzsche? Welches politische Europäertum vertritt er? Die Antwort liefert er selber mehrfach: es geht – von gewissen Äußerungen des Frühwerks im Kontext seines Pazifismus abgesehen[50] – nicht um ein Europa des Geistes, der gemeinsamen Bildung, nicht um ein Europa gemeinsamer demokratischer Überzeugungen, sondern um ein demokratisch werdendes Europa als politisches Großinstrument für die Entstehung »einer neuen über Europa herrschenden Kaste« (Jenseits von Gut und Böse, Nr. 251). Und die

Faschisten? Ihnen ging es ebenfalls um Europa, letztlich um die Weltherrschaft: »Der Imperialismus ist das ewige und unwandelbare Gesetz des Lebens. Er ist im Grunde nichts als das Bedürfnis, der Wunsch und der Wille zu Expansion (la volontà di espansione), den jedes Individuum, den jedes lebende, vitale Volk in sich hat« (Mussolini 1919, zit. nach Montemaggiori 1934, S. 413).

Nietzsche forderte nicht nur eine politisch-überpolitische Kastenordnung für Europa, sondern er sprach auch die nationalen Potenzen dazu an. *Italien* erhält dabei viel Lob: Machiavelli als Theoretiker und Cesare Borgia als Praktiker neben Leonardo da Vinci (Jenseits von Gut und Böse, Nr. 200) oder Leopardi als Künstler (Die fröhliche Wissenschaft, Nr. 92). *Deutschland* gilt eine Bemerkung – F. Glum (1954) hat dies richtig gesehen –, die das Spektrum der Rechten (Wilhelm II., Moeller van den Bruck, Spengler, Ernst Jünger und die Nationalsozialisten) im Inneren einigen konnte: »Die Deutschen *sind* noch nichts, aber sie *werden* etwas [...] wir Deutschen *wollen* Etwas von uns [...] wir wollen Etwas mehr! Daß diesem ›Deutschen was wird und noch nicht ist‹ – etwas Besseres zukommt als die heutige deutsche ›Bildung‹, daß alle ›Werdenden‹ ergrimmt sein müssen, wo sie eine Zufriedenheit auf diesem Bereiche, ein dreistes ›Sich-zur-Ruhe-setzen‹ [...] wahrnehme« (Juni/Juli 1885, VII, 3, S. 296, Nr. 36 [53]).

Was der zitierte Passus von »Jenseits von Gut und Böse« nicht bietet, ist eine Lösung des vierten Dilemmas, wonach die Vernichtung minderwertigen Lebens politische Rahmenbedingungen zu seiner Realisierung voraussetzt. Die bestehenden, von Nietzsche beobachteten Rahmenbedingungen sind tendenziell demokratisch im weitesten Sinn und schließen als solche Massenvernichtungen aus.

Nietzsche-Apologeten möchten hier einwenden, daß gerade das vierte Dilemma zeige, daß Nietzsches Forderungen nach Massenvernichtungen nicht zu verwirklichen seien und daß sie *deshalb* von Nietzsche selber auch nur als irreale Forderungen eingebracht wurden. Daß die

Nationalsozialisten das Irreale real werden ließen, sei ihre, nicht Nietzsches Schuld.

In einer derartigen, nicht untypischen Argumentation stimmt zweierlei nicht:

1. Die Textwahrnehmung Nietzsches. Nietzsche nämlich spricht ohne Einschränkung an den zitierten Stellen von Massenvernichtungen im Dienst der Höherzüchtung. Massenliquidationen werden gefordert, Kriege vorhergesagt. Die Kriege werden das bisher Bekannte überschreiten, die Massenvernichtungen sollen es. Nirgendwo tauchen Signale auf, die diese Äußerungen als irreal gefärbt erkennen lassen.

2. Die *Schuldfrage* im Sinn einer juristisch beschreibbaren Mittäterschaft Nietzsches an faschistischen Aktionen ist wegen der Distanz von 50 bis 60 Jahren zwischen Nietzsche und dem Faschismus obsolet. Sie kann vorab geschenkt werden. Nietzsche haftet nicht für den Faschismus. Schuld und Haftung sind unmöglich, und unentscheidbar bleibt schließlich der irreale Fall: Wenn Nietzsche, Mussolini und Hitler Zeitgenossen gewesen wären, dann ... Die juristisch unmögliche Haftung Nietzsches für die faschistische Politik und die Unentscheidbarkeit über Konsequenzen einer irrealen Zeitgenossenschaft Nietzsches, Mussolinis und Hitlers bilden – wie zu wiederholen sinnvoll ist – Voraussetzungen für einen erforderlichen Vergleich zwischen Nietzsches politischer Philosophie und den Doktrinen und Handlungsweisen des Faschismus.

Nun zum fünften Dilemma, d. h. den Problemen der *politischen* Gestalten der leibgewordenen Vernunft. Davon war, unter anderem Titel, schon im ersten Teil die Rede: es geht Nietzsche um Wenigenherrschaft mit dem aus Platon oder Aristoteles gewonnenen Motiv der Verbindung eines Machtstaates mit einem Staat der Vollkommenheit des Lebens. Diese politischen Intentionen entsprechen, wie jetzt deutlich wird, der leibgewordenen Vernunft, sofern diese die mit nihilistisch gewordener Vernunft ausgestatteten Massen beherrscht. Wenige sollen über Viele herrschen: eine Aristokratie leibgewordener Vernunft über Menschenmassen mit nihilistischer Rationalität. Die politische Lösung der leibgewordenen Vernunft schließt zugleich einen Verzicht auf Massenvernichtungen ein. Die Massen unterstehen nun einer Herrschaft. Wie aber kann ein Herrschaftsverband aussehen, der beide abweichenden Formen von Menschenvernunft zusammenbringen soll?

Diese Frage ist zweideutig. Sie läßt sich zunächst so verstehen, daß es um Beschreibungen der Staatsformen geht, die zwei Menschentypen in einen Herrschaftszusammenhang bringt. Die Frage kann aber auch im spezielleren Sinn der Problemstellung verstanden werden, in die sich Nietzsche selber manövriert hat: die beiden Vernunfttypen dürfen einander nicht anstecken. Insbesondere dürfen sich die Vertreter der leibgewordenen Vernunft nicht an der nihilistischen Rationalität der Massen anstecken.

Gegenüber diesem letzteren Verständnis bleibt die Frage nach den geeigneten Staatsformen für Nietzsche verhältnismäßig uninteressant. Staatsformen, wie sie etwa in der Antike der Nietzsche bekannte Polybios mit seiner Kreislauftheorie in einen Abfolgezusammenhang brachte, bleiben ja dem normalpolitischen Verständnis noch immer verhaftet. Ob man mit Polybios einen Kreislauf von Verfassungen annimmt, der vom Alleinherrscher zum König, dann zum Tyrannen, zur Aristokratie, zur Oligarchie und schließlich zum Alleinherrscher zurückläuft (Polybios 6, 4), oder ob man andere Wege einer Verfassungsbeschreibung geht: stets bleibt man in den Bahnen politischen Normalverständnisses, das Nietzsche verachtet. Der neuzeitlichen politischen Theorie vom *Gesellschaftsvertrag* setzt er deshalb den *Versuchs*-Charakter des politischen Verbandes entgegen: »Die Menschen-Gesellschaft: die ist ein Versuch, so lehre ich's – ein langes Suchen: sie sucht aber den Befehlenden! – ein Versuch, oh meine Brüder! Und *kein* ›Vertrag‹!« (Also sprach Zarathustra III, Von alten neuen Tafeln, Nr. 25). Es scheint deshalb methodisch wenig angemessen, Nietzsche auf eine besondere Staatsform festzulegen und zu meinen, man habe damit etwas Wesentliches über seine politische Philosophie herausgefunden. Es handelt sich bei Nietzsche nicht um Versuche, Staatsformen zu fixieren, sondern um eine Politik zweier Moralen und Rationalitätsformen. Es sagt daher kaum etwas aus, wenn er auf eine Platonistische Aristokratie (Ottmann 1987), auf Cäsarismus (Breuer 1987) oder auf eine vorbürgerliche Aristokratie (Hofmann 1974) festgelegt werden soll. Das politische Gebilde, das der leibgewordenen Vernunft politische Herrschaft zuspricht, hat für Nietzsche, jenseits der Frage nach der Staatsform, folgende Kennzeichen aufzuweisen:

- Die Repräsentanten der starken Leibvernunft beherrschen die Massen.
- Diese Herrschaft stellt eine Beziehung dar, die jede Art von Berührung zwischen Herrschern und Beherrschten ausschließt.

Diese Kennzeichen tragen, sollen sie vereint in einem politischen Gebilde auftreten, den Keim eines Widerspruchs: Wie nämlich ließe sich verhindern, daß ›Beziehung‹ auch ›Berührung‹ einschließt? Zur Lösung wählte Nietzsche zeitweise einen Fluchtweg. Nicht der Staat Platons, nicht mehr europäische Modelle sind interessant, sondern orientalische, *altorientalische* Politmodelle, insbesondere *altindische* Formen.

Es besteht also eine Öffnung Nietzsches gegenüber orientalischem Denken. Das ist nicht originell und auch nicht sensationell, jedenfalls im 19. Jahrhundert. Goethe und Voltaire, die Nietzsche beide verehrt, waren vorausgegangen. Ferner hatte *Schopenhauers* Erschließung Altindiens und des Buddhismus für die europäische Philosophie Nietzsche im ganzen Zugänge zur altorientalischen Welt vermittelt. »Ich muß *orientalischer* denken lernen über Philosophie und Erkenntniß. *Morgenländischer Überblick über Europa*«, heißt es 1884 (VII, S. 232, Nr. 26 [317]). Nietzsche geht allerdings sehr eklektisch um mit der orientalischen Welt. Die Geduld der genauen Einarbeitung Schopenhauers in die Texte fehlt ihm; er greift sich zufällig, was er eben braucht, und braucht zufällig, was er eben greift. So funktionalisiert er z. B. den altpersischen Religionsstifter Zarathustra zum Widerruf der moralischen Weltordnung. Auch importierte er einen Teil der buddhistischen Lehren: die Buddhisten nehmen »Dharmas« an, d. h. Faktoren des Seins, die allerdings als Eigenschaften ohne Eigentümer, als Vorgänge, Prädikate ohne Subjekte vorgestellt werden. Nietzsche läßt sich davon anregen, und es wird Welt als Geschehen ohne Subjekte daraus, ohne Träger, Welt als Wille-zur-Macht-Bewegungen. Dreimal wird also von Nietzsche Orientalisches importiert: in der Moralkritik die Gestalt des Zarathustra, in der Ontologie der Buddhismus des subjektlosen Geschehens und in der politischen Philosophie schließlich die *altindische Kastenlehre*. Eine Übernahme des Buddhismus in der Politik würde ja auch bedeutet haben: Auflösung der sozialen Kasten.

In einem Brief, den er am 31. Mai 1888 aus Turin an Köselitz schrieb, berichtet Nietzsche, er habe in einer französischen Übersetzung des *Gesetzbuches des Manu* eine »wesentliche Belehrung« gefunden. Die Entstehungszeit dieses altindischen politischen Dokuments, das 1876 in der Übersetzung von Louis Jacolliot in Paris erschien, ist nicht bekannt. Nun hat Nietzsche diese altindische Darstellung der Kastenordnung Manus nicht für die Philosophie entdeckt, denn Schopenhauer weist in seinen Nietzsche bekannten Hauptschriften verstreut, gar mit genauen Seitenangaben, auf das Manu-Gesetzbuch hin.

Um Mißverständnissen vorzubeugen: Nietzsche will keinen reinen Import der altindischen Kastenordnung, sondern er benötigt sie wie eine Halbfertigware. Ihm ist deutlich, daß das Manu-Gesetzbuch »auch immer priesterhaft« bleibt (Brief an Köselitz). Es gilt nicht, die altindische Kastenordnung als rückwärts gewandte Utopie zu beschwören, sondern sie soll mit der dynamischen Rassenontologie Gobineaus zukunftsbestimmend verbunden werden. Das europäische Mittelalter, heißt es im zitierten Brief an Köselitz, wirke wie ein Versuch der Wiedergewinnung der Kastengesellschaft, aber das Mittelalter sei Wertungen verhaftet geblieben, »die ihre Herkunft aus dem Boden der Rassen-décadence haben«. Vom Manu-Kodex spricht er auch als dem »arischen Gesetzbuche reinster Rasse« (VIII, 3, S. 178, Nr. 14 [204]).

Seinen Abriß einer sozialen Kastenordnung in Anlehnung an Manu und das altindische Kastenwesen liefert Nietzsche in Nr. 57 von »Der Antichrist«. Sein Verfahren bildet dabei eine bewußt undeutlich gelassene Mischung aus Beschreibung, Variation und Forderung einer Kastenordnung. Es werden soziale Schichten beschrieben, wie sie einst bestanden und grundsätzlich bestehen sollten. Die »höhere Vernunft« einer Kastenordnung liegt in jener »Naturgesetzlichkeit ersten Ranges, über die keine Willkür, keine ›moderne Idee‹ Gewalt hat«. Damit kehrt Gobineaus Gedanke wieder, wonach Rassenunterschiede und Rassenwertdifferenzierungen vor dem »Schlangenzahn« der modernen Demagogie geschützt sind. »Kaste« scheint Nietzsche übersetzen zu wollen in: »Es treten in jeder gesunden Gesellschaft, sich gegenseitig bedingend, drei physiologisch verschieden gravitirende Typen auseinander, von denen jeder seine eigene Hygiene, sein eigenes Reich von Arbeit, seine eigene Art Vollkommenheits-Gefühl und Meisterschaft hat.« »Kaste« wird damit als physiologische Differenzierung gefaßt, d. h. als rassenontologischer Begriff. Das entspricht durchaus der altindischen Bezeichnung für »Kaste«, nämlich »varna« als »Stand« gemäß einer phänotypischen Rassengliederung nach der Hautfarbe (weiß für Brahmanen, rot, gelb, schwarz für die nächstfolgenden Kasten).

»Kaste« bezeichnet, wie Max Weber (1988, bes. S. 34 ff.) verdeutlicht hat, keinen politischen Verband, sondern einen *geschlossenen Stand*. Nietzsche faßt »Kaste« ebenfalls als primär unpolitische Bezeichnung auf, allerdings im biologischen, nicht im sozialen Sinn. Das leibhafte Sein schließt auch die Tüchtigkeit ein. »Kaste« soll also für Nietzsche ein primär nicht politischer, sondern rassenbiologischer Begriff sein, der eine soziale Schichtung ermöglicht. Die Webersche Rekonstruktion des Kastenwesens weicht von Nietzsches Lesart darin ab, daß bei Nietzsche die Kasten nicht primär als Stände, sondern als biologische Gruppen gefaßt werden. Unter »Stand« ist dabei »eine Qualität sozialer Ehre oder Ehrlosigkeit« zu verstehen, die nicht unbedingt verbunden ist mit sozialen Klassen. »Klassen« definieren sich vielmehr durch ähnliche Interessen aufgrund ihrer ökonomischen Lage (Weber 1988, S. 41; vgl. Weber 1980, S. 534 f. u. pass.). An einer Untersuchung ökonomischer Faktoren der Politik ist Nietzsche im übrigen *nicht interessiert*. Eine Verbindung von Geld und Macht zählt für ihn nur als Basis für die politische Betätigung nihilistischer Vernunft, die für »Gott« »Geld« einsetzt: »was man ehedem ›um Gottes willen‹ that, thut man jetzt um des Geldes willen« (Morgenröte, Nr. 294).

Der Manu-Nietzschesche Kastenstaat sieht nun des weiteren so aus:

»Die oberste Kaste – ich nenne sie *die Wenigsten* – hat als Vollkommene auch die Vorrechte der Wenigsten: dazu gehört es, das Glück, die Schönheit, die Güte auf Erden darzustellen. Nur die geistigsten Menschen haben die Erlaubnis zur Schönheit, zum Schönen [...] Nichts kann ihnen dagegen weniger zugestanden werden, als hässliche Manieren oder ein pessimistischer Blick, ein Auge, das *verhässlicht*. [...] Die geistigsten Menschen, als die *Stärksten*, finden ihr Glück, wo Andere ihren Untergang finden würden: im Labyrinth, in der Härte gegen sich und Andere, im Versuch; ihre Lust ist die Selbstbezwingung [...] Sie sind die ehrwürdigste Art Mensch: das schliesst nicht aus, dass sie die heiterste, die liebenswürdigste ist. Sie herrschen, nicht weil sie wollen, sondern weil sie *sind*, es steht ihnen nicht frei, die Zweiten zu sein.«

Genau besehen, läßt dieser Text Zweifel an der philosophischen Kompetenz Nietzsches aufkommen: Was eigentlich soll mitgeteilt werden? Daß die Geistigen auch die Schönen, daß die Schönen auch die Geistigen sind und daß sie *deshalb* von Natur aus die Herrscher sind, die zur Herrschaft Determinierten? Wieder schenkt sich Nietzsche die Begründung – ein Privileg, das, wie schon erwähnt, Ortega y Gasset sarkastisch den Faschisten zusprach. Nietzsche schwelgt in einer altgriechischen (und vielleicht auch altindischen) Gleichsetzung von leiblicher mit ethischer Schönheit, die, abstrakt gegen die Jahrhunderte der Moralistik gesetzt, eine kitschig ausfallende Trivialität bleibt. Ein Kitsch, der, auf das 19. Jahrhundert bezogen, den bezeichneten Napoleon-Verkitschungen entspricht. Das alles bliebe uninteressant, gäbe es nicht den politischen Kontext: Die Schönen, die Starken, die Inkarnationen der neuen Menschenvernunft, die herrschen, weil sie sind. Ich bin, also herrsche ist. Sobald geherrscht wird, stehen Herrscher und Beherrschte in einer Beziehung, die eine Berührung ausschließt. Unter ›Berührung‹ ist dabei das zu verstehen, was die Brahmanenkaste Altindiens tatsächlich als Befleckung mied: der *bloße Anblick* niederer Kasten, der Shudras (Handwerker) oder gar der Unberührbaren (die Parias), speziell die Tischgemeinschaft oder der bloße Anblick von Vertretern anderer Kasten beim Essen (vgl. Max Weber 1988).

Nietzsches Nr. 57 von »Der Antichrist« mündet in eine wilde Polemik gegen das »Socialisten-Gesindel«, gegen Christen und Anarchisten, die »das Genügsamkeitsgefühl des Arbeiters mit seinem kleinen Sein untergraben – die ihn neidisch machen, die ihn Rache lehren.« Aber Nietzsche bleibt die Plausibilisierung seines Gemeinwesens schuldig: Wie soll aus der Verbindung von maximaler Distanz, Abscheidung und Selbständigkeit der Kasten bei gleichzeitigem Berührungsverbot ein Herrschaftszusammenhang entstehen? Je größer die Distanz der Herrschenden zu den Beherrschten, desto fester und stärker müßte der Zusammenhang der Herrschaft sein. Andernfalls könnten sich die Herrscher ihre Abgeschiedenheit nicht leisten. Deutlicher gesprochen: Wenn die Herrscher auch den Anblick der unteren Kasten vermeiden können, so müssen sie doch Hoheitsträgern Befehle geben. Den Anblick von gröberen Menschen, von Hoheitsträgern, von Exekutivmenschen können sie nicht vermeiden. Nietzsche bemerkt zu diesem Punkt: »Die Zweiten sind die Exekutive der Geistigsten, das Nächste, was zu ihnen gehört, das, was ihnen alles *Grobe* in der Arbeit des Herrschens abnimmt – Gefolge, ihre rechte Hand, ihre beste Schülerschaft.«

Gewiß, Nietzsche braucht das Faktum des politischen Funktionierens des altindischen Kastenstaates nicht zu beweisen. Da es ihm nicht – wie später Max Weber – um sozialtheoretisch-historische Analysen der Kastenordnung zu tun ist, darf man von ihm jedoch einen konstruktiven Beitrag zu einer Herrschaftslehre am Beispiel der Kastenordnung verlangen. Er bleibt ihn schuldig, verzichtet aber nicht auf den Anspruch, ihn zu liefern. Die zweite Kaste – in Altindien: die Khastriyas, d. h. der Adel und die Soldaten – kann den Brahmanen bzw. den Starken-Schönen-Guten »alles *Grobe* in der Arbeit des Herrschens« nur dann abnehmen, wenn eine Herrschaftslegitimation gegeben ist. Wie lautet diese Legitimation? Sie ist Natur: »Die *Ordnung der Kasten*, das oberste, das dominirende Gesetz, ist nur die Sanktion einer *Natur-Ordnung* [...] Die Ordnung der Kasten, die *Rangordnung* formulirt nur das oberste Gesetz des Lebens selbst, die Abscheidung der drei Typen ist nöthig zur Erhaltung der Gesellschaft, zur Ermöglichung höherer und höchster Typen. Die *Ungleichheit* der Rechte ist erst die Bedingung dafür, dass es überhaupt Rechte giebt, – Ein Recht ist ein Vorrecht.«

Diese Argumentation bleibt bodenlos, weil sie gar nicht die Ebene der spezifisch menschlichen Gesellschaft und ihrer politischen Organisation erreicht bzw. gar nicht erreichen will. Alles ist wie Natur. Die Kastenordnung trägt Züge von Bienen- oder Ameisenstaaten, d. h. natürlichen Hierarchien. Eine *menschliche* Kastenordnung im Sinn Nietzsches mit Rechten als Inbegriff der Regelungen für eine jeweilige Kastenautonomie wäre nur unter einer Bedingung möglich: der des *Konsenses* zur kastenförmigen Schichtenbildung, der in Altindien als rituell alltagsmächtiges religiöses Weltbild bestand. Nietzsche abstrahiert jedoch vom Konsens. Es gibt keinen Gesellschaftsvertrag, sondern nur ›Versuche‹. Was an die Stelle von Konsens tritt, wird sich bald zeigen.

Nietzsches orientalisierendes Modell für eine Politik der leibgewordenen Vernunft ist nicht sein einziger Versuch, wohl aber sein mildester, gewaltfreier. Drei Kasten, drei Stände koexistieren friedlich. Von Natur aus hat jeder das Feld seiner Vollkommenheit gefunden. Der Machtzusammenhang des Ganzen ist präpolitisch durch Natur entschieden. Eine Möglichkeit zur unerschütterlichen Synthese von Machtstaat und Staat der Vollkommenheit scheint gefunden. Der Preis ist nur: es geht allzu orientalisch zu. Nietzsches überpolitische, antinormalistische Politik hat gleichwohl hier die maximale Distanzierung, Abscheidung der Stände voneinander, somit die gewünschte aseptische Polithygiene gefunden. Auch ist die Menschheit hier vor dem Totalitarismus der nihilistischen Vernunft bewahrt, denn die Gefahr der totalitären materialen Gleichheit der »Letzten Menschen« ist abgewendet. Nietzsches Politik hat schließlich auch die ungehinderte Ethikästhetik der Schönen-Starken-Guten gefunden, d. h. deren leibgewordene Vernunft als Askesis der »Selbstbezwingung«. All dies ist modellhaft erreicht.

Wo aber bleibt, was Nietzsche sonst als das Leben verkündigt, treu seinem Diktum »Leben ist *wesentlich* Aneignung, Verletzung; Überwältigung des Fremden und Schwächeren, Unterdrückung, Härte, Aufzwängung eigener Formen, Einverleibung und mindestens, mildestens, Ausbeutung« (Jenseits von Gut und Böse, Nr. 259)? Das altorientalische Politikmodell Nietzsches beruht auf als »Natur« ausgegebenen Gewaltakten. Die Kastenscheidung kann als zur zweiten Natur gewordene Gewalt verstanden werden. Aber selbst dies wird der Überwältigungsdynamik des Lebens bei Nietzsche nicht gerecht: denn die Kastenordnung wäre ein nur stillgestellter Gewaltdrang, bestenfalls eine Ruhe und Erschöpfung der Dynamik des Lebens, die Nietzsche nicht wollen könnte. Es müßte folglich noch ein anderes Modell geben, das dieser Dynamik entspräche. Ein solches Modell existiert. Nietzsche nennt es nach dem Historiker und Staatstheoretiker *Niccolò Machiavelli* auch »Machiavellismus«, obwohl Machiavelli darin letztlich noch überboten wird. Nietzsches Machiavellismus bietet im ganzen ein überpolitisches Politikmodell, das nicht mehr nur statisch ist wie die Kasten, sondern dynamisch.

Was Nietzsche »Machiavellismus« nennt, kann formal definiert werden als Versuch einer Kastenordnung unter den Bedingungen fortgeschrittener Demokratisierung. Diese Bedingungen sind es, die eine Dynamik fordern. Es geht dabei um eine Synthese zwischen dem Machtstaat und dem Zweckstaat des vollkommenen Lebens, sowohl in technisch-taktischer als auch in politisch-konstruktiver Hinsicht.

Faßt man Machiavellismus, ausgehend von Niccolò Machiavelli selbst, als politische Taktik auf, so dreht sich alles um die Mittel, mit denen Herrscher ihren Herrscherwillen Menschen aufprägen, die nicht beherrscht werden wollen. Das »Volk wünscht nicht, Befehlsempfänger zu sein und unterdrückt zu werden von den Großen, und die Großen möchten dem Volk befehlen und es unterdrücken« (Machiavelli, Il principe, Nr. 9). Diesen entgegengesetzten Wünschen (appetiti diversi) gilt es gerecht zu werden. Niccolò Machiavelli konnte diesen »appetiti diversi« noch durch Ratschläge für *Listen* begegnen, die Alleinherrscher realistischerweise befolgten oder befolgen konnten. In Nietzsches Situation der Demokratisierung müßten jene Mittel allerdings letztlich versagen. Mussolini und Hitler benötigten entsprechend spezifische Mittel des Umgangs mit den Massen. Sie setzten Machiavelli fort durch Erweiterung der Mittel, das »Tier« der Massen (Platon) aufzustacheln, zu locken, zu belügen, zu verführen.

Hermann Rauschnings »Gespräche mit Hitler« – obwohl nicht als authentisch nachweisbar[51] – enthalten vielleicht doch das Mögliche über einen faschistischen Machiavellismus. Machiavellis »Der Fürst« habe Hitler die Augen dafür geöffnet, was Politik eigentlich bedeutet. Hitler bemerkt dazu u. a.:

»Ich erkenne kein Moralgesetz in der Politik an. Politik ist ein Spiel, in dem jeder Trick erlaubt ist [...] Übrigens ist es nicht meine Aufgabe, die Menschheit zu bessern, sondern mich ihrer Schwächen zu bedienen. [...] Für die Masse sind moralische Gemeinplätze unentbehrlich und nichts ist verkehrter, als wenn ein Politiker auch nach außen als der amoralische Übermensch erscheinen will. [...] Der Terror ist absolut unentbehrlich bei jeder Begründung einer neuen Macht. Die Bolschewisten haben das noch auf alte Weise gemacht. Sie haben die ganze frühere Herrschaftsklasse getötet. Das ist das alte, klassische Mittel. Wenn ich mich recht entsinne, empfiehlt es auch Machiavelli, oder er empfiehlt doch zumindestens, erst die zweite Schicht durch Wohlwollen zu gewinnen, die unmittelbar unter den Herrschern saßen.[52] Ich gehe weiter. Ich bediene mich der alten herrschenden Klasse selbst. Ich halte sie in Furcht und Abhängigkeit. Ich bin überzeugt, ich werde keine willigeren Helfer haben. Und werden sie aufsässig, dann steht mir das alte, klassische Mittel immer noch zu Gebote« (Rauschning 1973, S. 255 ff.).

Machiavelli befreit somit von moralischen Rücksichten in der Politik. Er lehrt, daß Moral als Maske gegenüber den Massen zu tragen ist. Terror kann teilweise in Drohungen bestehen. Machiavellis Gedanken wirkten selbstverständlich auch in seinem Heimatland in faschistischer Zeit. Die ältere Forschung weist auf den Italofaschismus als Praxis eines egoistischen Herrschaftswillens im Sinne Machiavellis hin, der ganz auf Erfolg bei den Massen setzt (Ritter 1948, S. 152).

Machiavelli erscheint, so gesehen, als eine Art Band, das Nietzsche mit den transalpinen und cisalpinen Faschisten stärker verknüpft, als Nietzsches schillernde Philosophie dies von sich aus vermocht hätte. Entsprechend kann auf Gemeinsamkeiten zwischen Nietzsche und Machiavelli hingewiesen werden. Diese dürfen allerdings nicht darüber hinwegtäuschen, daß das, was bei Nietzsche »Machiavellismus« heißt, die Dimensionen des Florentiners sprengt. Die Sprengkraft enthalten die Faschismen freilich auch.

Selbstverständlich bleibt jeder Vergleich von Doktrinen, wenn er nicht gänzlich im Ungenauen verdämmern soll, künstlich. Somit auch der folgende:

1. Machiavelli und Nietzsche gehen beide von sozialen Verfallsdiagnosen aus, auf die neue politische Konzepte zu antworten haben. Der Italiener reagiert auf den Verfall der mittelalterlichen Welt, Nietzsche auf das Ende des Glaubens an einen moralischen Gott und die Staatsvergötzung an seiner Stelle.
2. Für beide gibt es ein ursprüngliches Machtstreben. Dieses erklärt jedoch – auch darin kommen beide überein – nicht nur nicht politisches Handeln, sondern es reicht auch zur Durchsetzung von Machtansprüchen nicht aus, sich auf Machstreben zu berufen. Machiavelli spricht von einer »schlechten Begierde nach Herrschaft« (una brutta cupidità di regnare), die sich mit »geistiger Blindheit« paart (Discorsi III, 8). Nietzsche behauptet: »die Macht *verdummt*« (Götzen-Dämmerung, Was den Deutschen abgeht, Nr. 1).
   Mittel zur Durchsetzung des eigenen Willens muß im öffentlichen Bereich ein Maximum an Schein und Verstellung sein. Der Mächtige »soll, nach dem Sehen und nach dem Hören geurteilt, ganz Pietät, ganz Treue, ganz Integrität, ganz Humanität, ganz Religion scheinen«[53] (II principe, Nr. 18). Die Religion wird entsprechend zu einem Instrument der Herrschaft (Discorsi I, 12). Nietzsche: »Für die Starken, Unabhängigen, zum Befehlen Vorbereiteten und Vorbestimmten, in denen die Vernunft und Kunst einer regierenden Rasse leibhaft wird, ist Religion ein Mittel mehr [...], um herrschen zu können« (Jenseits von Gut und Böse, Nr. 61).
3. Bei der politischen Überwindung des sozialen Verfalls geht es nicht eigentlich um die Staatsform: Im »Principe« ist der Staat eine Art Tyrannis, in den »Discorsi« die Republik[54]. Auf Nietzsches Desinteresse an Staatsformen ist bereits hingewiesen worden (s. oben, S. 201).

4. Stimmen Nietzsche und Machiavelli in den bisher genannten Zügen überein, so geraten sie in eine noch größere Nähe durch ihre Ablehnung christlicher Leibfeindschaft bzw. ihre Bejahung einer leibseelischen Kraft und Pracht. Nietzsche benutzt gern Machiavellis Begriff der »virtù«, d. h. einer leib-seelischen Kraft zur Gestaltung des eigenen Schicksals in einem größeren Schicksalszusammenhang (fortuna). Die christliche Religion, so Machiavelli in den Discorsi (II, 12), hat die »demütigen, die niedrigen Menschen« (gli uomini umili) glorifiziert, sie hat »das höchste Gut in die Demut gesetzt, in die Verwerfung, in die Verachtung der menschlichen Dinge«. Die antike Religion dagegen hat den weltlichen Ruhm geprisen (mondana gloria) und das höchste Gut »in die Größe der Seele (grandezza dello animo) und in die Stärke des Leibes (fortezza del corpo)« gesetzt »und in alles, was die allerstärksten Menschen hervorbringt« (uomini fortissimi). Mit dieser Wertung hängt die vielzitierte Methodenentscheidung Machiavellis zusammen, sich nicht mit einer Welt, wie sie sein könnte oder sein sollte, zu beschäftigen, sondern mit der »wirklich-wirksamen Wahrheit der Sache« (verità effettuale della cosa, Il principe, Nr. 15). Diese Methodenentscheidung umschreibt Nietzsche mit Blick auf Machiavelli und Thukydides als »den unbedingten Willen, sich Nichts vorzumachen und die Vernunft in der *Realität* zu sehen, – nicht in der ›Vernunft‹, noch weniger in der ›Moral‹« (Götzen-Dämmerung, Was ich den Alten verdanke, Nr. 2).

Sicherlich hat sich Nietzsche in die Renaissance und in das absolutistische Frankreich vernarrt. Ihn faszinierten die machiavellistische Praxis in Italien und der Versuch des Ancien régime in Frankreich, Machiavellis Politiktheorie absolutistisch zu überwinden:

»Versteht man endlich, *was* die Renaissance war? Die *Umwerthung der christlichen Werthe,* der Versuch, mit allen Mitteln, mit allen Instinkten, mit allem Genie unternommen, die *Gegen-*

Werthe, die *vornehmen* Werthe zum Sieg zu bringen... Es gab bisher nur diesen grossen Krieg, es gab bisher keine entscheidendere Fragestellung als die Renaissance, – *meine* Frage ist ihre Frage –: es gab auch nie eine grundsätzlichere, eine geradere, eine strenger in ganzer Front und auf das Centrum los geführte Form des *Angriffs*! An der entscheidenden Stelle, im Sitz des Christentums selbst angreifen, hier die *vornehmen* Werthe auf den Thron bringen, will sagen in die Instinkte, in die untersten Bedürfnisse und Begierden der daselbst Sitzenden *hinein*bringen ... Ich sehe eine Möglichkeit vor mir von einem vollkommen überirdischen Zauber und Farbenreiz: – es scheint mir, dass sie in allen Schaudern raffinirter Schönheit erglänzte, dass eine Kunst in ihr am Werk ist, so göttlich, so teufelsmässig göttlich, dass man Jahrtausende umsonst nach einer zweiten solchen Möglichkeit durchsucht; ich sehe ein Schauspiel, so sinnreich, so wunderbar paradox zugleich, daß alle Gottheiten des Olymps einen Anlass zu einem unsterblichen Gelächter gehabt hätten – *Cesare Borgia als Papst* ... Versteht man mich? Wohlan, *das* wäre ein Sieg gewesen, nach dem *ich* heute allein verlange –: damit war das Christentum abgeschafft!« (Der Antichrist, Nr. 61).

Über die von ihm anschließend besprochene Tat Luthers, dessen Papst-Kritik das Christentum wiederherstellte und die Renaissance beendete, tröstet sich Nietzsche im Blick auf das Ancien régime: »die letzte politische Vornehmheit, die es in Europa gab, die des siebzehnten und achtzehnten *französischen* Jahrhunderts« (Zur Genealogie der Moral I, 16); sie allerdings stürzte wieder in der Revolution zusammen, die er als den »letzten grossen Sklaven-Aufstand« bezeichnet (Jenseits von Gut und Böse, Nr. 46). Aber aus der Revolution ging Napoleon, der Unmensch-Übermensch hervor. Man erkennt: Nietzsches Urteile zur politischen Geschichte Europas laufen nicht in die Marx-Engels-Diagnose aus. Nicht: »Die bisherige Geschichte aller bisherigen Gesellschaft ist die Geschichte von Klassenkämpfen« (Manifest der kommunistischen Partei, 1848), sondern: Alle bisherige Geschichte ist eine Geschichte von *Ständen* und Stände-Wertungen, deren Wurzel in der Physiologie, in der rassischen Organisation der Individuen liegt. Desinteressiert – nicht blind – gegenüber ökonomischen Politikformationen (Klassen), sucht Nietzsche nach Ständekämpfen und Ständedistanzordnungen. Daß er letztere in der Renaissance erblickt, entspricht dem Zeitalter, in welchem Jacob Burckhardts Renaissance-Werk oder Gobineaus Buch über die Renaissance erschienen.[55] Nietzsche entdeckt nie wirklich Neues, Eigenes in der Historie[56], überall borgt er. Sein Orientalismus beruht auf Schopenhauer, Goethe oder Voltaire. Seine Renaissance-Gigantisierung auf Burckhard bzw. Gobineau. *Sein* Werk ist die Überbietung des von anderen Entdeckten in maßlosen Forderungen. Und damit sind wir bei Nietzsches eigentlichem »Machiavellismus«.

Cesare Borgia als Papst: das soll die Wertumwertung erbringen. Denn in diesem Fall wäre die leibgewordene Vernunft (Cesare Borgia), die Vernunft als »Instinkt«, Sieger geworden über die bislang herrschende Sklavenmoral. Ein Sieg, den sich Nietzsche für die Zukunft wünschte. Er fußt hierbei auf zwei Urteilen zugleich, auf dem Machiavellis und auf dem Jacob Burckhardts. Machiavelli urteilt: »Cesare Borgia gilt als grausam; aber dieser Grausame hat politisch den Erfolg, die Romagna vereint zu haben, sie in Frieden und Bündnistreue zurückgeführt zu haben.« Die Florentiner wollten die Bezeichnung »grausam« meiden – und ließen Pistoia zerstören (Il principe, Nr. 17). Das entspricht Nietzsches Politästhetik: Der schaffende, moralentbundene Staatsmann-Künstler, mit Völkern und Verfassungen als seinem Material. Cesare Borgia als Papst: das ist nicht Nietzsches politischer Phantasie entsprungen, sondern stammt von Burckhardt: »Welch eine Konklave wäre das geworden, wenn er sich [d. h. Cesare Borgia] einstweilen, mit all seinen Mitteln ausgerüstet, durch ein mit Gift zweckmäßig reduziertes Kardinalskollegium zum Papst wählen ließ, zumal in einem Augenblick, da keine französische Armee in der Nähe gewesen wäre! Die Phantasie verliert sich, sobald sie diese Hypothese verfolgt, in einen Abgrund« (Burckhardt 1955, S. 81). Schon Machiavelli forderte eine Strategie des »mezzo bestia e mezzo uomo«, das Halb-Bestie-halb-Mensch (Il principe, Nr. 18). Nietzsche wünscht sich den »Abgrund«, vor dem Burckhardt zurückschreckte: Die Bestie der politischen Provinz, das wäre der Sieg der vornehmen Bestie und damit Wertumwertung.

Nietzsche war allerdings zu intelligent, um es bei dieser Version zu belassen. Sie würde nichts bedeuten als einen politischen Wechsel unter Beibehaltung der politischen Hierarchie: Wertumkehrung statt Wertumwertung. Nietzsche müßte schon die Institution des Papsttums als wünschbare Form anerkannt haben und nur die persönlichen Qualitäten der Päpste verändert wünschen. Hätte die neue, leibgewordene Vernunft nur diesen Sinn einer Systemunterwanderung des Papsttums, dann würde sich Nietzsche für die Neuauflage eines verweltlicht-verwilderten Papsttums stark machen: eine Trotzhaltung gegenüber dem militanten Protestantismus des zweiten deutschen Reiches, die allerdings auch in katholischer Optik nicht attraktiv wäre; ein Irrealis, der nicht einmal eine utopische Kraft besäße. Nietzsche hat ihn allerdings ernsthaft formuliert. »Ich sehe eine Möglichkeit vor mir von einem vollkommen überirdischen Zauber und Farbenreiz [...] *Cesare Borgia als Papst* [...] der Sieg [...], nach dem ich heute allein verlange«. Ottmann (1987, S. 291) spricht von einer relativen Unentscheidbarkeit darüber, »was an Nietzsches Machiavellismus und Renaissancismus *ernstgemeinter Appell, was provokantes Spiel* gewesen ist.« Gewiß: eigentlicher, letzter Machiavellismus ist die Forderung nach einer Neuauflage von verweltlicht-verwildertem Papsttum nicht. Würde man sie nur als ein Spiel auffassen, so wäre zu fragen, womit Nietzsche spielte. Golo Mann bemerkte in diesem Zusammenhang, daß Nietzsche mit dem Germanofaschismus in Verbindung gebracht werden konnte, sei »schwere Strafe für ihn. Strafe dafür, daß er seine Worte nicht wog, nicht nach möglichen Auslegungen fragte. Er, der Menschenkenner und -Verächter, hätte mit dem Publikum rechnen müssen, wie es ist, nicht mit Göttern« (Golo Mann 1959,

S. 471). Auf diese Art Stimmen von unten »... ist gerichtet!« (nach dem Modell des Schlusses von ›Faust I‹) hat die Nietzsche-Forschung seit den siebziger Jahren die Stimme von oben »... ist gerettet!« zu spielen versucht. Beides mündet in Parodien von Nietzsches politischer Philosophie. Nietzsche hat allerdings seine Worte nicht so gewogen wie diejenigen, die nur für Leser schreiben, denn: »Noch ein Jahrhundert Leser – und der Geist selber wird stinken« (Zarathustra I, Vom Lesen und Schreiben). Er bleibt die Provokation der redlichen Radikalität, die sich eine Vokation zuschrieb.

Sein Machiavellismus – formal verstanden als Versuch einer Kastenordnung unter den Bedingungen fortgeschrittener Demokratisierung – führte zu einer Radikalisierung der zweiten Ähnlichkeit zu Machiavelli, d. h. der List, des Scheins, der Täuschung. Täuschung soll vom Konsens zwischen Kasten entpflichten, d. h. die Erzeugung von Konsens über Herrscher und Herrschaftsmittel überflüssig werden lassen. Stets geht es um die Mittel, jene beiden Forderungen erfüllbar zu machen, wonach die Repräsentanten der starken Leibvernunft die Massen beherrschen (1) und die Herrschaftsbeziehung jede Berührung von Herrscher und Beherrschten ausschließt (2). Dem orientalischen Modell der Kasten mangelt die Dynamik der Herrschenden. Machiavelli empfahl als Mittel der Macht die allseitige Täuschung. Nietzsche mußte dies noch einmal radikalisieren, denn er beansprucht eine Sinngebung in einer Situation des Verlustes von Weltlogos bzw. von moralischer Gottheit. Die neubestimmte Menschenvernunft hat durch eine nicht mehr normalpolitische Bestimmung die Menschengattung vor dem Wahnsinn zu bewahren. Schon aus diesem Grund kommt es nicht mehr auf eine »kleine« Politik der Legitimierung bestimmter Staatsformen an. Auf diese Weise stellt sich wie von selbst das zwar von Nietzsche nicht geprägte, aber doch mit seinem Namen international popularisierte Wort »Übermensch« ein. Was er darunter versteht, wird sich kaum eindeutig beantworten lassen. Ich selber habe

Argumente dafür zu geben versucht, daß »Übermensch« auch als eine Kur von der Metaphysik als einer Form des Wahns – nämlich der sicheren Annahme einer Welt, die nicht existiert – verstanden werden kann.[57]

Für Nietzsches politische Philosophie wirkt die Rede vom »Übermenschen« nicht sonderlich aussagekräftig. Eher geht es hierbei um das, *was übermenschlich ist*. Nicht vom Substantiv oder Subjekt, sondern vom Adjektiv oder Prädikat ist für den Bereich des Politischen auszugehen. Das schließt nicht aus, daß »Übermensch« auch Bedeutung im politischen Kontext besitzt. Aber es empfiehlt sich, diese Bedeutung über das Prädikat »übermenschlich« zu erschließen. All das soll hier nicht geschehen; wir beschränken uns auf eine Bemerkung aus der Zeit zwischen 1887/88:

»Ein tractatus politicus. Von Friedrich Nietzsche. Vorrede. Dieser tractatus politicus ist nicht für Jedermanns Ohren: er handelt von der Politik der Tugend [...] er setzt ein Ideal dieser Politik an, er beschreibt sie so, wie sie sein müßte, wenn etwas auf dieser Erde vollkommen sein könnte. Nun wird kein Philosoph darüber in Zweifel sein, was der Typus der Vollkommenheit in der Politik ist; nämlich der Macchiavellismus. Aber der Macchiavellismus, pur, sans mélange, cru vert, dans toute sa force, dans toute son âpreté [rein, unvermischt, roh, jugendlich, in seiner ganzen Kraft, in seiner ganzen Strenge] ist übermenschlich, göttlich, transscendent, er wird von Menschen nie erreicht, höchstens gestreift. [...] Auch Plato hat es nur gestreift [...] ein großer Moralist ist, unter Anderem, nothwendig auch ein großer Schauspieler; seine Gefahr ist, daß seine Verstellung unversehens Natur wird, wie es sein Ideal ist, sein esse und sein operari auf eine göttliche Weise auseinander zu halten; Alles, was er thut, muß er sub specie boni [unter dem Anschein des Guten] thun, – sein hohes, fernes, anspruchsvolles Ideal! Ein *göttliches* Ideal! ... Und in der That geht die Rede, daß der Moralist damit kein geringeres Vorbild nachahmt als Gott selbst: Gott, diesen grössten Immoralisten der That den es giebt, der aber nichts destoweniger zu bleiben versteht, was er *ist*, der *gute* Gott« (VII, 2, S. 267 ff., Nr. 11 [54]).

Wie viele andere Texte seines Gesamtwerkes auch, stellt auch dieser das Konzept einer Vorrede zu Büchern und

Traktaten dar, die nie geschrieben wurden. »Tractatus politicus« ist einem Buchtitel Spinozas nachgebildet: Tractatus Theologico-politicus. Hinsichtlich einer Politik der leibgewordenen Vernunft, die weder reinen Attentismus (3. Dilemma) noch bloße Vernichtung unwerten Lebens (4. Dilemma) noch orientalisierende Kastenordnung darstellt, hinsichtlich einer solchen Vernunftpolitik bildet dieser Text eine Zusammenfassung, eine gedrängte Angabe des Wesentlichen zu den Themen: Was bedeutet »Vollkommenheit in der Politik?« und: »Wie ist sie realisierbar?«. Politik, Inbegriff des gemeinsamen Handelns, schließt Macht ein. Wie ist im Politischen eine Synthese von Macht und Vollkommenheit zu erreichen? Antwort: als Machiavellismus. Nach dieser These deutet Nietzsche keine Charakteristika eines Machiavellismus an, sondern springt zur nächsten These: kompromißloser Machiavellismus ist nicht unmöglich, aber unerreicht. Machiavellismus ist »übermenschlich, göttlich, transscendent«. Die Begründung der Unerreichbarkeit des Machiavellismus wird erst am Ende der Textstelle gegeben: Es käme ganz darauf an, die Täuschung so weit zu treiben, daß sie Natur wird. Vorbild soll »Gott« sein, jener Immoralist, der ›gut‹ bleibt.

Das politische Verständnis dieses Passus erschließt sich über die Religion. Versteht man diese, so gewinnt auch der politische Bereich Konturen.

Auszugehen ist von dem Gegensatz zwischen ›Immoralist der Tat‹ und ›Moralist des Seins‹. Die Tat, die Handlungsweise ›Gottes‹ widerspricht der von ihm geforderten Moral, die er durch sein *Dasein* verkörpert. ›Gott‹ versteckt seine Taten, indem er existiert. Oder: er existiert als das Gute, indem er das moralisch Verwerfliche tut. Nach dem Tode des moralischen Gottes bemerkt der nunmehr arbeitslose letzte Papst zu Zarathustra: »Meine Liebe diente ihm lange Jahre, mein Wille gieng allem seinem Willen nach. Ein guter Diener aber weiss Alles, und Manch einer auch, was sein Herr sich selbst verbirgt. Es war ein verborgener Gott, voller Heimlichkeit. Wahrlich, zu einem Sohne sogar kam er nicht anders als auf Schleichwegen. An der Thür seines Glaubens steht der Ehebruch« (Zarathustra IV, Ausser Dienst).

Das Beispiel ist eher parodistisch, aber für Nietzsche zählt es: Die Zeugung Jesu durch ›Gott‹ als Ehebruch ›Gottes‹ gegenüber Joseph, dem Ehegatten der Maria. Der Ehebruch von ›Gott‹ in den 10 Geboten verboten, wird von ›Gott‹ selbst begangen. Das aber führt nicht zur Entlarvung ›Gottes‹ als Immoralisten, sondern es kommt zu einer Vertiefung des Monotheismus als Christentum. ›Gottes‹ Güte erscheint sublimer als zuvor, er bietet Erlösung von der Sündenbestrafung an. Es ist diese Entsprechung von Immoralität und Moralität, auf die es Nietzsche ankommt. Das Ende des moralischen Gottes erscheint als Beginn eines anderen Ideals. An die Stelle der rein moralischen Züge tritt das Ideal einer *Identität* von Moral und Immoralität.

Wie läßt sich dieses Ideal begrifflich fassen? Nietzsche hält dafür seit dem Frühwerk – besonders in »Wahrheit und Lüge im aussermoralischen Sinne« von 1872 – die Bezeichnung der »Verstellung« bereit. Aber damit verbindet sich dort eher ein psychologisches Verständnis, um das es in der Machiavellismus-Frage nicht geht. Auch bei Machiavelli selber handelt es sich nicht um psychologische Fragen, wenn er im 19. Kapitel des »Il principe« *normativ* vom Herrscher spricht, der »ganz Pietät, ganz Treue, ganz Integrität, ganz Menschlichkeit, ganz Religion« *scheinen* soll. Es handelt sich dabei nicht um eine Psychologie des Herrschers, sondern um die Forderungen nach Anschein, die der Politiker zu erfüllen hat. Ebenso bei Nietzsche: Die Forderung nach Identität von Moralismus und Immoralismus besagt nichts über die Art, wie man es psychologisch anzustellen habe, die Forderung zu erfüllen.

Nietzsche gibt zwei Andeutungen von begrifflichen Zusammenhängen, und in beiden Fällen handelt es sich um Kozepte aus der überlieferten Theologie. Der erste Begriff ist der der »Verborgenheit« Gottes, der an der zuletzt angeführten Zarathustra-Stelle auftaucht. In der theologischen Tradition dachte *Luther* Gott als sich verbergenden (deus absconditus) und sich offenbarenden Gott (deus revelatus) zugleich. Nietzsche übersetzt einen Satz Luthers nahezu ins Weltliche und Politische: »Gott tut vieles, was er uns mit seinem Wort nicht kundtut; auch will er vieles, von dem er uns mit seinem Wort nicht kundtut, daß er es will«[58] (De servo arbitrio, Weimarer Ausgabe, 685).

Machiavelli und Luther waren Zeitgenossen. Nietzsche spielt mit einer Kreuzung der Lehren beider: die Gotteslehre Luthers soll ganz ins Politische und das Politische ebenso ganz ins Theologische übersetzt werden. Die Pointe: Luthers verborgener Gott war *allen* Menschen verborgen. Das neue Ideal lautet: Das Tun des neuen machiavellistischen Herrschers soll nur *bestimmten* Menschen verborgen bleiben, – eben der Herde, deren nihilistische Rationalität sich in den Bahnen universalistischer Moralkonzepte (Kant, Schopenhauer, Utilitarismus) bewegt. So, wie in der Zeit theologisch-moralischer Herrschaft ›Gottes‹ Tun allen Menschen entzogen und potentiell offenbar sein sollte, so soll nun der Gegensatz von »verborgen/offenbar« (absconditus/revelatus) die politische Rangordnung »Moral der Herren/Moral der Sklaven« zum Ausdruck bringen. Nietzsche scheut sich nicht, die alteuropäische Theologie – diesmal die katholische – noch um ein weiteres Konzept parodierend zu beerben. Es handelt sich um den Satz des Thomas von Aquin, wonach die *Wirkungsweise* jedes Dinges ihrer Seinsweise folgt: »modus operandi uniusque rei sequitur modum essendi ipsius« (Thomas von Aquin, Summa theologica, quaest. 89, art. 1, resp.). Für Nietzsche kommt es darauf an, das esse (Sein) vom Wirken (operari) so zu trennen, daß die einen (die beherrschte Menschenherde) sich ganz an das Sein und die anderen (die Herrschenden) sich ganz an das Wirken halten können.

Dies bezeichnet den differenziertesten, den komplexesten Vorschlag innerhalb der politischen Äußerungen Nietzsches. Er fügt all das, was oben als Politisches definiert wurde – Rangordnung zweier Moralen, dynamisierte Rassenontologie, Synthese von Machtstaat und

Staat des vollkommenen Lebens – in einem Konzept der überpsychologischen Täuschung zusammen. Politische Wenigenherrschaft muß Täuschung und Getäuschtwerden auf Dauer sein. Der universalen moralischen Forderung »mem should be what they seem« (Shakespeare, Othello III. 3. 132) ist Genüge getan: Die Herrscher sind, was sie scheinen, und scheinen, was sie sind. Genau das soll ihrem Tun die moralische Absolution verschaffen. Damit wäre im Sinne Nietzsches nicht etwa nur ein taktisch-politisches Ziel erreicht, sondern mehr:

Erstens kann auf diese Weise die Machtnahme erfolgen. Machtäußerung bedeutet hier – im Unterschied zur Forderung nach Vernichtung der Schwachen – nicht notwendig Gewalt, sondern besteht primär in der dauerhaften Täuschung selbst. »Wissen selbst ist Macht« (knowledge itself is power) betonte zu Anfang der Neuzeit Francis Bacon. ›Täuschung ist Macht, und Macht ist Täuschung‹, hält Nietzsche gegen Ende dieser Entwicklung fest. Die Starken wollten ein vom vulgus abgesondertes Leben führen. Ein demokratisches Zeitalter aber verlangt Aufklärung. Die Aufklärung jedoch wird sich aufklärend von sich selbst emanzipieren. Die emanzipierte Menschengattung wird nur in einer Kasten- und Rangordnung überleben: »Die neue Aufklärung – die alte war im Sinne der demokratischen Heerde. Gleichmachung Aller. Die neue will den herrschenden Naturen den Weg zeigen –, inwiefern ihnen *alles erlaubt ist*, was den Heerden-Wesen nicht freisteht« (VII, 2, S. 295, Nr. 27 [80]). Nietzsche weiß selbstverständlich von Platons Täuschungsgebot für die Herrscher (vgl. Zur Genealogie der Moral III, Nr. 19). Platon selber schrieb: »denen, die in der Stadt regieren, wenn überhaupt irgend jemandem, kann es zukommen, Unwahrheit zu reden (pseúdesthai: »lügen«) der Feinde oder auch der Bürger wegen, zum Nutzen der Stadt; alle anderen dürfen sich hiermit gar nicht befassen« (Politeia 389 b).

Das Neue bzw. Platonisch-Alte, was nun erlaubt wird, ist die dauerhafte Täuschung. Täuschung allerdings ist notwendig. Der mit Hilfe universalistischer Moral gelenkten Herde kann eine Sonderstellung der Herrschenden nicht mitgeteilt werden. Es fragt sich dann allerdings, inwiefern die Massen überhaupt dazu bereit wären, Herren über sich zu dulden. Das betrifft den *zweiten* Aspekt der Vorteile des Machiavellismus. Er lautet in einer Formel: Rangordnung als Mittel gegen die sich selbst überlassene nihilistische Vernunft der Massen bzw. der unteren Kasten. Die Rang- und Herrschaftsordnung nach dem Ende des Glaubens an Weltvernunft und moralische Gottheit zu errichten, kann nur heißen, die göttliche Weltregierung zu ersetzen: »Diese Herren der Erde sollen nun *Gott* **ersetzen**, und das tiefste unbedingte Vertrauen der Beherrschten sich schaffen« (VII, 3, S. 350, Nr. 39 [3]).

So wird das äußerste, vollkommene Mittel benannt und der Weg der Vollkommenheit in der Politik gewiesen. Entscheidend ist die Identität von Moralismus und Immoralismus. Vollkommen ist dieses Mittel, weil es

- die Kastenordnung vom Konsens entpflichtet
- die Herrschaftsverhältnisse durch Machtaktivitäten als Täuschung reproduziert
- den Beherrschten ihre moralische Wertung nicht raubt
- die Menschheit vor der Realisierung der nihilistischen Vernunft (im unpolitisch-politischen Totalitarismus der Letztmenschen) bewahrt.

Nur: diese komplexe Konstruktion, diese Kastenordnung unter den Bedingungen fortgeschrittener Demokratisierung, hat einen Haken. Sie ist nicht durchführbar. Sie ist »göttlich«, »transscendent«. Machiavelli wurde von Nietzsche theologisiert, weil er Luthers Theologie vom verborgenen Gott auf die Politik übertrug. Allerdings bildete das kein grundsätzliches Hindernis für eine Verwirklichung. Denn Nietzsche hat *ideologiekritisch* zeigen wollen, daß Theologie, daß ›Gott‹, Weltvernunft und moralische Weltregierung im Grunde Herrschaftsformen der Schwachen darstellen. Die Machiavellisierung theologischer Annahmen zieht daraus nur die Konsequenz: Die theologischen Begriffe sind nicht nur als politische zu dechiffrieren, sondern auch als politische neu zu funktionalisieren.

Wo also liegt die Undurchführbarkeit des Machiavellismus? Nietzsche verrät es selber: der Machiavellismus ist »übermenschlich«. Auch Platon habe das machiavellistische Ideal »nur gestreift«. Im fünften Buch der »Politeia« hat Platon seine Phantasien eines Machiavellismus etwas genauer beschrieben als Nietzsche: Züchtung hat, wie bei Hunden und Pferden, auch beim Menschen planvoll zu geschehen. Die Staatswächter arrangieren Hochzeiten, in denen – *ohne Wissen der Betroffenen* – die besten Männer mit den besten Frauen und die schlechten mit den schlechten kopulieren. Zur *Täuschung* der Betroffenen wird eine Verlosung inszeniert, obwohl in Wirklichkeit alles vorbestimmt ist. Die Nachkommen der Schlechten und die Mißgeburten werden getötet; alle Neugeborenen gehören dem Staat. Platon philosophierte in dieser Weise auch schon mit einer *Bedrohungstheorie*: Demokratie als anarchisch werdende Gleichheit für Gleiche und Ungleiche (Politeia, 8. Buch, 559 b ff.). Der oben beschriebene Charakter von Nietzsches politischer Philosophie als Platonismus ohne Ideenlehre bestätigt sich auch in diesen Zügen von Platons *institutionalisierter politischer Täuschungslehre*, die der Gefahr einer egalitären Zerrüttung des Gemeinwesens zuvorkommen soll.

Trotzdem bleibt für Nietzsche der Machiavellismus übermenschlich. Weshalb? Historisch etwa wäre wiederum an Platon zu denken: Die Staats*praxis* muß notwendig hinter der *Rede* vom Staat zurückbleiben (Politeia 473 a). Der eigentliche Grund zeigt sich, wenn das, was übermenschlich sein soll, als Identität von Moralismus und Immoralismus definiert wird. Eine solche Identität übersteigt die Möglichkeiten des Menschen. Es kann wohl geschehen, was Machiavelli beschrieben hat: Machtgewinn unter der Maske von Humanität, Treue, Religion. Nicht aber kann es das geben, was Nietzsche wünscht: eine Kastenordnung, die auf einer Täuschung darüber beruht, daß sie besteht. Dafür gibt es nicht nur keine Herrscher, sondern auch keine

Beherrschten. Nietzsches Machiavellismus postuliert einen Typus von Herrscher, der im Gegensatz zur mißbilligten Anarchie von unten eine Art *Anarchie von oben* lebt, und dabei niemals einer Doppelstrategie überführt werden könnte. Er postuliert ebenso einen Typus von Beherrschten, der nach einer normativ-nihilistischen Rationalität (gleiche Rechte, gleiche Pflichten) lebt, aber niemals selber an politischer Herrschaft teilhaben wollte – und der schließlich außerstande wäre, das Doppelspiel der Herrscher zu durchschauen. Herrscher und Beherrschte müßten übermenschliche Züge annehmen, d. h. beide müßten in einer verewigten Welt der Verstandeshalbierung der Beherrschten und der Immunität der Herrscher leben. Indem Nietzsche unmißverständlich betont, diese Übermenschlichkeit bleibe unerreichbar, erweisen sich Kastenordnung und Machiavellismus als ein weiteres (fünftes) Dilemma: Die politischen Konsequenzen, die das Ende der Annahmen von Weltvernunft bzw. moralischer Gottesregierung nach sich zieht, lassen es unweigerlich entstehen.

Entscheidung über Nietzsches Protofaschismus

Nach allem, was bislang dargelegt wurde, kann das Wort von Emmanuel Levinas »Auch Hitler selbst wird man bei Nietzsche wiederfinden« als *bestätigt* gelten. Selbstverständlich ist Mussolini hier einzubeziehen, der Nietzsche aus eigener Lektüre weitaus genauer kannte als der Nekrophile aus Braunau. In der vorausgegangenen Analyse ging es darum, die Öffnungen von Nietzsches politischer Philosophie zum Italo- und Germanofaschismus so genau als möglich zu markieren. Zunächst zeigte sich dabei, daß Nietzsche auch als Pazifist auftritt. Öffnung zum Faschismus ist also nur eine Teilwahrheit. Teilwahrheiten sind, obgleich Zahlungsmittel wissenschaftlicher Forschung, unbefriedigend:

Denn hat er die Teile in seiner Hand,
Fehlt leider! nur das geistige Band
(Faust I, Verse 1938–39).

Zur Erinnerung seien die Elemente seiner Philosophie, mit denen sich Nietzsche dem Faschismus öffnet, noch einmal aufgezählt:

1. Die Forderung nach Vernichtungskriegen.
2. Die politische Rassenontologie einschließlich ihrer Bedrohungstheorie und Radikallösungen, d. h. der Forderung nach Massenausrottungen.
3. Diagnose von bzw. Forderung nach Einheit von Vollkommenheit und Verbrechertum.
4. Die überpolitische Einheit von Macht- und Zweckstaat, die die Züge platonistischer Politästhetik, sakralisierter Politik und die Einheit von Staatsmann und Künstler enthält.
5. Die Theorie der Bedrohung durch einen egalitären Totalitarismus, dem zuvorzukommen sei.
6. Die Aufhebung der Gattungsemanzipation des Menschen in einer über die Aufklärung aufgeklärten Aufklärung als politischer Kastenordnung.
7. Die Sprengung der nationalen Grenzen für eine neue politische Kasten- und Rangordnung durch Züchtung einer gesamteuropäischen oder globalen Herrenkaste.

Ist Nietzsche nun nicht nur in diesen sieben Zügen dem späteren Faschismus nahe, sondern kann er auch als *Protofaschist* bezeichnet werden, weil er Macht und Gewalt an die Stelle der überlieferten Vernunft setzen wollte?

Die Frage kann jetzt beantwortet werden: Nietzsche versucht, einer bisher unterdrückten Vernunftform (leibgewordene Vernunft) so zur Geltung zu verhelfen, daß die bisher unterdrückende Vernunft (nihilistische Vernunft), jene leibgewordene Vernunft nicht mehr an ihrer ungehemmten Selbstverwirklichung hindern kann. Dabei geht es nicht primär um einen gewaltsamen Herrschaftswechsel oder um eine neue Unterdrückung der bisher herrschenden Vernunft. Vielmehr ergeben sich im Hinblick auf Gewalt drei Möglichkeiten:

- Vernichtung desjenigen menschlichen Lebens, das die leibgewordene Vernunft an ihrer Selbstrealisierung hindern könnte (4. Dilemma)
- Rassenontologisch gesicherte Kastenordnung mit der Chance zur gewaltfreien, maximalen Verwirklichung der verschiedenen Vernunftformen (orientalisches Modell).
- Kastenförmige Zweiteilung der Gesamtgesellschaft in zwei Moralen mit übermenschlicher Immunität und Täuschung der Herrschenden bzw. übermenschlichem Getäuschtwerden der Beherrschten: Die Macht liegt ganz in der erfolgreichen Dauertäuschung (Machiavellismus).

Jenen altindischen ›Machiavellismus‹ des Kautilya (322 bis 298 v. Chr.), gegen den Machiavellis »Il principe« laut Max Weber geradezu »harmlos« ist, hat Nietzsche nicht gekannt.[59] Die oben entwickelten Lösungsfiguren zeigen ein komplexes Verhältnis zwischen Vernunftveränderung und Gewalt. Die leibgewordene Vernunft ist als Arbeit der Selbstbeherrschung zu verstehen, nicht als Fremdbeherrschung. Trotzdem kann Nietzsche nicht davon freigesprochen werden, zwischen der Veränderung des Vernunftbegriffs und der Gewalt Verbindungen gestiftet zu haben. Daß Gewalt nicht vorliegt (orientalisches Modell) oder Machtbezüge in gelingender Dauertäuschung aufgehen (Machiavellismus), hindert den Radikalen der Redlichkeit nicht an einer Option für Ausrottung nach dem Motto ›Lieber schlechte Gliedmaßen ausreißen, als den gesamten Leib (der Gesellschaft) dahinsiechen lassen‹. Diese Forderung bezüglich des eigenen Leibes im Hinblick auf Heil oder Verdammnis findet sich übrigens schon bei Matth. 5, 29–30, in der sog. Bergpredigt.

Nietzsche wäre also als Protofaschist zu bezeichnen, weil und sofern er eine Vernunftkritik betreibt, die, ähnlich der von *Georges Sorel*, zu einer *dauernden Teilung* der Gesellschaft mittels Gewalt führt? Offenbar bleibt nichts übrig als eine Bejahung dieser Frage. Aber selbst wenn diese Antwort nicht zu umgehen ist, so bleibt sie zutiefst unbefriedigend, und zwar aus zwei Gründen:

1. Wo bleibt nun der bezeichnete *Pazifismus* Nietzsches?
2. Was haben der Italofaschismus und der Germanofaschismus mit Nietzsches Politmodellen zu tun, d. h. mit den bezeichneten *Dilemmata*?

Die Beantwortung dieser Fragen läßt sich nur vermeiden, wenn man die traditionelle Linie der Übereinstimmung zwischen Nietzsche und dem Faschismus unkritisch reproduzieren will.

(1) Zu Nietzsches Pazifismus bezüglich seiner politischen Vernunftkritik: In welcher Beziehung steht der Pazifismus Nietzsches, d. h. seine Bekenntnisse zu Friedfertigkeit und Gewaltlosigkeit, zu seiner Vernunftkritik und ihren politischen Gestalten? Zunächst ließe sich behaupten, daß der Pazifismus eher eine Bestätigung der nihilistischen Vernunft darstellt. In der Tat findet sich eine derartige Konzeption bei Nietzsche. Sie wurde oben bei der Beschreibung der Menschen gestreift: diese fürchten sich nicht mehr voreinander, leben eine täglich-nächtliche Portion Lust nach Maßgabe materialer Gleichheit aller. Nicht eigentlich zum Thema dieser Studie gehört Nietzsches Kritik des Christentums und des Buddhismus als nihilistischer Bewegungen. Wenn Buddha, so argumentiert Nietzsche hierbei, von allem Wollen und Handeln abrät, wenn Jesus ferner fordert, man soll dem Bösen keinen Widerstand leisten (Matth. 5, 40), dann beweise dies, daß diese Religionen – und speziell der Buddhismus – von dieser unserer Erde zugunsten eines erlösenden Nichts fortkommen wollen (vgl. Herbst 1887, VIII, 2, S. 235 f., Nr. 10 [190]).[60]

Es gibt also einen Pazifismus, der zur nihilistischen Vernunft bzw. überhaupt zum Nihilismus gehört. Pazifismus ist, wie Mitleid, eine Praktik des Nihilismus. Damit ist aber schon ausgesagt, daß *dies nicht* der von Nietzsche vertretene Pazifismus ist. Nietzsche bemüht sich mit Hilfe seiner Vernunftkritik ja um eine Überwindung des Nihilismus.

Deshalb kann zwischen einem nihilistischen und einem nicht-nihilistischen Pazifismus unterschieden werden. Wie verhält sich nun der nicht-nihilistische Pazifismus zur Vernunftkritik? Die Antwort wurde indirekt schon gegeben: Die leibgewordene Vernunft ist, als Arbeit der Selbstmacht, der Selbstbeherrschung verstanden, friedfertig. Die Vertreter der leibgewordenen Vernunft sollen jene Starken sein, die unter der Herrschaft der bisherigen Vernünftigkeit – wie Nietzsche in gewisser Übereinstimmung mit Platon behauptet – zu Verbrechern werden mußten. Die neuen, erst nach dem Rassenausgleich heranzuzüchtenden Herren Europas bzw. der Erde sollen in einer ungehinderten Arbeit an sich bzw. in ungehindertem Selbstgenuß leben, wie die altindischen Brahmanen oder die Götter Epikurs. Nietzsches – schon mehrfach zitierte – Äußerung »Herrschen? Meinen Typus Andern aufnöthigen? Gräßlich! Ist mein Glück nicht gerade das Anschauen vieler Anderer?« ist nicht einfach als Inkonsequenz gegenüber der Hypothese eines in allem wirkenden Willens zur Macht zu deuten, die ihm durchaus zuzutrauen wäre. Es existiert vielmehr eine spezifische Friedfertigkeit der leibgewordenen Vernunft. Sie wird z. B. in »Der Wanderer und sein Schatten« (Nr. 350) beschworen, aber auch noch im übermenschlichen Machiavellismus: Macht benötigt hier keine Gewalt, sondern erreicht Herrschaft, indem sie ganz Täuschung ist.

Entsprechend ist es verfehlt, Nietzsche in die Reihe jener Theoretiker einzugliedern, die von einem ursprünglich egoistisch-tyrannischen Machttrieb ausgehen, der durch geeignete Institutionen zu kontrollieren ist. Solche Theoretiker sind, wie erwähnt, Hobbes, Pascal oder der Marquis de Sade.[61] Nietzsche selbst hat allerdings dafür gesorgt, so eingestuft zu werden, z. B. mit seinen lautstark inhaltslosen Bekenntnissen zu *Thukydides*, dem griechischen Historiker und Anatomen politischer Gewalt und Machtgier. Bei Thukydides findet sich der sog. Melierdialog, ein Dokument dafür, daß Macht vor Recht geht. Die Athener stellen die Vertreter der Inselbewohner von Melos vor die Alternative der freiwilligen Unterwerfung oder der Versklavung bzw. Ausrottung. Die Starken setzen ihre Forderungen durch, weil sie stark sind. Nur die Macht ist Norm, und die armen Melier berufen sich vergeblich auf die ohnmächtige Norm der Gerechtigkeit (vgl. Thukydides V, 90). Nietzsche steht nicht – anders also als das übliche Bild vermuten läßt – auf der Seite der Athener, d. h. der Starken. Die blonden Bestien gehören eher einer vormoralischen Epoche an. Die künftige außermoralische Epoche (vgl. Jenseits von Gut und Böse Nr. 32) scheint nicht einfach in einer Wiederholung der Bestienzeit zu bestehen. Der Melier-Dialog des Thukydides hat Nietzsche sogar entsetzt: »Die entsetzliche Unterredung der Athener mit den Meliern bei Thucydides! Es musste bei solchen Gesinnungen das Hellenische zu Grunde gehen, durch Angst auf allen Seiten« (Krit. Stud.ausg., Bd. 8, S. 110, Nr. 6 [32]). In »Der Wanderer und sein Schatten« (Nr. 22) entwirft Nietzsche im übrigen ein Gleichgewichtskonzept von Macht in humanitärem Ton, kein Preislied der Starken und ihrer Stärke.

Läßt sich auf diese Weise zeigen, daß bei Nietzsche nicht einfach das Dasein eines tyrannischen Triebes zugrunde gelegt wird, den es durch Institutionen zu kontrollieren und zu kanalisieren gilt, so erscheint die zur leibgewordenen Vernunft gehörende Friedfertigkeit andererseits nicht als eine *Norm*, der sich die Starken aus Einsicht unterwerfen. Wenn politische Denker der Neuzeit sagten, »Begierde nach Macht um der Macht willen« sei die allgemeine Neigung aller Menschen (Hobbes); »jedes Ich […] möchte der Tyrann über alle anderen sein« (Pascal); »der Mensch liebt, zu befehlen und daß man ihm gehorcht; er liebt es, sich mit Sklaven zu umgeben, die ihm Genugtuung verschaffen« (de Sade), dann balancieren diese Denker die Machtgier jeweils durch politisch wirksame Normen aus. Genau das verbietet sich Nietzsche, der jenseits von Gut und Böse philosophieren will. Die politischen Machtanalytiker der Neuzeit philosophieren aus seiner Sicht immer noch unter der Annahme, daß dem Natürlichen (Machttrieb) ein Anderes, ein soziales Gut, eine Norm ausgleichend entgegengesetzt werden müsse. Eine Ausnahme erblickt Nietzsche – nicht zu Unrecht – in Machiavelli. Nietzsche arbeitet, so gesehen, an einer Aufklärung über die Aufklärung. Es geht um eine Überwindung der aufklärenden Aufklärung mit dem Ziel einer *aufgeklärten* Aufklärung: diese erst kann freien, normentbundenen Gebrauch von der Annahme eines ›Willens zur Macht‹ machen.

Methodisch scheint Nietzsche auf etwas zuzusteuern, das man Preisgabe, Sprengung, Verneinung aller Normen nennen kann. Der ›Wille zur Macht‹ bildet dabei keine neue Norm. Er bezeichnet generell die Verfassung des Lebendigen und hat insofern deskriptiven, keinen normativen Sinn. Aber die gedankliche Situation, in die hinein sich Nietzsche manövriert, ist noch komplexer. Wie soll es möglich sein, sich von Normen freizuhalten? Müßte Nietzsche nicht konsequenterweise bei einem *anarchistischen Egoismus* bzw. bei einem *egoistischen Anarchismus* landen, einer Wegnahme aller Formen von politischer Herrschaft? Ein solcher Anarchismus wurde in *Max Stirners* »Der Einzige und sein Eigentum« (1845) radikalistisch reflektiert geboten. Nietzsche hat Stirner vielleicht – nachgewiesen ist das nicht – gelesen.[62] Stirner zelebriert die Absage an alle Ideale, die in irgendeiner Weise entindividualisieren. Es geht am Ende um die Zurückweisung des ›Was ist der Mensch?‹ zugunsten der auf die absolute Selbstermächtigung zielenden Frage: ›Wer ist der Mensch?‹ Denn: »Bei ›was‹ suchte man den Begriff, um ihn zu realisieren; bei ›wer‹ ist's überhaupt keine Frage mehr, sondern die Antwort im Fragenden gleich persönlich vorhanden: die Frage beantwortet sich von selbst. [...] Jedes höhere Wesen über Mir, sei es Gott, sei es der Mensch, schwächt das Gefühl meiner Einzigkeit und erbleicht erst vor der Sonne meines Bewußtseins« (Stirner 1970, S. 224 f.).

Einen ähnlichen Abbau des Allgemeinen betreibt auch Nietzsche, aber er macht vor der Konsequenz Stirners halt. Die anarcho-idealistische Befreiung bleibt bei Nietzsche das Vorrecht weniger! Dadurch gewinnt er – ob nun beabsichtigt oder nicht – einen methodischen Vorsprung: Stirners Konsequenz der absoluten Normverneinung schlägt in ein Normdasein um bzw. entbehrt der erkenntnismäßigen Begründung des Ausstiegs aus allgemeinen Strukturen. Nietzsche benutzt diesen Vorsprung: Wenn nicht die Befreiung aller Menschen zu ›Eigentümern‹ ihrer selbst angestrebt wird, dann ist es folgerichtig, daß andere Bestimmungen sich geltend machen. Stirner wendet den deutschen Idealismus in einen Anarcho-Nihilismus: Marx und Engels wandten entsprechend gegen Stirner ein, er ersetze den spekulativen Idealismus durch einen bloß individualistischen Idealismus und gelange deshalb nicht dazu, wirkliche Mächte und Kräfte hinter ›Staat‹, ›Religion‹ usw. zu dechiffrieren (Marx/Engels, Deutsche Ideologie). *Formal* verstanden, läuft Nietzsches Differenz zu Stirner auf dasselbe hinaus: nur wenn man philosophisch Idealist bleibt, kann man eine Befreiung *aller* zum Egoismus wollen. Die Realität sieht für Nietzsche anders aus: es gab immer Starke und Schwache, und es wird sie immer geben. Die materielle Wirklichkeit enthält – anders als in der politischen Ökonomie von Marx und Engels – natürliche, d.h. rassenontologische Verschiedenheiten. Ihnen *entsprechen* verschiedene Moralen und Formen von Vernünftigkeit. Die leibgewordene Vernunft ist zwar friedfertig, aber *dazu* benötigt sie die Position der Herrschaft. Die großen Kriege werden aus der bisherigen Schwachenherrschaft erklärt, bzw. als explosive Zukunft vorausgesagt. Nietzsches *aufgeklärte* Aufklärung will die aufklärende Aufklärung ablösen, indem die bisherigen Wertungen umbesetzt werden, ohne dabei auf eine allgemeine Bejahung allgemeiner Normverneinung zu verfallen.

Es fällt nicht leicht, ohne Zynismus zu sagen: Die leibgewordene Vernunft der Wenigen und Starken ist genau dann friedfertig, wenn sie mit ultraabsolutistischen Herrschaftsvollmachten ausgestattet ist. Nietzsches Pazifismus, sofern er nicht-nihilistisch ist, besteht also nicht nur in jenem Aussteigertum aus dem Politischen (3. Dilemma). Er ist eine Konsequenz derjenigen Wertumwertung, die die bisher zu Verbrechern gestempelten Starken an die Macht bringt: Nietzsches *Pazifismus* steht *nicht im Gegensatz* zu seinem Grundkonzept des Politischen.

Ein Problem bleibt dabei immer noch die Einordnung pazifistischer Äußerungen wie die oben zitierte Nummer 284 aus der »Wanderer und sein Schatten« oder wie Nietzsches eigene Verweigerung von Herrschaft. Dieser Pazifismus trägt Züge des von Nietzsche später abgelehnten nihilistischen Verzichts auf Handlungen. Es ist aber auch legitim, in jenen pazifistischen Äußerungen die – in Nietzsches politischer Philosophie im ganzen untergehende – *Stimme Montaignes* zu vernehmen, sofern diese Stimme sich pazifistisch-politisch artikuliert.

(2) Der Faschismus und die politischen Dilemmata Nietzsches: Nietzsches Beschreibungen der politisch-apolitischen Figuren der nihilistischen Vernunft *sollen* in seinem Sinn *Dilemmata* darstellen. Die letzten Menschen leben in auswegloser, paradoxer Einheit von unpolitischem und zugleich totalitärem Gleichheitszustand dahin. Und: der Staat von heute ist, je mehr er sich als Ersatzform göttlicher Weltregierung inszeniert, dem Untergang geweiht: Untergang im Letztmenschentum, Untergang im neuen Aufgang großer überpolitischer Kastenordnungspolitik, der kein Menschenopfer zu gering ist.

Aber: Die politisch-apolitischen Betätigungen der leibgewordenen Vernunft laufen in Nietzsches Denken zu Labyrinthen aus. Die apolitischen Staatsaussteiger von heute warten auf den künftigen Lohn durch Volkwerdung und übermenschliche Politikordnung. Da diese aber nicht vorhersagbar sind wie Naturereignisse und – würden sie eintreffen – die Möglichkeiten der Menschen überstiegen, so entsteht das Dilemma einer schlechten Wirklichkeit des Staates von heute und der unwirklichen Möglichkeit einer übermenschlichen Politik von morgen

(3. Dilemma). Bleibt die Ausrottung statt des Ausstiegs: Ausrottung der Parasiten, der Entarteten, Wegschaffen von Millionen, die die neue Rangordnung hindern und weiterhin das fortsetzen, was bisher »die Starken zähmte und die Zahmen stärkte« (Heinrich Heine).[63] Die Ausrottung aber setzt politische Rahmenbedingungen voraus. Wären sie so, wie Nietzsche sie einschätzt, nämlich als demokratische Tendenzen gegeben, dann wäre eine Ausrottungspolitik undenkbar (4. Dilemma). Bleiben noch die Kastenordnungen: Da orientalische Modell ist allerdings friedfertig, weil Herrschaftsverhältnisse wie Naturbezüge existieren. Das europäische Modell wiederum, die Kastenordnung unter Bedingungen von Demokratisierung, bringt an den Tag, wie Nietzsche selber betont, weshalb die Kastenordnung zu schön ist, um wahr zu werden: sie unterstellt übermenschliche Bedingungen.

Nietzsche hat seine eigenen Dilemmata nicht überall wahrgenommen. Das altorientalische Modell wird ohne Problematisierung dargeboten, ebenso die Ausrottungsforderungen. Daß Nietzsche mit politisch-apolitischen Figuren nur gespielt habe, ist unwahrscheinlich. Nietzsche hat an die Notwendigkeit geglaubt, daß große, überpolitische Politik sich ereigne. Er hat gefordert, was seiner Ansicht nach kommen muß. Er hat an die Verwirklichung einer Rangordnung zwischen den Wenigen mit leibgewordener Vernunft und den Vielen, die ihre Verhältnisse nach nihilistischer Vernunft regeln, offenbar fest geglaubt. Müßig, zu grübeln, an welche Staatsform er wohl dachte: »Das Wesentliche an einer guten und gesunden Aristokratie ist aber, dass sie sich *nicht* als Funktion (sei es des Königthums, sei es des Gemeinwesens), sondern als dessen *Sinn* und höchste Rechtfertigung fühlt, – dass sie deshalb mit gutem Gewissen das Opfer einer Unzahl Menschen hinnimmt, welche *um ihretwillen* zu unvollständigen Menschen, zu Sklaven, zu Werkzeugen herabgedrückt und vermindert werden müssen. Ihr Grundglaube muss eben sein, dass die Gesellschaft *nicht* um der Gesellschaft willen dasein dürfe, sondern nur als Unterbau und Gerüst, an dem sich eine ausgesuchte Art Wesen zu ihrer höheren Aufgabe und überhaupt zu einem höheren *Sein* emporzuheben vermag.«

Damit faßt Nietzsche selber die verschiedenen Politmodelle zusammen: Wesentlich sind die Wenigenherrschaft, die Versklavung und die partielle Vernichtung der übrigen Menschen. Das alles haben nicht erst der Nachlaß oder gar die Zusammenstellung »Der Wille zur Macht« zutage gefördert oder so erscheinen lassen. Es steht, wie es zitiert wurde, in der 1886 veröffentlichten Schrift »Jenseits von Gut und Böse. Vorspiel einer Philosophie der Zukunft«, Nr. 258.

Die Zukunft: sie sah, kurz gesagt, so aus, daß nicht Kaiser Wilhelm II., dem Nietzsche die Botschaft der großen Kriege brieflich anvertrauen wollte (s. oben, S. 97 f.), sie wesentlich gestaltete, wohl aber Mussolini und Hitler. Diese erfanden die Umsetzung von Nietzsches erstem und zweitem Dilemma in Propaganda; zweitens die Selbstdarstellung als Erfüllung des geweissagten neuen Reiches (3. Dilemma); drittens die Kombination des vierten und fünften Dilemmas zu einer Möglichkeit der Tat.

Diese Erfindungen sind bekannt, allzu bekannt, allerdings unter anderen Bezeichnungen. Ihre Beschreibung kommt normalerweise ohne Bezugnahme auf Nietzsche aus: Der Italo- und der Germanofaschismus sind durch Nietzsche nicht, jedenfalls nicht hinreichend erklärbar. Überlegungen, die von der Inexistenz Nietzsches oder aber von seiner Zeitgenossenschaft mit dem Faschismus ausgehen, sind spekulativ. Nietzsches Lehre existiert; eine Zeitgenossenschaft mit den Faschisten existiert nicht. Also bleibt ein Vergleich beider.

Das erste und zweite Dilemma Nietzsches als *Propaganda*: Nietzsches Staatskritik und Vision vom Totalitarismus der Gleichheit wurde in antidemokratische und antisozialistische Politreklame übersetzt, die es zuvor noch nicht gegeben hatte. Die faschistische Propaganda fand verbal bei Mussolini rasch den Anschluß an Nietzsche: »Jetzt folgt ein aristokratisches Jahrhundert – das gegenwärtige – dem vergangenen, demokratischen. Der Staat aller (Lo stato di tutti) wird sich in den Staat weniger (lo stato di pochi) verwandeln« (Montemaggiori 1934, S. 181). Und wenn Nietzsche schrieb: *»gefährlich leben!«* Baut eure Städte an den Vesuv! [...] Seid Räuber und Eroberer, so lange ihr nicht Herrscher und Besitzer sein könnt« (Die fröhliche Wissenschaft, Nr. 283), so war es Mussolini, der das ›Gefährlich leben!‹ zu seinem Wahlspruch erhob: »Ich habe nicht umsonst als Motto meines Lebens ›Lebe gefährlich‹ gewählt (Montemaggiori, S. 349). Nicht zufällig ließ er das Motto »Vivi pericolosamente!« auf Häuserwände plakatieren. Gefährlich leben: die Faschisten legten es so aus, daß es *die anderen* waren, die durch den Faschismus in Gefahr gerieten.

Der Italofaschismus deklarierte sich als Erfüllung des antiken römischen Imperialismus: »Nach achtzehn Jahrhunderten kehrt das von Rom exilierte Italien nach Rom zurück« (Dopo diciotto secoli l'Italia esiliata da Roma torna a Roma), lautete eine erste Botschaft Mussolinis (Montemaggiori, S. 620). Dies bildet auch eine Erfüllung von Nietzsches Attentismus: Zurück zur politischen Vornehmheit des römischen Imperiums. In Deutschland ward ein anderes, drittes, tausendjähriges Reich geweissagt, das im übrigen schon bei Nietzsche anklingt: »unser grosses fernes Menschen-Reich, das Zarathustra-Reich von tausend Jahren« (Also sprach Zarathustra IV; Das Honig-Opfer). Das theologische Vorbild, das nun politisiert wird, ist die Offenbarung des Johannes (V., 20 ff.).

Der Italofaschismus als »Normalfaschismus« (Ernst Nolte) fand eine relativ normalpolitische Lösung des dritten und vierten Nietzsche-Dilemmas. Er ging nicht den Weg der Ausrottung, sondern genügte Nietzsches Forderung: »**Hauptgesichtspunkt: Distanzen** aufreißen, aber **keine Gegensätze schaffen**. Die **Mittelgebilde** ablösen und im Einfluß verringern: Hauptmittel, um Distanzen zu erhalten« (VIII, 2, S. 160, Nr. 10 [63]). Keine Gegensätze, denn mit Gegensätzen würde die bisherige Herrschaft *einer* Moral und ihrer Gut-Böse-Dualisierung nur wiederholt. Eine politisch gemachte Rangordnung zweier Moralen läßt kein Drittes zu. Der Italofaschismus hat dies in Form eines Polizeistaates realisieren wollen, der Grundrechte und Menschenrechte aufhob und die »Zerschlagung aller intermediären Gewalten« betrieb.[64] Das widerspricht übrigens nicht der bekannten Faschismuserklärung von *Renzo de Felice*: »Deklassierung von Mittelstandsschichten, die ins Proletariat absanken und, um dieses Schicksal zu fliehen, rebellierten« (vgl. de Felice 1976, S. 30 sowie ders. 1977). Paradoxie also: Zerschlagung der Mittelgebilde durch einen Mittelstand. Paul Valéry (1974, S. 1551) notierte über Mussolini: »der persönliche Eindruck, den er 1924 und 1925 bei mir hinterlassen hat, war der eines mittelmäßigen und vulgären Mannes«.

Gipfel der faschistischen Auflösung des vierten und fünften Nietzsche-Dilemmas ist der nationalsozialistische Holocaust, der heimlich erfolgte. Zwar hat er mit Nietzsches Züchtungsphantasien aus Juden und Preußen speziell nichts zu tun, grundsätzlich jedoch greift er dessen Ausrottungsphantasien auf. Hielt man sich in Italien immer noch – der eigenen Lokaltradition folgend – an einen *machiavellistisch interpretierten Polit-Nietzsche,* so kam es in Deutschland zu einem *nietzscheanisch gewendeten Machiavellismus*. Eine ›Kastenordnung‹ lag vielen Deutschen in ihrer Sehnsucht nach dem alten Obrigkeitsstaat anstelle der ungeliebten Weimarer Republik nahe. Sie etablierte sich aber in einem eigenen Ordnungsrahmen, d. h. in einer Partei und ihren Instrumenten von Sicherheitspolizei und SS. Dieses Kastenwesen – Hitler und Rosenberg sprechen von »Orden« – besaß große Attraktivität für das staatliche Restgebilde, sozusagen als Avantgarde einer künftigen Gesamtkastenrangordnung. Es konnte das Ausrottungswerk durchführen, aber nicht öffentlich. Das Gesamtvolk erachtete man noch nicht für reif, diese Tat zu verstehen – wie H. Himmler zu erkennen gab. Auf diese Weise wurde, was bei Nietzsche als viertes und fünftes Dilemma besteht, miteinander verbunden: Es gibt eine Rangordnung, und es findet ein erstes Ausrottungswerk statt.

Was hat dies nun alles wirklich mit Nietzsches politischen Äußerungen zu tun? Ist es zulässig, über Analogien hinaus zwischen Nietzsche und dem Faschismus ein Verhältnis von Theorie und Praxis, von Denkern und Tätern zu behaupten? Zwei Hauptthesen bleiben am Ende:

(1) Nietzsches politische Philosophie ist vom Faschismus deshalb *getrennt,* weil bei ihm alles in Labyrinthe, in Undurchführbares, in Dilemmata ausläuft. Er hat Möglichkeiten bis zu dem Punkt durchreflektiert, wo ihre Undurchführbarkeit sichtbar wird: Sein Machiavellismus bekundet sich als übermenschlich-undurchführbares Modell. Nietzsche und der Faschismus haben keine Berührungspunkte.

(2) Nietzsches politische Philosophie erfährt durch den Faschismus den Versuch einer Umsetzung in die Tat, und zwar gerade im Sinne der Undurchführbarkeit. Nietzsche selbst hat seine Forderungen nicht in jeder Hinsicht für undurchführbar gehalten. Daß sie sich nicht realisieren lassen, können wir erst heute durch gedankliche Rekonstruktionen einsehen (Dilemmata). Die Faschisten liefen mit ihrem heroischen Terrorismus in eine am Ende selbstmörderische Aufhebung ihrer Bewegung hinein, ohne daß dies ihr Ziel gewesen wäre (vgl. Paul Virilios These vom Faschismus als Selbstmord; s. oben, S. 26).

Welche Hypothese soll gelten? Nietzsche als politischer Denker, der phantasmagorische Maximalforderungen stellt, um sie am Ende durch ihre Undurchführbarkeit zu neutralisieren? Oder: Nietzsche als politischer Denker, der Forderungen stellt, die er selber für realisierbar hielt, obwohl sie es nicht sein konnten – und die Faschisten als seine politischen Kinder, deren Selbstmord als heroischer Terrorismus begann? Generell gibt es stets ebenso Argumente für eine positive wie für eine negative Beziehung zwischen einer politischen Theorie und denjenigen Bewegungen, die sich auf sie berufen. Im Falle von Robespierre, Rousseau, Lenin oder Marx sind solche positiven Bezüge mehr oder minder akzeptiert. Wie soll für Nietzsche entschieden werden?

Analogien können eine positive Theorie-Praxis-Beziehung nicht ersetzen. Im zweiten Teil wurde bereits deutlich, daß die bisherigen Argumente für eine Differenz zwischen Nietzsche und dem Faschismus nicht sonderlich stark sind. Daher ist naheliegend, daß Nietzsches politische Theorie und die Praxis des Faschismus sich positiv entsprechen. Die Faschisten arbeiteten an Verwirklichungen von Nietzsches politischer Philosophie. Dagegen spricht die von Nietzsche selber benannte Undurchführbarkeit seiner politischen Ordnung. Auch wenn sich der Faschismus letztlich als undurchführbar erwies, so war Undurchführbarkeit doch keineswegs Absicht und Motiv der Faschisten! So bleibt es grundsätzlich möglich, eine negative Theorie-Praxis-Beziehung zwischen Nietzsche und dem Faschismus zu behaupten.

Zusammenfassend können wir sagen: Nietzsches politische Philosophie ist zum Faschismus hin geöffnet. Es gibt sieben Entsprechungen, sieben Analogien seiner Äußerungen zum Faschismus. Diese Analogien lassen sich aber nicht in ein eindeutiges Verhältnis von Theorie und Praxis, Denken und Tat, Konzeption und Ausführung bringen. Nietzsches politische Philosophie dreht sich in Kreisen, während der Faschismus bohrend und linear aktiv wird. Aus der antiken Philosophie steht ein Bild bereit, das zwei auseinanderliegende Bewegungen als zusammengehörige faßt[65]: Es ist die Kreisbewegung der Schraube, deren Gewinde sich zugleich geradlinig in Holz einbohrt. Bildet Nietzsche den rotierenden Schraubenkopf, so ist der Faschismus das geradlinig sich einfressende Gewinde. Es kann bisher nicht jenseits aller Zweifel entschieden werden, ob jener Schraubenkopf mit diesem Gewinde verlötet ist. Dennoch mag es hinreichen, gezeigt zu haben, daß überhaupt eine Beziehung von Schraubenkopf und Gewinde für die Beziehung Nietzsches zum Faschismus relevant und plausibel ist. Mit einigem Recht kann man von einem *Protofaschismus* Nietzsches sprechen. Nietzsche will mit allen Mitteln eine – von ihm fraglos vorausgesetzte und für ihn absolut gewisse –

Ungleichheit der Menschen sichern. Endlösungen zur Sicherung der Ungleichheiten, damit Metaphysik nicht mehr möglich und Nihilismus nicht mehr nötig ist: das ergibt eine Gesamtbezeichnung für Nietzsches Protofaschismus.

*

Das Leben mit einer Doppelhypothese muß nicht unbefriedigend ausfallen. Argumente sind nun mehr als zuvor gesucht. Man mag sich dabei an das Faktum erinnern, daß gewisse Theoretiker des Nationalsozialismus (v. Westernhagen und Steding) Nietzsche ablehnten. Der Italofaschismus stellt demgegenüber einen wesentlich reineren Nietzscheanismus dar: Er bildet den Anschluß an Machiavelli und an die romanità, beide von Nietzsche selber gepriesen. Das ideologische Veto weniger Nazis entkräftet jedoch nicht die Entsprechungen zwischen Nietzsche und dem Germanofaschismus. Selbst wenn die Nationalsozialisten von Nietzsche nichts gewußt hätten – in Wirklichkeit waren sie z. T. genaue Leser –, könnten zwischen seinen Lehren und ihren Äußerungen und Taten Entsprechungen bestehen. Selbst wenn Nietzsche ein erst jetzt wiederentdeckter Zeitgenosse Giacchino da Fiores aus dem 12. Jahrhundert wäre, könnte er noch immer Analogien mit dem Faschismus aufweisen.

Die Doppelhypothese: Vielleicht läßt sich eines Tages doch das Argument finden, mit dem zugunsten der einen oder der anderen Hypothese eine Entscheidung herbeigeführt wird. Schon jetzt könnte man vielleicht eines benennen. Es ist ein Argument, das im Verdacht steht, Nietzsche vom Faschismus zu trennen, und lautet: Nietzsche beschwört in »Jenseits von Gut und Böse« Nr. 203 selber die »erschreckliche Gefahr«, daß die künftigen Führer »ausbleiben oder missrathen und entarten könnten«. Das Argument, das sich daraus ergibt, lautet: Nietzsche war nicht nur bewußt, daß seine Lehren mißbraucht werden könnten, sondern daß die politische Entwicklung selber eine Fehlentwicklung gebiert. Es gibt keine Garantie dafür, daß – wie der Kontext von Nr. 203 es nennt – die »Herrschaft des Unsinns und Zufalls, die bisher ›Geschichte‹ hiess«, wirklich überwunden wird. Erweist sich nicht exakt der Faschismus rückläufig als solche Fehlentwicklung?

Die vorstehenden Analysen wären umsonst geschrieben, wenn es Gründe gäbe, diese Fragen zu bejahen. Zunächst: *Ausgeblieben* sind die Führer nicht. Und sie entsprechen auch Nietzsches Forderung nach antidemokratischem Pathos: »wir, denen die demokratische Bewegung nicht bloss als eine Verfalls-Form der politischen Organisation, sondern als Verfalls-, nämlich Verkleinerungsform des Menschen gilt, als seine Vermittelmässigung und Werth-Erniedrigung: wohin müssen wir mit unseren Hoffnungen greifen? [...] nach Menschen der Zukunft, welche in der Gegenwart den Zwang und Knoten anknüpfen, der den Willen von Jahrtausenden auf *neue* Bahnen zwingt. [...] Das Bild solcher Führer ist es, das vor *unseren* Augen schwebt.« Nietzsche erprobt hier selber die Optik der Aussteiger aus dem Staat seiner Zeit: Demokratie ist diejenige politische Formation, die Menschheitsemanzipation verhindert. Die Führer der Zukunft müssen daher stets die Menschheit im Blick behalten. Der künftige Führer »weiss es mit allem Wissen seines Gewissens, wie der Mensch noch unausgeschöpft für die grössten Möglichkeiten ist«. Er kennt entsprechend die Gefahr: »Die *Gesammt-Entartung des Menschen*, hinab bis zu dem, was heute den socialistischen Tölpeln und Flachköpfen als ihr ›Mensch der Zukunft‹ erscheint – als ihr Ideal! – diese Entartung und Verkleinerung des Menschen zum vollkommenen Heerdenthiere (oder, wie sie sagen, zum Menschen der ›freien Gesellschaft‹), diese Verthierung des Menschen zum Zwergthiere der gleichen Rechte und Ansprüche ist *möglich*, es ist kein Zweifel!«

Ausgeblieben sind sie nicht, die Führer, die eine menschenfeindliche Demokratie zerschlagen, um Völker zu retten: Mussolini, schrieb Gentile, sei ein »von der Vorsehung eingesetztes Mittel, um eine neue Zivilisation zu schaffen« (Montemaggiori 1934, S. 243). »Nur Julius Caesar war der Vorläufer Mussolinis«, schrieb L. d'Addabo (Montemaggiori, S. 246). Wenn eine Provinzbestie wie Cesare Borgia oder der Unmensch-Übermensch Napoleon zum bestiarium nietzscheaneum der politisch-überpolitischen Retter gehören, dann zählen a fortiori auch der italofaschistische Duce und der germanofaschistische Führer zu diesem bestiarium.

Da die Führer nicht ausgeblieben sind, bleibt die Frage, ob sie Nietzsches Befürchtung bestätigen, wonach sie »missrathen und entarten könnten«. Was hieße dies für Nietzsche? Der zitierte Kontext und die oben angeführten Belege besagen: ›Entartung‹ bezeichnet den Zustand von Individuen und Gruppen, die einem Zustand maximaler materialer Gleichheit zustreben. Führer wären demzufolge genau dann entartet, wenn sie diese Tendenz bei Gesellschaften, Völkern, Staaten beschleunigen würden, d. h. wenn sie demokratische Ideale zu verwirklichen suchten. Nichts lag Mussolini und Hitler jedoch ferner als der Aufbau demokratischer Institutionen. Vielmehr folgte ihr politisches Handeln fanatisch dem Ziel, diese zu zerschlagen, Grundrechte, Menschenrechte, gleiche Rechte außer Kraft zu setzen. Wer sie für ›mißraten‹ oder ›entartet‹ hält, urteilt mit den Wertmaßstäben einer demokratischen Kultur, nicht mit denen Nietzsches.

Teil IV

Proto- und Antifaschismus der französischen Nietzscheaner

Unter »französischem Nietzscheanismus« ist das zu verstehen, was Foucault, Derrida und vor allem Deleuze/Guattari – nach der Vorgängerschaft von Camus, Blanchot, Bataille – gegenwärtig vertreten: Nicht eine akademische Nietzsche-Interpretation, sondern Nietzsche als Anlaß zu weitergehenden philosophisch-politischen Konzepten. Geboten werden Ansätze, die die herrschenden und sich herrschaftsfeindlich gebenden marxistischen und psychoanalytischen Diskurse entlarven sollen. In Deutschland werden diese Tendenzen mit Besorgnis wahrgenommen. Man wittert die Gefahr von Antirationalismus und neuem Faschismus. Um diesen Gefahren zu wehren, so wird hierzulande behauptet, reichen der Marxismus, der deutsche Idealismus, die Psychoanalyse aus. Was den deutschen Idealismus – Fichte, Schelling, Hegel – betrifft, so ist jedem Historiker für neuere Geschichte klar, daß zumindest Fichtes politische Philosophie und der Germanofaschismus keineswegs wesensfremd sind. Aber welcher Philosoph oder Philosophiehistoriker läßt sich mit Neuhistorikern ein?

Die Diskussion wird ferner dadurch blockiert, daß zumindest drei maßgebliche Werke nicht in deutscher Übertragung vorliegen, nämlich Deleuze, *Différence et répétition* (1969); Deleuze, *Logique du sens* (1969); Deleuze/Guattari, *Capitalisme et Schizophrénie II, Mille Plateaux* (1980). Eine Schrift, die übersetzt wurde, ist die ausführliche Polemik von Ferry und Renaut, *La pensée 68* (1985), die die französischen Gegenwartsdenker des Provinzialismus bezichtigt.

Der französische Deleuzianer *François Laruelle* spart nicht mit Kritik gegenüber allen Windungen der Nietzsche-Deutungen, die Nietzsches protofaschistische Endlösungskonzepte in irgendwie »sublimierte« Gewalttätigkeiten umdichten wollen. Gewiß, Laruelles Sprung nach vorn endet als salto mortale, da nicht erwiesen wird, daß Nietzsche seine protofaschistischen Reden von Rangordnung, Kastenordnung, Rasse, Züchtung, unvorstellbaren Kriegen, Ausrottung des Parasitischen nicht ernst meint, sondern als Imitationen faschistischer Wünsche vorträgt, die den Faschismus entlarven und stürzen sollen. Entschieden ist allerdings keineswegs, ob Nietzsche nicht legitimerweise so gedeutet werden kann, daß ihm auch etwas anderes vorschwebte als eine politisch-überpolitische Endlösung für die Ungleichheiten unter den Menschen.

Die bisherigen Analysen dieses Buches bezogen sich auf Nietzsches Endlösungskonzepte für die Ungleichheiten unter den Menschen. Die französischen Nietzscheaner weisen einen grundsätzlich anderen Weg: Ihnen gilt »Nietzsche« nicht als Subjekt, dessen Prädikate zu buchstabieren sind, sondern als Bezeichnung einer Prädikatenreihe, die auf den Eigennamen »Nietzsche« nicht angewiesen bleibt.

Bevor aus Nietzsche das nietzscheanische Philosophiekonzept von Deleuze wurde, ist Nietzsche von philosophischen Außenseitern in Frankreich rezipiert worden: von Sorel, Gide, Bataille, Camus, Blanchot. Philosophen wie Bergson, Sartre und Merleau-Ponty blieben Nietzsche gegenüber stets reserviert bis ablehnend. Diese Entwicklung entspricht etwa der in Deutschland: Philosophische Außenseiter wie Oswald Spengler, Gottfried Benn oder Ernst Jünger waren Nietzscheaner; die Philosophen selber blieben auf Distanz, vor allem Karl Jaspers und Martin Heidegger. Eine Sonderstellung nimmt Theodor W. Adorno ein (vgl. S. 118–120). In Frankreich entstand ein philosophisch produktiver Nietzscheanismus, der in Deutschland kein Pendant besitzt.

Was kann als Ausgangs- bzw. Zielpunkt des französischen Nietzscheanismus gelten? Zunächst wären zwei Autoren auszugrenzen: *Georges Sorel* und *Jacques Derrida*.

Sorel bietet einen ›marxianischen‹ Faschismus mit Anklängen an Nietzsche. Derrida hat kritisch auf die nationalsozialistische Verwirklichung von Nietzsches Pädagogik hingewiesen.[66] Sieht man von diesen Beiträgen ab, so läßt sich – im Blick auf Bataille, Foucault, Deleuze/Guattari und neuerdings Baudrillard und Lyotard – angeben, worauf es den Franzosen ankommt: In der Sache geht es ihnen um die Gewinnung von normentbundener Individualität und Sozialität. Dieses Motiv läßt sich mit dem Namen eines französischen Denkers benennen, dem speziell *Clément Rosset*[67] und *Michel Foucault* eine neue Aktualität sichern: *Montaigne*.

Montaigne bildet – neben Machiavelli – eine Stimme in Nietzsches Texten, die ihn schon sehr früh begleitet. Nietzsche hat einmal bekannt, daß ihm seine Gegner stets zu Karikaturen geraten, insbesondere Platons Ideenlehre. Alle seine geschätzten Vorläufer – heißen sie nun Heraklit, Epikur, La Rochefoucauld, Pascal, Voltaire, Goethe – werden irgendwann einmal abfällig bewertet. Machiavelli und Montaigne bilden jedoch die Ausnahme. Nietzsche bekennt, mehrere Gesichter zu haben. Das Gesicht Machiavellis in Nietzsches Philosophie wurde oben beschrieben. Es ist das Gesicht der Herrenmacht als Dauertäuschung der Beherrschten.

Die Stimme Montaignes in Nietzsches Texten redet dagegen von einer normentbundenen Individualität, die das Soziale nicht aus-, sondern zutiefst einschließt. Es ist eine unpolitische Stimme, die im Gegensatz zu Nietzsches politischer Überpolitik einer politischen Gewalt zu ihrer Verwirklichung nicht bedarf. Hat Nietzsche auf die Stimme Montaignes gehört? Oder gilt auch für ihn letztlich die eingangs zitierte Bemerkung Ciorans: »Das Drama Deutschlands ist, daß es keinen Montaigne gehabt hat. Welches Glück für Frankreich, mit einem Skeptiker *begonnen* zu haben!«

Die französischen Nietzscheaner seit Bataille haben tendenziell die normentbundenen Züge sozialer Individualität im Sinne Michel de Montaignes bei Nietzsche wahrgenommen. Ihre philosophische Zutat (seit Deleuze/Guattari) lautet: die Montaigne-Nietzsche-Linie der normentbundenen sozialen Individualität *kann politisch* genutzt werden. In ihr und genau in ihr liegt die Chance einer Befreiung der Politik von allen Formen des Faschismus. Der unpolitische Zug Nietzsches, seine Nähe zu Montaigne, müßte also politisiert werden, um antifaschistisch zu wirken. Um Mißverständnissen vorzubeugen: Bataille, Laruelle, Deleuze/Guattari erwähnen den Namen Montaignes in diesem Zusammenhang nicht. Foucault, der Montaigne am meisten zugetan ist, gibt umgekehrt kaum ausdrückliche Nietzsche-Interpretationen. Hier soll »Montaigne« für ein weiteres Gesicht Nietzsches stehen, für ein Antlitz, das nicht die Züge seiner politischen Fratzen annimmt.

*

Montaigne selber reagierte schon auf Machiavelli. Er reihte sich dabei nicht in die Schar derer ein, die bei Machiavelli nur italienische Verderbnis für Frankreich witterten, wie z. B. Gentillet. Montaigne hält sich, wie Machiavelli, an seine Erfahrung. Er räumt ein, daß zu den »grundlegenden Bedingungen unseres Lebens« schlechte Qualitäten des Menschen gehören, z. B. jene »bitter-süße Wollust [...], andere leiden zu sehen, welche auch die Kinder empfinden« (Essai III, 1). Während Machiavelli jedoch aus Beobachtungen bestehender Skrupellosigkeit folgert, daß es Skrupellosigkeit auch geben *solle*, weist Montaigne gegen Machiavelli darauf hin, daß Verderbnis (corruption) Verderbnis bleibe: »Keine Verderbnis kann den Menschen so durchdringend erfassen, daß niemand der Ansteckung entkommt« (II, 10). Hier denkt Nietzsche vermutlich etwas anders: Größe, politische Führerschaft und Verbrechertum, Über- und Untermensch gehören für ihn zusammen.

Drei Charakteristika sind es vor allem, die Nietzsche zu Montaigne führten. Erstens eine *Leibbejahung*, die eine Vorstufe zu Nietzsches leibgewordener Vernunft darstellt:

»Der Leib nimmt einen großen Teil unseres Seins ein, einen großen Rang; deshalb sind sein Bau und seine Zusammensetzung richtig zu beachten. Diejenigen, die unsere zwei Hauptteile zerlegen und eine von der anderen trennen wollen: sie haben unrecht« (II, 17). Zweitens der *Moral- und Tugendbegriff*: »Sie, d.h. die ›wahre Tugend‹ versteht es, reich, mächtig, wissend zu sein und in moschusduftenden Betten zu schlafen. Sie liebt das Leben, sie liebt die Schönheit, den Ruhm und die Gesundheit« (I, 26). Hier findet sich das unpolitische Gegenbild zu Machiavellis politischer Konzeption von virtù. Nietzsche scheint *zwischen* beiden zu stehen, wenngleich in der Regel machiavellistische Töne überwiegen. Drittens teilt Nietzsche mit Montaigne ein *Instabilitätsempfinden*. Die Welt wird gänzlich antiteleologisch als ein Werden und Vergehen gesehen, in welches das ›Subjekt‹ eingeschrieben ist. »Die Welt ist nur eine ewige Schaukel. Alle Dinge wechseln dort unaufhörlich [...] Selbst die Beständigkeit (la constance mesme) ist auch bloß eine langsamere Veränderung. Ich kann meines Gegenstandes nicht sicher sein. Er bleibt ungewiß und schwankend, in einer natürlichen Trunkenheit. Ich nehme ihn in diesem Punkt, wie er sich gibt, im Augenblick, wo ich ihn genieße. Ich male nicht das Sein. Ich male das Wechseln (le passage)« (III, 2). Das entspricht durchaus Nietzsches Verabschiedung des Logos, der Weltvernunft der antiken Denker: »Chaos am nächsten, Alles Fluß« (Krit. Stud.ausg. Bd. 10, S. 137, Nr. 4 [80]). Diese drei Züge – Leibbejahung, Naturalismus der Tugend, Instabilität der Welt[68] – vereinigen sich in der bezeichneten *sozialen Individualität* bzw. *individuellen Sozialität*. Menschliche Individualität erfährt sich als Leiblichkeit, die Wechsel und Dauer im Wechsel bedeutet und ebenso Verbindung mit dem Lebensvollzug anderer. Montaigne spricht davon, »sich anderen zu geben, ohne sich seiner selbst zu berauben« (III, 10).

Richard und Cosima Wagner hatten Nietzsche zu Weihnachten 1870 eine deutsche Gesamtausgabe von Montaignes Werken geschenkt. Nietzsche schreibt enthusiastisch in »Schopenhauer als Erzieher« (Nr. 2): »Ich weiss nur noch einen Schriftsteller, den ich Betreff der Ehrlichkeit Schopenhauer gleich, ja noch höher stelle: das ist Montaigne. Dass ein solcher Mensch geschrieben hat, dadurch ist wahrlich die Lust auf der Erde zu leben vermehrt worden [...] Mit ihm würde ich es halten, wenn die Aufgabe gestellt wäre, es sich auf dieser Erde heimisch zu machen.« Diesem Urteil über Montaigne ist Nietzsche treu geblieben. Das hinderte ihn nicht an seinen protofaschistischen Endlösungsvorschlägen zur Sicherung der Ungleichheiten der Menschen untereinander. Nietzsche blieb von vielen Stimmen beeinflußt. Er lebte, wie der Nietzsche-Kenner Hofmiller schrieb, »nicht nur geistig von der Hand in den Mund, er lebte auch zweiter Hand in den Mund« (Hofmiller 1933, S. 34).

Die französischen Nietzscheaner wählten nun zwei sich ergänzende Wege, die der Montaigne-Stimme Nietzsches die Möglichkeit gibt, dem Faschismus zu entkommen:

(1) Es sollen *Praktiken* einer Beschäftigung der Individuen mit sich selbst entwickelt werden, die an und in jedem einzelnen verhindern können, daß sich faschistische Züge ausprägen. Diesen Weg wählte zunächst *Georges Bataille* und später der Bataille-Verehrer *Michel Foucault*.

(2) Es wird eine *Theorie* entworfen, die soziale Individualität bzw. individuelle Sozialität in einer instabilen Welt zu denken erlaubt. Gleichfalls soll eine Praktik zum Vollzug dieser Individuation beschreibbar werden. Anspruch auf eine derartige Theorie, die ausdrücklich auch zur Bekämpfung von Faschismus konzipiert wird, erheben *Gilles Deleuze* und mit ihm zum Teil *Félix Guattari*.

Zu (1): Bataille ist an einem rein theoretischen Nietzsche nicht interessiert. Nietzsches Denken geht laut Bataille auf die »Integrität des Menschen« (Oeuvres complètes, Bd. VI, S. 259). Diese Integrität jenseits der überlieferten Gut/Böse- und Wahr/Falsch-Unterscheidungen sei eine neue mystische Erfahrung, aber als »Freiheit des Nicht-

Sinns und eines entleerten Ruhms« (ibd.). Bataille hat damit eine Spur entdeckt, die sich tatsächlich auch bei Nietzsche findet, d. h. eine bewußte innerweltliche Mystik.[69] »Man muß die großen Probleme *leben*, mit Leib und Geist« (S. 261). Sechs Sätze von Nietzsches »Also sprach Zarathustra« verstanden, »das heißt sie *gelebt* zu haben, erhebt zu einem Menschenkreis oberhalb dessen, wohin die ›modernen‹ Menschen gelangen können« (ibd.). Bataille hat wenig bzw. nichts über Nietzsche mitzuteilen. Nach außen verteidigte er ihn 1944 – unter dem Eindruck der deutschen Besatzung in Frankreich und dem Sieg der Alliierten – gegen die »Nazi-Beschmutzung« (S. 188). Batailles Intention ist der Nachweis, daß es außerhalb des Kommunismus nur eine nicht-traditionalistische Möglichkeit gebe, die nicht faschistisch sei, eben Nietzsche. Nietzsche »konnte keine Welt akzeptieren, wo der Mensch – *wo jeder Mensch* – das Mittel und nicht das Ziel irgendeiner gemeinsamen Unternehmung wäre. Daher die verletzende Ironie, mit der er sich an die Vorläufer der Nationalsozialisten wendet und die zerstörende, aber nicht verachtende Verweigerung, die er der Sozialdemokratie seiner Zeit entgegenstellte, aus der sich der Kommunismus herleitet. Die Weigerung zu dienen (nützlich zu sein), ist das Prinzip der Philosophie Nietzsches« (Bd. VIII, S. 401). Batailles eigene Weltsicht besteht in einer Opposition zu jeder Nützlichkeit, einschließlich der Wissenschaften. Diese hätten sich über Nietzsche hergemacht, »aber sie behandelten ihn als Toten, ausgestreckt auf dem Seziertisch« (Bd. VIII, S. 400). Daraus ergibt sich für Bataille: »NIEMAND KANN NIETZSCHE AUTHENTISCH LESEN, OHNE NIETZSCHE ZU ›SEIN‹« (Bd. VIII, S. 476). Das läßt sich – durchaus in Batailles Sinn – so verstehen: *Authentische Nietzsche-Lektüre* bedeutet eine *Praktik des Antifaschismus*.

Diese Angaben bleiben jedoch deklamatorisch. Vielleicht mag es für einige zutreffen, daß eine innerweltliche Mystik vor faschistischen Anwandlungen schützt. Von Argumenten entpflichtet das nicht. Bataille hat zur Unterscheidung Nietzsches vom Faschismus folgende genannt:

- »Die Gelehrten der Nazi-Kirche sind Paul Lagarde und Chamberlain«, und gegen Lagarde und den nationalistischen Antisemitismus habe Nietzsche sich heftig gewandt (Bd. VI, S. 419, vgl. ebenso S. 187).
- Nietzsche sei der Denker des souveränen Menschen (homme souverain): Er bezeichne eine Mitte zwischen dem modernen Menschen und dem Übermenschen; der Souveräne sei, als Freier, nicht definierbar. Die Nationalisten dagegen bildeten »eine Clique von Abenteurern« (Bd. VI, S. 419).
- Nietzsche habe mit Politik nichts zu tun. Ihm gehe es um die dem Menschen möglichen »extremen Zustände« (les états extrêmes, S. 420). Hitler gehöre zum Hinterhof, Nietzsche zu den Gipfeln der Alpen (ibd.).

Keines dieser Argumente Batailles trifft Nietzsches politische Philosophie. Die antisemitischen Kirchenväter des Germanofaschismus schließen einen Nietzsche-Einfluß auf diesen nicht aus. Vor allem aber gilt: Nietzsches Lehren vom souveränen, freien Geist mögen unpolitisch sein; er selber hat jedoch dafür gesorgt, daß diese unpolitische Freiheit politisch-überpolitisch wurde. Die leibgewordene Vernunft muß vor der Herrschaft der nihilistischen Vernunft durch eine politischüberpolitische Endlösung geschützt werden. Wie – das wäre die Frage an Bataille und den gesamten französischen Nietzscheanismus – kann ein Konzept von individueller Souveränität bei Nietzsche gegen seine politischen Bedrohungsthesen und politisch-überpolitischen Endlösungsphantasien gesichert werden?

Foucault hat darüber nicht gehandelt, sondern nur angedeutet, daß Praktiken des Umgangs des Selbst mit sich der Vermeidung von Faschismus dienen können.[70]

Zu (2): Foucault und Deleuze haben Nietzsches Philosophie eine Wendung gegeben, die über das hinausgeht, was bei Bataille als ein Äußerstes erscheinen mußte. Bataille hat Nietzsches Botschaft als jene Mitte verstanden, die zwischen Mensch und Übermensch liegt. Nietzsches

Zarathustra sagte: »Der Mensch ist ein Seil, geknüpft zwischen Thier und Übermensch, ein Seil über einem Abgrunde« (Zarathustra, Vorrede, Nr. 4). Bataille verstand seine Mitte als die Souveränität, d. h. als eine extreme Freiheit, ein Heraustreten aus allen Bezügen der Nützlichkeit, eine Mystik innerhalb der Welt. Wie kann darüber noch hinausgegangen werden? Die Antwort von Foucault und Deleuze lautet: Man hat sich an den »Übermenschen« zu halten. Das ist für Bataille undenkbar. Der Übermensch Nietzsches erscheint ihm als eine unscharfe Angabe, die letztlich nur bezeichnen soll, daß die eigentliche Aufgabe ein Weder-Durchschnittsmensch-Noch-Übermensch darstellt. Wie in der Ethik des Aristoteles gilt für Bataille, daß die Mitte zwischen zwei Extremen die eigentliche »Höhe«, den Extremzustand der Souveränität, darstellt.

Diesen Weg verlassen Deleuze und Foucault. Der Schachzug, mit dem sie den Ausweglosigkeiten der gewöhnlichen Nietzsche-Interpretation in Richtung auf eine *Fortsetzung* Nietzsches entkommen wollen, hat folgende Richtung: Es ist sinnlos, den Begriff »Übermensch« als irgendwie *Transzendentes* zu verstehen. Der Übermensch stellt keine sakralisierte Form eines »Supra« relativ zum Menschen dar, d. h. er bedeutet keinen weltlich gewordenen Gott oder Dämon. Diese Lesart des »Übermenschen« ist – ob nun mit oder ohne Kenntnis von Hitlers Äußerung – de facto dem germanofaschistischen »Übermensch«-Verständnis entgegengesetzt. Rauschning überliefert die Bemerkung Hitlers: »Ja, der Mensch ist etwas, das überwunden werden muß. Nietzsche hat davon auf seine Weise allerdings bereits etwas gewußt. Er hat den Übermenschen sogar schon als eine biologisch neue Spielart gesehen. Obwohl das bei ihm noch schwankt. Der Mensch wird Gott, das ist der einfache Sinn. Der Mensch ist der werdende Gott. [...] Wer den Nationalsozialismus nur als politische Bewegung versteht, weiß fast nichts von ihm. Er ist mehr noch als Religion: er ist der Wille zur neuen Menschenschöpfung« (Rauschning 1973, S. 213 f.).

Deleuze und Foucault schneiden diese germanofaschistische Nietzsche-Aneignung ab. Der »Übermensch« ist bei beiden ein Wort für das, was *nach* dem Selbstverständnis des Menschen von sich als Mensch auftritt. »Übermensch« bedeutet »*Nach*mensch«, er bezeichnet eine posthominale Situation (Belege und Kommentare vgl. Taureck 1988, S. 198 ff.). Das Verständnis des »Über« als »Nach« dient im wesentlichen dazu, eine Fortsetzung Nietzsches zu konzipieren, die der beschriebenen Anknüpfung Nietzsches an Montaigne eine zusammenhängende Geltung verschafft. Foucault zielt dabei auf Praktiken, Deleuze auf theoretische Entwürfe.

Nietzsche selber hatte schon die Vorstellung, wonach »Übermensch« als ein Produkt der biologischen Evolution zu gelten habe, das über die Stufe der Hominisation hinauswächst, als Ideologie der Darwinisten verworfen. Auch Deleuze hält sich mit derartigen Phantasmen einer prognoseunfähigen Evolutionswissenschaft nicht auf. Seine Beschreibung der posthominalen Situation enthält gleichwohl eine Steigerung im Vergleich zu einem Selbstverständnis des Menschen als »Identität« und »Subjekt«. Deleuze arbeitet bei seiner Nietzsche-Fortsetzung mit folgenden Annahmen:

1. Die bisherige Philosophie des Repräsentationismus ist zu zerstören. An die Stelle von Identität und deren Spiegelung im Bewußtsein hat Differenz und Wiederholung zu treten. Die Welt ist alles, was different ist.
2. Die Welt ist alles, was different ist. Im Sinne Nietzsches muß darunter verstanden werden: »Die Sache ist das Bild selbst« (Différence et répétition, S. 93, vgl. Nietzsche, Götzen-Dämmerung, Wie die wahre Welt endlich zur Fabel wurde). Behauptete Nietzsche, was different sei, müsse wiederkehren, so ergänzt Deleuze: Was wiederkehrt, muß different sein (Différence, S. 80). Der Kosmos ist dem Chaos nicht entgegengesetzt, sondern beide bilden eine Einheit, einen *»Chaokosmos«* (ibd., S. 80).
3. Die Welt ist alles, was different ist: es geht darum, einen

maximalen Pluralismus zu denken, der zugleich Monismus bedeutet, »die magische Formel, die wir alle suchen: PLURALISMUS = MONISMUS« (Deleuze/Guattari, Mille Plateaux, S. 31).

Deleuze bzw. Guattari halten verschiedene Namen für die differente Welt bereit:

- nomadisches Denken
- »schizothyme« Gedankenflüsse und Begierden (statt psychoanalytischer Sublimierung)
- »Rhizom« als Produktion von Unbewußtem, als azentriertes System, Vielheit (Mille Plateaux, S. 15, 27 u. passim)
- Der »Körper ohne Organe« als »Begierdeverbindungen« oder »Intensitäten-Kontinuum« (Mille plateaux, Nr. 6).

Für einen antifaschistischen Nietzscheanismus im Gefüge der Deleuzianischen Welt-als-Differenz ist methodisch wie inhaltlich die Unterscheidung zweier Ebenen des Politischen bestimmend: Deleuze und Guattari sprechen von dem »molaren« und von einem »molekularen« Politikverständnis. Jenes entspricht dem Repräsentationismus und ist falsch. Das *molekulare* Verständnis des Politischen erst entspricht einer als Veränderung und Differenz gedachten Welt. Erst in ›mikropolitischer‹ Optik kann sich, so Deleuze/Guattari, die posthominale Situation einer Welt zeigen, die Subjekt-Identität zugunsten fließender Kontinuitäten verabschiedet (Mille plateaux, Nr. 9).

Der Gedanke der ›Mikropolitik‹ hat seine Entsprechung bei Nietzsche: Es ist die *leibgewordene* Vernunft anstelle der zu Chaos gewordenen Weltvernunft, die bei den sie repräsentierenden Individuen einen inneren Kampf beinhaltet. Sinnlos wäre es, Deleuzes und Guattaris Votum für eine Mikropolitik so verstehen zu wollen, daß anstelle von Analysen der vergesellschafteten Individuen nun die Atome, die Individuen als Privatpersonen thematisiert würden. Dieses Vorgehen tadeln die Autoren vielmehr an der Psychoanalyse. Wenn die repräsentationistische Welt der Identitäten zerstört und verlassen werden soll zugunsten fließender Begierdeströme, dann kann dies nicht durch eine Beschränkung auf der Ebene der Privatpersonen geschehen. Eine politische Subversion der bestehenden Makropolitik löst auch den bürgerlichen Begriff des ›Individuums‹ auf.

Grob läßt sich nun bezeichnen, was für Deleuze und Guattari ›faschistisch‹ heißen muß: Es ist der Versuch, auf der Ebene der molekularen, mikropolitischen Ereignisse der *Kontinuität* von Begierdeflüssen *starre* Gebilde, feste Schichten zu erzeugen. Das moderne Französisch hat – neben »facho« und »faf« – zur Bezeichnung faschistischer Vorgänge zwei Wörter neu geprägt: »fasciser« (faschisieren) und »fascisation« (Faschisierung). Die »fascisation« im Sinne von Deleuze/Guattari (z. B. Mille plateaux, S. 22) liegt immer dann vor, wenn sich in der differenten Welt der Begierdeflüsse Identitäten bilden. Faschismus ist eine Fehlform innerhalb der Welt, eine Krankheit, deren Möglichkeit im Lebendigen angelegt ist.

Die von *Antonin Artaud* geprägte Vorstellung eines »Körpers ohne Organe« (corps sans organes, CsO) bedeutet Begierde (désir), die kein Außen hat. Begierde, die nichts anstrebt, auch keine Lust. Das psychoanalytische Prinzip der Lust – so Deleuze/Guattari – ist zu ersetzen durch »Freude« (joie), die der Begierde als solcher schon einwohnt. »Alles ist erlaubt: das, was allein zählt, ist, daß das Vergnügen der Begierdefluß selbst ist. Immanenz statt eines ihn unterbrechenden Maßes, das ihn in Abhängigkeit brächte zu drei Phänomenen: der immer neue Mangel, das höhere Transzendente, das offenkundige Außen« (Mille plateaux, S. 194). Gefahr droht entsprechend nicht von einer anderen Theorie, sondern von den Pathologien des Begierdeflusses. Es sind Schichtbildungen (strates) möglich, die ihre eigenen Gebilde hervorbringen, auch totalitäre und faschistische. »Selbst der Faschismus ist Begierde« (Mille plateaux, S. 204). Die spezifische Gefahr des Faschismus auf der Ebene der Mikropolitik ist die »Proliferation von Schichten« (ibd.). Entsprechend ist der »Mikro-Faschismus« der eigentlich gefährliche Faschismus. »Die Links-Organisationen sind nicht die letzten, die ihre Mikrofaschismen hervorbringen. Es ist allzu leicht, auf der molaren Ebene Antifaschist zu sein, ohne den Faschisten zu sehen, der man selber ist« (S. 267). Die Pathologie des Mikrofaschismus erklärt bzw. beschreibt sich so: »Die Begierde ist niemals eine undifferenzierte Triebenergie, sondern resultiert selbst aus einer Montagearbeit, aus einem *engineering* mit starken Interaktionen: eine Gesamtheit biegsamer Teile handelt von molekularen Energien und bestimmt unter Umständen die Begierde dazu, bereits faschistisch zu sein« (déterminé éventuellement le désir à être déjà fasciste, S. 262).

Das bleibt wenig befriedigend. Eine ohnehin schwer kontrollierbare Theorie – die des molaren Begierdeflusses –, die weitgehend von *Bildern* lebt, obwohl sie diese verabschieden, d. h. dem Repräsentationismus zuschieben möchte, kann in ihren Tableaus das Auftreten des Faschismus nicht ausschließen. Der molekulare Faschismus läßt sich offenbar nur noch normativ ausgrenzen: er bildet eine Krankheit, die zu bekämpfen ist. Womit man so klug ist wie zuvor.

Der redlich antifaschistische und philosophisch bedenkenswerte Nietzscheanismus von Deleuze und Guattari ist über Nietzsche hinausgegangen. Er hat nicht nur bei Nietzsche selbst gesucht, sondern er hat sich auf weitergehende Folgerungen eingelassen. Das Übermenschliche als posthominale Situation des Begierdeflusses bildet nicht lediglich eine Wiederholung Nietzsches, sondern zeigt weitergesponnene Gedankenfäden. Der Bataille-Nietzscheanismus enthält keine starken Argumente für eine Entflechtung zwischen Nietzsche und dem Faschismus. Auch Deleuze und Guattari erreichen mit ihrem Umweg jene Entflechtung fatalerweise nicht. Ihr Nietzscheanismus hat vielmehr selber zwei Faschismusformen heraufbeschworen: eine, die sein Gegenstand ist, eine andere, die hinter seinem Rücken entsteht.

Mikro-Faschismus als Pathologie einer Welt, die alles bildet, was different ist. Der Kontinuität der Begierdeströme bleibt beständig die Möglichkeit zur faschistoiden Schichtbildung eingeschrieben. Der Faschismus kommt von innen. Aber die Autoren verfügen weder über Erklärungen dafür noch über Mittel zu seiner Bekämpfung, die über Appelle hinausgehen. Diese Schwäche hat ihre Vorgeschichte. Sie ist nicht nur darin zu erblicken, daß die Autoren das Modell der Psychoanalyse – wie René Girard generell einwendet – unabsichtlich reproduzieren.[71] Vielmehr reicht die wunde Vorgeschichte zu Nietzsche selbst zurück, dessen Konzept der leibgewordenen Vernunft ebenfalls vage blieb (vgl. S. 173 ff.). Allerdings hört bei Nietzsche die Unbestimmtheit genau dort auf, wo die leibgewordene Vernunft gegen die nihilistische Jahrtausendvernunft zu sichern ist. An diesem Punkt beginnen die Endlösungsoptionen, mit denen der Denker des 19. Jahrhunderts sich den Faschismen des 20. Jahrhunderts öffnet. Hinter seinem Rücken geschieht bei Deleuze Ähnliches: Es sei bloß die Sicht der »schönen Seele«, daß Differenzen »versöhnbar« seien, »bündnisfähig dort, wo die Geschichte mit Stößen blutiger Widersprüche geschieht« (Différence et répétition, S. 74). Die »schöne Seele«, deren innere Wirkungsweise Goethe einst beschrieb mit »es ist ein Trieb, der mich leitet und immer recht führet«, die Hegel dagegen von außen betrachtete als Bewußtsein, das »lebt in der Angst, die Herrlichkeit seines Innern durch Handlung und Dasein zu beflecken« – diese schöne Seele, so Deleuze weiter, erblicke überall nur »einfache Meinungsverschiedenheiten« (de simples ›différends‹) und führe sich als Friedensrichter auf. Das aber sei verfehlt. Die Kämpfe blieben in Wahrheit unversöhnlich; es gebe eine spezifische, politisch notwendige Zerstörung. Nietzsche habe dies gezeigt. Niemand »hat mehr als er den Sinn für Grausamkeit, den Geschmack für Zerstörung« (S. 74 f.). Nietzsches ›ewige Wiederkehr‹ – von Deleuze als Erzeugung von Differenz durch Wiederholung gedacht – sei eine »permanente Revolution« (S. 75). Er spricht auch von einer »gekrönten Anarchie« (S. 289).

Nietzsches Polit-Modelle von Kastenordnung und Machiavellismus werden auf diese Weise zugunsten einer permanenten Zerstörung aufgegeben. Deleuze spricht von Kämpfen, nicht von Ausrottung wie Nietzsche. Gegner ist das repräsentationistische Verständnis von Politik als Makro-Management. Nichts erscheint Deleuze hier unangemessener als der Versuch, zu vermitteln. Der Kampf ins unversöhnlich. ›Différends‹ sollen Destruktionen nicht unnötig aufhalten.

In gewisser Weise erreicht Deleuze die Wiederherstellung eines ›Para-Faschismus‹, wie er im Frankreich der *belle époque* existiert hatte: Es tun sich zwei miteinander unversöhnliche Reiche auf, zwei Gesellschaften, zwei politische Wirklichkeiten. Nietzsches Hierarchiephantasien weichen einer innerweltlich gewordenen gnostisch-dualistischen Zweigesellschaften-Lehre. Dies hatte *Georges Sorel* in seinen »Réflexions sur la violence« von 1906 dargelegt: Bourgeoisie und Proletariat sind zwei Reiche, und das Proletariat soll mittels der Gewalt des Generalstreiks die Kooperationsverweigerung durchsetzen (vgl. Taureck 1988, Text 21 u. Kommentar). In seinem Haß gegen die Mittelmäßigkeit war Sorel Nietzscheaner.

Der Deleuzianische Nietzscheanismus gerät also selber in Gefahr, faschistische Positionen zu reproduzieren. Es sei nochmals betont, daß es sich hierbei um den Versuch eines redlichen Antifaschismus handelt. Hämischer Applaus ist deshalb an dieser Stelle gänzlich verfehlt. Deleuze, Guattari und Laruelle spielen mit hohem Einsatz. Sie haben dem politischen Nietzscheverständnis ganz gewiß Wege eröffnet, die über die nicht unbedingt redliche Alltagsexegese Nietzsches hinausgehen. Die Infizierung dieser Nietzscheaner mit Faschismus erweitert deshalb den Bereich der Aporien von Nietzsches Politphilosophie.

Der französische Nietzscheanismus ist nicht beendet. Es existieren zwei Reaktionen auf Deleuze. Die eine ist spielerisch profaschistisch, die andere ändert die Beschreibung des Kampfes und bleibt antifaschistisch. Die erste Variante findet sich in *Jean Baudrillards* Aperçu, der Faschismus sei auch mit Deleuze nicht hinreichend verstanden. Faschismus stelle eine Antwort dar auf die *»Verwechslung des Wirklichen mit dem Rationalen«*. Er sei in diesem Sinn »Widerstand gegen etwas noch Schlimmeres« als seine Grausamkeit und sein Terror.[72] Gegenüber dieser provokativ kalkulierten Geste der Kapitulation vor dem Faschismus hat *Jean-François Lyotard,* ebenfalls von Nietzsche beeinflußt, eine Philosophie dessen konzipiert, was Deleuze als schöngeistige Mittler- und Friedensrichterrolle bei Meinungsdissens (différend) abtun wollte. Nach Deleuze ist der Kampf stärker als der ›différend‹. Der ›différend‹ ist für Deleuze nur ein unangemessenes Bild des Kampfes, weil es den Kampf zu einem schlichtungsfähigen Streit abschwächt. Der ›différend‹, so hingegen Lyotard, ist *stärker* als der Kampf selbst. Der ›différend‹ *liegt dem Kampf zugrunde* und spielt nicht zwischen Personen, sondern zwischen Redestrukturen, mit denen auf ›Welt‹ Bezug genommen werden kann. Er wurzelt in der Heterogenität von Diskursarten, für die es keinen Prätor, keinen Sheriff, keinen Friedensrichter geben kann. Lyotard sucht auf diese Weise eine auf Trauer angelegte Beschreibung unvermeidbarer Gewalt, nicht aber das, was Nietzsche und Deleuze verbindet: Strategien der Destruktion.[73]

Nietzsche bleibt also ein Rätsel. Ein Rätsel allerdings nicht im Hinblick auf die politischen Züge seiner Philosophie, sondern hinsichtlich seiner weiteren Gesichter. Es sind die Diskurse der *Gewalt,* die Nietzsches Denken jene Einsichtigkeit, Erkennbarkeit und Rekonstruktionsfähigkeit verschaffen, die seine Reden über eine »Vernunft des Leibes« von sich aus nicht besitzen. Nietzsches phänotypisches Schillern verbirgt in politiktheoretischer Hinsicht die vielfach ersehnte Klarheit und Deutlichkeit. Wenn bei Hegel, Marx oder Sartre *Gewalt* Geschichte *erkennbar* werden ließ, so verhelfen die Gewaltdiskurse Nietzsches zu einer gewissen Einsicht in sein verstreutes und verstreuendes Denken. Keine Zweifel hat er an seinem Wunsch gelassen, daß eine Endlösung für eine Sicherung menschlicher Ungleichheiten gefunden werden müsse, solle die Schwachenherrschaft nicht eine offene Nihilistenherrschaft werden. Daß eine Entscheidung über die Frage einer positiven Theorie-Praxis-Beziehung zwischen Nietzsche und dem Faschismus offen bleibt, bedeutet kein Rätsel, sondern eine Unentscheidbarkeit mangels Argumenten. In dieser Hinsicht ist zu fordern, daß die Diskussion mit dem Ziel weitergeht, eine Entscheidung herbeizuführen.

Die französischen Nietzscheaner erweitern das philosophische Terrain Nietzsches, aber ihre Argumente reichen einerseits für die Widerlegung einer Affinität Nietzsches zum Faschismus nicht aus (Bataille), andererseits wird auf dem erweiterten Terrain ein neuer, ungewollter Hang zum Faschismus sichtbar (Deleuze/Guattari, Laruelle). *Paul Valéry* (1973, S. 486, 647) begriff, daß sich philosophisch bei Nietzsche keine Nahrung finden läßt: »Nietzsche ist keine Nahrung – er ist ein Aufputschmittel.«[74]

Das Rätsel in Nietzsches Philosophie tut sich erst jenseits des politischen Diskurses auf. Wie artikuliert sich *dann* jene Stimme Montaignes? Wie sehen Nietzsches andere Gesichter aus? Wo der Staat aufhört, sagt Zarathustra, dort beginnt erst der nicht-überflüssige Mensch. Scheinen erst dort, wo Nietzsches politische Fratzen enden, seine anderen, nicht-überflüssigen Gesichter auf?

Inzwischen wurde auch erkennbar, daß Foucaults Nietzscheanismus brüchiger ist als gewöhnlich unterstellt. Der Bruch beginnt dort, wo sich Foucault vom Thema der »Macht« abwendet und der »Gouvernementalität« zuwendet. Erst als Gouvernementalität ergibt »Macht« einen Sinn, wie Foucault 1984 erkennen läßt: »Wenn man versucht, die Macht nicht von der Freiheit, den Strategien und der Gouvernementalität aus zu analysieren, sondern von den politischen Institutionen her, dann läßt sich das Subjekt bloß als Rechtssubjekt ins Auge fassen. […] Ich glaube, daß im Gegenzug der Begriff der Gouvernementalität erlaubt, die Freiheit des Subjekts zu bewerten und zugleich den Bezug zu anderen, das heißt dasjenige, was die Materie der Ethik selbst konstituiert.«[75] Thematisiert man die Gouvernementalität, so werden die Annahme eines Krieges aller gegen alle und auch jener

»Lyrismus des kalten Ungeheuers« für den Staat überflüssig. Ohne Namensnennung wird damit Distanz zu Nietzsche praktiziert.[76]

Wenn es sich aber so verhält, daß Gouvernementalität eine gewisse Distanzierung Foucaults zu Nietzsche einschließt, dann darf vermutet werden, daß Foucaults Überlegungen zur Macht Nietzsche weitaus näher stehen. Im Lichte dieser Hypothese ergibt sich entsprechend auch eine neue Deutung seiner 1997 publizierten Vorlesungen von 1976.[77] Die letzte Vorlesung mündet in die Folgerung, Rassismus sei »effektiv in das Funktionieren aller Staaten eingeschrieben«. Wie begründet Foucault diese seltsame Ansicht? Foucault entwickelt seinen Gedanken auf folgende Weise: Vom 18. zum 19. Jahrhundert habe sich die Staatsmacht zu einer Macht des Lebens entwickelt. Dieses Staatsverständnis und diese Staatspraxis jedoch entwickele sich zu einer »Todesmacht«. Das komme daher, daß gilt: »Dort, wo eine Normalisierungsmacht vorliegt, wo eine Macht besteht, die zumindest auf ihrer gesamten Oberfläche und in erster Instanz eine Bio-Macht darstellt, genau dort ist der Rassismus unerläßlich als Bedingung, um jemanden in den Tod zu schicken, um die anderen in den Tod zu schicken.« Einleuchtend ist die Foucault-Argumentation nicht. Denn um die Lebensmacht als Todesmacht zu erweisen, benötigt Foucault eine weitere Prämisse. Sie lautet: Die Lebensmacht ist »Normalisierungsmacht«. Wenn dies gilt, dann kann allerdings das, was sich den Normalisierungsversuchen widersetzt, als feindlich, bedrohlich und als zu Vernichtendes erscheinen. Aber inwiefern ist die Lebensmacht normalisierend? Offenbar dann, wenn »Leben« einen normativen Sinn von »Gesundheit« einschließt. Das aber ist nicht plausibel. Leben hört ja nicht auf, Leben zu sein, wenn es Krankheit erleidet. Foucault hat also hier gemogelt.

Witzig ist die Angelegenheit allerdings nicht, denn seine Mogelei dient der Folgerung, daß alle modernen Staaten rassistisch seien. Man hat in Frankreich dagegen sofort protestiert und ihm eine Banalisierung des Faschismus unterstellt, die dann in der Tat vorläge, wenn alle Staaten, gleichgültig ob demokratisch oder faschistisch, strukturell rassistisch wären. Die faschistische Form des Rassismus wäre dann nichts als eine Variante innerhalb ein und desselben politischen Paradigmas. Hierbei scheint Foucault in der Tat von Reminiszenzen an Nietzsche verleitet worden zu sein. Der nämlich legte Wert darauf zu betonen, daß eine so friedliche Bewegung wie das Christentum sich sehr wohl mit staatlicher Gewalttätigkeit verträgt »und Kriege führt, verurtheilt, schwört, haßt« (VIII, 2, 11 [282]).[78] Im Gegensatz zu Foucault hat Nietzsche hiermit recht. Der christliche Staat hat zwei Gesichter, Friedfertigkeit und Kriegsbereitschaft. Es handelt sich um eine widersprüchliche Verschmelzung einer Erlösungsreligion mit den Institutionen einer machtverwaltenden Monarchie. Foucault hat offenbar nach einer Verallgemeinerung gesucht, die geeignet wäre, dem Staat eine gigantische Doppelgesichtigkeit von Bauen und Zerstören zuzusprechen. Das aber ist trivial. Denn jeder Staat besitzt das Monopol legitimer Gewalt und ist berechtigt, es auszuüben. Daraus läßt sich das erwünschte Resultat des strukturierten Staatsrassismus nicht ableiten, weil nicht jede Gewaltausübung rassistisch ist. Nicht trivial ist jedoch die Widersprüchlichkeit eines christlichen Staates in der Sicht Nietzsches. Nicht trivial wäre ebenfalls jene Verbindung von Lebens- und Todesmacht. Sie allerdings beruht bei Foucault auf einer simplen Mogelei. Es mag sein, daß er selbst bemerkt hat, hier nicht weiterzukommen. Daher der Wechsel von der Macht zur Gouvernementalität.

Schluß: Rück- und Vorblick auf Nietzsches Sonderweg

Nietzsche hat es uns nicht leicht gemacht, seine politischen Werte, Wünsche, Ängste und Hoffnungen zu verstehen. Es wurde hier versucht, ihr Spektrum einschließlich der Vielheit seiner Auswirkungen zu beschreiben. Was man – wenn man hört, ein »Wille zur Macht« sei überall grundlegend – am ehesten erwartet, ist eine Theorie der politischen Macht. Hätte man von Nietzsche nicht erwarten können, daß er – zumindest unausdrücklich – folgende Fragen stellt und irgendwie auch beantwortet: Was *bedeutet* Macht, wenn nicht das Faktum, daß Person A Person B dazu bringt, etwas zu tun, was B von sich aus nicht tun würde? Wie ist die *Kausalität* zu verstehen, nach welcher A auf B einwirkt? Und schließlich: Auf welche Weise *wirkt* Macht? Kommunizieren A und B in einer Machtbeziehung? Wird B dazu geführt, bestimmte Handlungen zu koordinieren?[79]

Bei Foucault, der Nietzsche ferner steht als generell geglaubt wird, finden sich plausible Antworten auf diese Fragen. Auf die erste Frage antwortete er bereits mit *Wahnsinn und Gesellschaft* sinngemäß, daß infolge der Einkerkerung der Normabweichler im 17. Jahrhundert galt: »Die Staatseinrichtung duldet nicht länger die Unordnung in den Herzen.« Ohne die Politik der Einkerkerung der Andersartigen hätte sich das Staatsvolk von sich aus nicht als eine »Republik des Guten« verstanden und verhalten.[80] Hinsichtlich der zweiten Frage ist Foucault in seiner späteren Veröffentlichung *Überwachen und Strafen* zurückhaltend. Statt »Kausalität« spricht er vorsichtig nur von einer »Korrelationsgeschichte der modernen Seele und einer neuen Richtgewalt«. Zugleich soll gelten, daß die Strafjustiz »ihre Wirkungen ausweitet«.[81] Besonderes Gewicht legt Foucault auf die Beantwortung der dritten Frage. »Man muß aufhören, die Wirkungen der Macht immer nur negativ zu beschreiben, als ob sie nur ›ausschließen‹, ›unterdrücken‹, ›verdrängen‹, ›zensieren‹, ›abstrahieren‹, ›maskieren‹, ›verschleiern‹ würde. In Wirklichkeit ist die Macht produktiv; und sie produziert Wirkliches. Sie produziert Gegenstandsbereiche und Wahrheitsrituale: das Individuum und seine Erkenntnis sind Ergebnisse dieser Produktion.« Mit anderen Worten: Wissen wirkt nicht nur – wie Francis Bacon wollte – als Macht, sondern Macht wirkt auch als Wissen.[82]

Und Nietzsche? Die Bedeutung, die Kausalität und die Wirkung von Machtbeziehungen scheint er im Fall des Ressentiments verständlich dargelegt zu haben. Wir verdanken Nietzsche sogar einen Schlüsseltext in dieser Hinsicht, nämlich *Zur Genealogie der Moral* I. 11. Dieser Text scheint sogar auf alle drei Fragen hinsichtlich der Macht zu antworten. Im ganzen ergibt sich folgendes Bild: 1. Was A bei B bewirkt, würde B von sich aus nicht tun: Die Schwachen erleben die Gewalttätigkeit der »vornehmen Rassen« und bilden aus Ressentiment eine Sklavenmoral. Von sich würden die Schwachen keine eigene Moral fabrizieren. 2. Die Vornehmen »sind nach außen hin« wie Raubtiere. Die Kausalität verläuft also von der Gewalttätigkeit der Vornehmen zu den Schwachen als Opfern. 3. Die Macht wirkt destruktiv und konstruktiv zugleich. Die Schwachen werden getötet, geschändet, gefoltert und zugleich befähigt, die Ressentiment-Moral der Sklaven zu schaffen.

Bei genauerem Hinsehen stimmen diese Antworten nicht. Nietzsche zeigt nicht, was B tut, sofern A zu ihm in einer Machtbeziehung steht. Vielmehr beschreibt er Handlungsweisen, die zu weiteren Konsequenzen der Machtbeziehung gehören können, nicht aber gehören müssen. Ressentiment und Sklavenmoral können erst dann auftreten, wenn die Schwächeren zuvor nach dem Willen der Vornehmen handeln und *Verlangtes tun*. Angenommen, eine Verbrecherorganisation gewinnt die Macht über die Kleinhändler eines Stadtviertels und verlangt von ihnen

Schutzgeld. Sofern Macht vorliegt, zahlen die Händler das verlangte Schutzgeld. Kommunizieren nun die Händler miteinander, so können sie übereinkommen, die Verbrecher moralische Bösewichter zu nennen. Das bildet eine Reaktion auf Macht. Sie kann aus der Machtbeziehung nicht abgeleitet werden. Nietzsche übergeht das Naheliegende, nämlich das Tun des Verlangten. Hegel bot dagegen einst in dem berühmten Kapitel über »Herrschaft und Knechtschaft« seiner *Phänomenologie des Geistes* eine genaue Analyse einer Machtbeziehung: Der Knecht (der hierbei ein Sklave ist) tut das Verlangte und *arbeitet* für den Herrn. Auch Foucault zeigt, daß das Staatsvolk nach der Kriminalisierung und Kontrolle der Andersartigen das Verlangte tat, d. h. sich zum Beispiel innerlich und äußerlich moralisch verhielt und beurteilte.

Damit wird ein Sonderweg absehbar, den Nietzsche offenbar beschreitet. Obwohl er einen »Willen zur Macht« als Steigerung des Lebens ansetzt, verknüpft er damit keine empirisch plausible Theorie sozialer Macht. Dies braucht nicht als Einwand gelesen zu werden. Nietzsche könnte vielmehr beanspruchen, speziell in *Zur Genealogie der Moral* nicht bloß von Macht, sondern von Sklaverei und Zerstörung und von deren kulturellen Konsequenzen zu handeln.

Verfolgt man diese Blickrichtung, so verstärkt sich der Eindruck des theoretischen Sonderweges jedoch noch weiter. Denn, so zeigt sich hierbei wieder, Nietzsche bejaht Sklaverei und Destruktion in einem normativen Sinn. Die Befremdlichkeit dieser Denkweise mag heute nicht mehr auf der Hand liegen. Es kommt darauf an, sie neu zu sehen.

Foucault kommt ihr 1976 nur scheinbar nahe. Wie oben im IV. Teil vermerkt wurde, wollte Foucault – auf einer falschen Prämisse beruhend – der liberalen Demokratie und dem Nationalsozialismus gleichermaßen das Prädikat des »Rassismus« zusprechen. Darin erblickte man eine Tendenz zur Banalisierung des Faschismus. Foucault versucht jedoch weder hier noch auch sonst an irgendeiner Stelle, Zerstörung (durch den Staat) zu bejahen oder normativ zu fordern.

»So sei es denn ausgesprochen, daß der Krieg für den Staat eine ebensolche Notwendigkeit ist wie der Sklave für die Gesellschaft: und wer möchte sich diesen Erkenntnissen entziehn können, wenn er sich ehrlich nach den Gründen der unerreichten griechischen Kunstvollendung fragt?« (Fünf Vorreden zu ungeschriebenen Büchern Nr. 3) Hier wird aus Beschreiben – die attische Gesellschaft war so und so organisiert – Vorschreiben: Krieg und Sklaven sollen sein, anders sei Kunst nicht zu haben. Später verschiebt sich die Rede über die Sklaverei zur Rede von der »Sklaven-Moral« und dem »Sklavenaufstand«, deren stärkste Kraft zuletzt die Französische Revolution und ihre Folgen bilden. Den Beginn des Sklavenaufstands in der Moral machte laut *Zur Genealogie der Moral* I, 7 das antike Judentum. Emanzipation ist durch Sklaven-Moral bedingt. »Das sind die Consequenzen der Sklaven-Theorie vom suffrage universel und der ›Gleichheit‹« (VII, 2, 25 [287]). Nietzsches Sonderstellung ist diesbezüglich deutlich wahrgenommen worden. Seine Bejahung von Sklaverei gehört zu den Ursachen seiner Unzeitgemäßheit. Wer die Geschichte der Sklaverei des »christlichen« Europa und ihrer Diskurse überblickt, weiß, daß erst mit Jean-Jacques Rousseau jede mögliche Legitimität von Sklavenhaltung fällt. Nietzsches Haßausbrüche gegen Rousseau – diese »Moral-Tarantel« (Morgenröte, Vorrede 3) – finden so eine Begründung. Als Nietzsche Sklaverei fordert, hatten die Europäer die Versklavung praktisch und theoretisch weitgehend hinter sich gelassen. »F. Nietzsche trieb die natürliche Ungleichheit zur äußersten Konsequenz und überlegte – als die Sklaverei fast in der gesamten christlichen Welt schon abgeschafft war –, inwiefern eine Versklavung der weitmeisten notwendig sei ›zur Hervorbringung eines höheren Typus‹. Die Nationalsozialisten füllten das aristotelische Konzept [des ›Sklaven von Natur‹, der auf fremden Verstand angewiesen ist] mit ihren politischen Inhalten, als sie planten die slawischen Völker im Zweiten Weltkrieg zu versklaven.«[83]

Das Recht des Stärkeren, durchschaute Rousseau, sei ein »unerklärlicher Blödsinn« (un galimatias inexpliquable), denn es müßte »zugrundegehen, wenn die Stärke aufhört« (qui périt quand la force cesse). Sklaverei sei daher nicht nur illegitim, sondern absurd und bedeute nichts. Auch sei es unmöglich, daß Menschen auf ihre Freiheit verzichten. Sie wären in diesem Fall »wahnsinnig« (fou). »Auf seine Freiheit zu verzichten, heißt auf seine Eigenschaft als Mensch zu verzichten.«[84] Hinsichtlich der gewaltsamen Stärke gilt: »Die gewaltsame Kraft (force) ist eine physische Macht; ich kann nicht sehen, welche Moralität aus ihren Wirkungen folgen kann. Der gewaltsamen Kraft nachzugeben, ist ein Akt der Notwendigkeit, nicht des Willens; es handelt sich zumindest um einen Akt der Klugheit. In welchem Sinn vermag dies eine Pflicht zu sein? [...] das Wort *Recht* fügt der gewaltsamen Kraft nichts hinzu; es bedeutet hier überhaupt nichts.«[85]

Ein Blick auf die beschriebene Stellung der »Sklaven-Moral« als eine mögliche Konsequenz aus dem Unterlegensein der Schwachen legt nahe, daß es Nietzsche besonders darum ging, die von Rousseau ironisch vermißte Moralität zu beschreiben, die aus den Wirkungen der Gewalttätigkeit erwachsenden Züge von Moral zu bestimmen. Dabei fällt es schwer, bei Nietzsche Argumente zu erkennen, die Rousseaus Argumenten gewachsen oder gar überlegen wären. Rousseau fügt seinen Entzauberungen des Sklaverei-Begriffs noch eine Demontage des heute als rassistisch rekonstruierbaren Aristoteles-Konzepts vom Sklaven von Natur hinzu. Aristoteles habe recht, es gebe Sklaven von Natur. Nur habe er hierbei die Wirkung als Ursache verwechselt. Wer in der Sklaverei geboren werde, nehme diese als etwas Natürliches. Daher gilt: »Wenn es folglich Sklaven von Natur gibt, so daher, weil es Sklaven gegen die Natur gegeben hat. Die Gewalt (force) hat die ersten Sklaven gemacht; ihre Feigheit hat sie perpetuiert.«[86] Eigentümlicherweise geht Nietzsche nicht hinter dieses Argument zurück, um die Aristotelische These zu wiederholen, es gebe Wesen, die wegen ihrer Verstandesschwäche zugleich Menschen und Sklaven seien. Nietzsche argumentiert nicht jenseits, sondern diesseits der Rousseau-Prämissen, um Entgegengesetztes zu behaupten. So kann er beispielsweise in *Die Fröhliche Wissenschaft* III. 149 von einem »Bedürfnis nach Sklaverei« sprechen: »Wo geherrscht wird, da gibt es Massen: wo Massen sind, da gibt es ein Bedürfnis nach Sklaverei.« War für Rousseau das Ende der Sklaverei der Beginn liberaler Demokratie, so ist für Nietzsche Demokratie Wirkung von Sklaverei. Nietzsches wenig argumentative Bemerkungen mögen hierbei Anlaß geben, begriffliche Armut zu vermuten. Logisch unabhängig davon ist der normative Gehalt seiner Rede von den Sklaven: Sklaverei ist für das Bestehen einer Kultur notwendig.

Es gibt einen idyllischen und einen wenig idyllischen Modus von Sklaverei als Norm. Der idyllische Modus kann zum Beispiel so lauten: »Als der Industriekapitalismus im Norden [der USA] immer mehr Fuß faßte, suchten die Gebildeten im Süden die aristokratischen, vorindustriellen Züge zu entdecken und herauszustellen, die sie in ihrer eigenen Gesellschaft finden konnten: Höflichkeit, Anmut, Kultiviertheit«. Die Rede ist hier von den Sklavenhaltern der Südstaaten der USA vor dem Bürgerkrieg.[87] Nietzsche gibt eine andere Variante des idyllischen Modus: Die Aristokraten besitzen eine »vornehme Moral aus einem triumphierenden Ja-sagen zu sich selber«, ihre Klugheit hat »leicht einen Beigeschmack von Luxus und Raffinement an sich« (*Zur Genealogie der Moral* I, 10). Der weniger idyllische Modus wird eher dann erfüllt, wenn die »Vornehmen« ihre Sklaven als Instrumente der von ihnen gewollten Kriege – der deutsche Sonderweg der mit Versklavung nicht sparsamen Rüstungsindustrie des Zweiten Weltkriegs ist bekannt – wirklich einsetzen.

Nietzsche beansprucht nicht nur einen normativen Sinn von Sklaverei, sondern er überbietet diesen durch einen normativen Sinn von Destruktion. Es existieren verschiedene Diskurse der Destruktivität. In historischer Reihenfolge lassen sich 1. theodizeeähnliche, 2. therapeutische und 3. fundamental-methodologische Ansätze unterscheiden. Vereinfacht laufen diese Diskurse etwa auf folgende Sätze hinaus: 1. Die theodizeeähnliche Rede über Destruktion besagt: *Politisch und sozial bewirkte Zerstörungen lassen sich nachträglich als Voraussetzungen für die Schaffung und das Eintreten von zerstörungsfreien Zuständen friedlichen Zusammenlebens rekonstruieren und rechtfertigen.* So deutete zum Beispiel Gracilaso de la Vega zu Beginn des 17. Jahrhunderts – Sohn eines spanischen Offiziers und einer Inkaprinzessin – die brutale Kolonisation des Inkareiches als Voraussetzung für dessen Christianisierung. Philosophisch am weitesten ging Hegel und ersetzte die alte »Theodizee« (die Rechtfertigung der Güte »Gottes« angesichts der Übel in der Welt). An ihre Stelle trat eine »Theodizee« der als Abfolge von Zerstörungen erzählbaren Universalgeschichte. 2. Die therapeutische Rede – bekannt durch S. Freud oder E. Fromm – besagt: *Politische und soziale Zerstörungen beruhen auf tiefenpsychologisch diagnostizieren und behandelbaren Persönlichkeitsstörungen.* 3. Fundamentalmethodologisch besagt »Destruktion« (»Dekonstruktion« bei Derrida): *Ersetzung der bisherigen Betrachtung der Fragen der Philosophie durch Zeitdeutungen (Heidegger) oder durch zeichenbedingte Verschiebung vermeintlicher Gegenwart des Bezeichneten (Derrida).*

Die Aufzählung der drei Diskurse über Destruktion beansprucht keine Vollständigkeit. Foucault nämlich hat ihr eine weitere – nämlich eine strukturell-herrschaftstheoretische – Möglichkeit hinzugefügt, wenn er, wie oben berichtet, alle modernen Staaten und Staatsformen als rassistisch versteht. Zu Beginn des 16. Jahrhunderts hatte der Dominikanermönch Bartholomé de las Casas, der Kolumbus bei seinen Entdeckungsreisen begleitet hatte, den ersten Akt der europäischen Globalisierung – ihm fielen in 100 Jahren ca. 70 Millionen Ureinwohner Südamerikas zum Opfer, wobei jedoch nicht durchgängig von einer

Vernichtungsintention der Kolonisatoren auszugehen ist – als Teufelswerk gedeutet. Das ergibt eine dämonologisch-satanische Erklärung von Zerstörung.

Nietzsche kann beanspruchen, der Urheber eines normativen Destruktionsdiskurses gewesen zu sein. Ihm folgen Marinetti und die Futuristen mit dem 1. futuristischen Manifest von 1909. Ihm folgen ebenso spanische Falangisten, die Italo- und schließlich die Germanofaschisten. Normative Rede über Destruktion läßt sich in Kürze – einschließlich ihrer selbstdestruktiven Logik – etwa so dokumentieren:

Nietzsche:

»*Nicht* Zufriedenheit, sondern mehr Macht; *nicht* Friede überhaupt, sondern Krieg [...] Die Schwachen und Missrathnen sollen zu Grunde gehn: erster Satz *unserer* Menschenliebe. Und man soll ihnen noch dazu helfen« (*Der Antichrist* 2). Die »Höherzüchtung der Menschheit« schließt »die schonungslose Vernichtung alles Entartenden und Parasitischen« ein (*Ecco homo, Die Geburt der Tragödie* 4).

Die Futuristen:

»Wir wollen den Krieg – diese einzige Hygiene der Welt – verherrlichen, den Militarismus [...] Die Kunst kann in der Tat nur Gewalt, Grausamkeit und Ungerechtigkeit sein.« (Noi vogliamo glorificare la guerra – sola igiene del mondo – il militarismo [...] L'arte, infatti, non può essere che violenza, crudeltà ed ingiustizia. Erstes Manifest des Futurismo, 1909)

Während des spanischen Bürgerkriegs rief der Franco-General Millán Astray aus:

»Es lebe der Tod!« (Viva la muerte!)

Mussolini:

»Der Krieg, der die Existenz, die Zukunft, das Geschick eines ganzen Volkes ins Spiel bringt, ist der feierlichste Akt, den dieses Volk in seiner Geschichte vollbringt; und so ist nötig, die Menschen zur Größe der Ereignisse zu erziehen.«

Goebbels und Hitler:

»Wollt ihr den totalen Krieg? Wollt ihr ihn, wenn nötig,

totaler und radikaler, als wir ihn uns heute überhaupt noch vorstellen können?« (Goebbels, 18. Februar 1943)

»Wenn der Krieg verlorengeht, wird auch das Volk verloren sein. [...] Was nach dem Kampf übrigbleibt, sind ohnehin nur die Minderwertigen, denn die Guten sind gefallen!« (Hitler, 19. März 1945)

In Nr. 104 von *Menschliches, Allzumenschliches* versucht Nietzsche darzulegen, daß es Grausamkeit, verstanden als absichtliches Zufügen von Schmerz und Leid, nicht geben könne. »Giebt es ein Schädigen aus reiner *Bosheit*, zum Beispiel bei Grausamkeit? Wenn man nicht weiss, wie weh eine Handlung thut, so ist sie keine Handlung der Bosheit; so ist das Kind gegen das Thier nicht boshaft, nicht böse: es untersucht und zerstört dasselbe wie sein Spielzeug. *Weiss* man aber je völlig, wie weh eine Handlung einem Anderen thut? So weit unser Nervensystem reicht, hüten wir uns vor Schmerz: reichte es weiter, nämlich bis in die Mitmenschen hinein, so würden wir Niemandem ein Leides thun (ausser in solchen Fällen, wo wir es selbst thun, also wo wir uns der Heilung halber schneiden, der Gesundheit halber mühen und anstrengen). Wir *schliessen* aus der Analogie, dass Etwas Jemandem weh thut, und durch die Stärke der Erinnerung und Stärke der Phantasie kann es uns dabei selber übel werden. Aber welcher Unterschied bleibt immer zwischen dem Zahnschmerz und dem Schmerze (Mitleiden), welcher der Anblick des Zahnschmerzes hervorruft? Also: bei dem Schädigen aus sogenannter Bosheit ist der *Grad* des erzeugten Schmerzes uns jedenfalls unbekannt; insofern aber eine *Lust* bei der Handlung ist (Gefühl der eigenen Macht, der eigenen starken Erregung), geschieht die Handlung, um das Wohlbefinden des Individuums zu erhalten und führt somit unter einen Gesichtspunct wie die Nothwehr, die Nothlüge.« Ein antiker Dichter hatte einst bemerkt, daß, wenn Kinder zum Spaß Steine auf einen Frosch werfen, dieser im Ernst sterbe. Nietzsches hier dokumentierte Logik scheint nur bis zum Spaß der Kinder zu reichen. Er unterstellt, daß ein Informationsdefizit über die Quantität fremden Leidens ein hinreichender Grund ist, anderen die Qualität »Schmerz« zuzufügen. Die Tatsache, daß andere unter dem eigenen Tun leiden, ist angesichts des Lust- oder Machtgefühlgewinns des Täters offenbar unwichtig. Für den Täter ist die Empfindungsintensität des Opfers unzugänglich. Zugleich gibt es auch keine echten Täter, denn diese folgen nur Impulsen ihrer Erregung. In dieser Sichtweise wird das Phänomen der Grausamkeit zu einem bloßen Schein. Im späteren Werk entpuppt sich der unschuldige Akteur als »Raubthier« und »blonde Bestie«. Das Nötige dazu findet sich an der bereits erwähnten Stelle in *Zur Genealogie der Moral* I. 11. Nietzsche liefert hier eine Erklärung dafür, weshalb das Attribut »böse« die erste Schöpfung des Ressentiments ist. Die »Vornehmen«, so Nietzsches Erklärung, »sind nach Aussen hin, dort wo das Fremde, *die* Fremde beginnt, nicht viel besser als losgelassene Raubthiere. Sie geniessen die Freiheit von allem socialen Zwang, sie halten sich in der Wildnis schadlos für die Spannung, welche eine lange Einschliessung und Einfriedung in den Frieden der Gemeinschaft giebt, sie treten in die Unschuld des Raubthier-Gewissens *zurück*, als frohlockende Ungeheuer, welche vielleicht von einer scheusslichen Abfolge von Mord, Niederbrennung, Schändung, Folterung mit einem Übermuthe und seelischen Gleichgewichte davongehen, wie als ob nur ein Studentenstreich vollbracht sei.« So verhalten sich Raubtiere jedoch nicht. Auch die Raubkatzen der mörderischen Römer standen nicht unter sozialen Zwängen, sondern wurden tagelang bei völliger Dunkelheit und ohne Nahrung gehalten, um ihren Hunger an Menschenfleisch zu stillen. Nietzsche betätigt sich hier in Wirklichkeit als Fabeldichter – die Raubtiere sind eigentlich Menschen – und trägt eine dicke Moralität auf: Moralisch verwerflich ist nicht das grausame Tun, denn das erfolgt unschuldig, sondern die Reaktion der Opfer. »Auf dem Grunde all dieser vornehmen Rassen ist das Raubthier, die prachtvolle nach Beute und Sieg lüstern schweifende *blonde Bestie* nicht zu verkennen; es bedarf für diesen verborgenen Grund von Zeit zu Zeit der Entlastung, das Thier muss wieder heraus, muss wieder in die Wildnis zurück: – römischer, arabischer, germanischer, japanesischer Adel, homerische Helden, skandinavische Wikinger – in diesem Bedürfnis sind sie alle gleich.« Die Nietzscheschen Raubtiere bilden also eine fabelartige Verkleidung jener »Lust in allem Zerstören«, den »Wollüsten des Siegs und der Grausamkeit«. Die Opfer reagieren mit Haß und einer universalistischen Logik und Moral des Hasses. Damit ist der deskriptive Gehalt dafür umschrieben, weshalb Zerstörung normativ gefordert werden kann. Nietzsche praktiziert hier eine Taktik des Ausweichens. Nach der Schuld der Täter gefragt, weicht er in eine Fabelwelt aus, um gleichzeitig die Entstehung moralischer Kategorien auf der Opferseite zu behaupten. Zerstörung soll wieder geschehen. Die Vornehmen sollen wieder unschuldig und opferblind morden dürfen. Damit dies geschieht, müssen zuvor die Mißratenen und Parasitischen ausgerottet werden. Wer bestimmt jedoch nach welchen Kriterien, wer zu den auszurottenden Elementen einer Gemeinschaft gehört? Wenn es auch wie Wahnsinn wirkt, so hat es doch Methode, – aber nicht genügend.

Verglichen mit dem therapeutischen und dem theologischen Zerstörungsdiskurs bietet der normative Diskurs der Destruktion kaum etwas Anziehendes. Geht es um Therapie, so kann eine Minderung der Zerstörung in Aussicht gestellt werden. Geht es um Theodizee-Abwandlungen, so wird Zerstörung als etwas betrachtet, auf das man zurückblicken kann und das sich in der Optik des Rückblicks als sinnvoll erweist. Therapeutische oder theodizeeartige Sinnzuschreibung bietet kaum Voraussagemöglichkeiten. Der Therapeut ist nicht Herr der Zukunft seines Patienten, und der Standpunkt, wonach sich vergangenes Leid als sinnvoll erweist, ist ein Standpunkt der Gegenwart, der nichts über das Künftige aussagt. Normative Diskurse der Destruktion können diese Ungewißheiten der Therapie oder der Theodizee zum Anlaß nehmen, um eine Vernichtung der »Schwachen«, der »Mißratenen«, des »Parasitischen«, um seinen Krieg als »einzige Hygiene der Welt«, um sein »¡Viva la muerte!«, seinen totalen Krieg und schließlich auch seinen totalen Untergang als realistische Alternative anzupreisen.

Die beiden Schwächen der normativen Forderung nach Zerstörung werden jedoch kaum lange verborgen bleiben. Wer normative Zerstörung fordert, spricht primär einem Täter das Recht zum Zerstören zu und setzt die Opfer als rechtlose Objekte der Destruktion voraus. Soll eine Selektion derer erfolgen, die Opfer werden, so fehlen dafür die Kriterien. Wer weshalb vernichtet werden soll, bleibt eine offene Frage. Der normative Destruktionsdiskurs bleibt *opferblind* und *selektionsarbiträr*.

Die Sonderstellung der destruktiven Normativität ließe sich indessen vielleicht relativieren. Könnte es nicht sein, daß sie an jene Auffassung des Politischen anschließt, die »realistisch« heißt? Um Verwirrung zu vermeiden, ist zu bemerken, daß »Realismus« und »Idealismus« zwei verschiedenen Bedeutungsbereichen zugehören. In der Ontologie nämlich besagt »Realismus« dasselbe wie »Idealismus«: Das Allgemeine, Abstrakte hat für den Realisten reales Dasein. Der Gegensatz zu »Realismus« ist hier nicht »Idealismus«, sondern »Nominalismus«, das heißt eine Auffassung, die nur individuellen Gegenständen, die von allgemeinen Begriffsangaben ausgesagt werden, wirkliches Dasein zuspricht. Im politischen Sinn dagegen meint »Realismus« das Gegenteil von »Idealismus«.

Der politische Realist behauptet im wesentlichen zweierlei: *Aufrüstung führt zu Sicherheit* (des Nationalstaates und seiner Alliierten) und *Protektionismus führt zur Entwicklung* (des Nationalstaates und seiner Partner). Der politische Idealist trat erst viel später, und zwar mit Kants Schrift *Zum ewigen Frieden* von 1795 als Gegenstimme auf. Er behauptet: *Demokratien führen keine Kriege miteinander* und: *Wer durch Handel arbeitsteilig miteinander verflochten ist, schießt nicht aufeinander.*[88]

Nach dem, was oben über Nietzsches pazifistische

Äußerungen bemerkt wurde, steht Nietzsche manchmal auch in der Tradition des politischen Idealismus, der mit einer progressiven Einrichtung von Demokratien auf Dauer globale Friedenssicherung zu leisten verspricht. Mit Kant trifft sich der politische Idealist Nietzsche beispielsweise in der Forderung nach einem »Völkerbund«. Sein normativer Destruktionsdiskurs ist dagegen das Gegenteil seines Pazifismus. Folgt daraus, daß die Zerstörungsforderung dem politischen Realismus zuzusprechen ist? Eine derartige Folgerung liegt nahe, wenn man bedenkt, daß zwei von Nietzsche besonders geschätzte Autoren – es handelt sich um Thukydides und Machiavelli – zu den Klassikern des politischen Realismus gehören. Die Folgerung wird jedoch ungültig. Denn diese Realisten vertreten keinen normativen Destruktionsdiskurs. Politischer Realismus oder Idealismus beziehen sich in der Politik auf das Verhältnis von Staaten untereinander. Nietzsches pazifistische Bemerkungen aus dem Frühwerk nehmen bezug auf das zwischenstaatliche Verhältnis. Sie gehören daher zum politischen Idealismus.

Seine späteren Zerstörungsforderungen lassen die Bezugsfrage – Innenpolitik? Außenpolitik? – offen. Weder ist ein Staat als Subjekt mit einer Souveränität nach innen noch mit einer Souveränität nach außen identifizierbar. Vernichtet werden sollen Schwache, Mißratene und parasitär Existierende überhaupt, ohne daß erkennbar würde, ob dies innerhalb des Staatsgebiets oder außerhalb (z. B. in Kolonien) geschehen soll. Diese politische Ortlosigkeit mildert den Zerstörungsanspruch jedoch nicht. Die Destruktionen bleiben normativ gefordert, gleichgültig, wer sich als Zerstörender betätigt.

Neben der Zuordnung zu politischem Idealismus/Realismus könnten Nietzsches Forderungen umfassender Destruktion dessen, was parasitisch und entartet ist, auch an sozialistische und ebenso an kapitalistische Konzepte angeschlossen werden und damit zu Linksnietzscheanismus oder Rechtsnietzscheanismus führen. *Linksnietzscheanismus* besagt: *All das ist zu bekämpfen, was Gottsuche durch Geld-*

suche ersetzen will. Linksnietzscheanismus kann sich zum Beispiel auf eine Stelle in seiner Schrift *Morgenröte* (Nr. 204) berufen, wo die Kapitalhäufung als Ersatzform für die religiöse Heilssuche kritisiert wird. *Rechtsnietzscheanismus* kann sich unschwer auf die in diesem Buch dokumentierten Passagen berufen, wo von einer *universalistischen Rache der »Sklaven«* die Rede ist, die zu bekämpfen sei.

Es ist auch denkbar, daß die Durchsetzung der »Globalisierung« einen spezifisch neoliberalistischen Rechtsnietzscheanismus in ihrem Troß bereithält. Immerhin ging eine Phase intensiver internationaler Nietzschezuwendung der sozialstaatfeindlichen Globalisierung voraus. Über tiefere Zusammenhänge zwischen beiden Erscheinungen können erst spätere Zeiten urteilen. Eine 1995 erschienene Kritik der ungehinderten Globalisierung durch Wettbewerb zählt Nietzsche neben Hobbes und Darwin Nietzsche als dritten Vordenker globalisierten Wettbewerbs.[89] Die Praxis dieser sich als Befreiungsbewegung ausgebenden neoliberalistischen Strategie zielt auf die Ersetzung des Sozialstaates durch die polizeilichen Ordnungselemente des traditionellen Staatskonzepts. Weltanschaulich wird sie flankiert von dem Glauben an ein naturgesetzlich gesichertes Überleben des ökonomisch Stärkeren. Zentraler Parameter des Erfolgs ist die Kombination von Kompetenz und Durchsetzungskraft. In den Vereinigten Staaten werden dementsprechend bereits Ranglisten der Manager verteilt, in welchen derjenige der Beste ist, der die größte Zahl von Entlassungen durchsetzen konnte. Eine neoliberalistische Strategie der Ungleichheit, die Solidarität als zu meidende Ursache von Stagnation versteht, läßt sich bei hinreichendem Zynismus mit einigen Forderungen Nietzsches koppeln. Das neue Jahrhundert hält hier vielleicht noch Überraschungen bereit. Auf Ausrottung könnte verzichtet werden im Namen einer Destruktion des Sozialstaates und durch Zerstörung von Arbeit als Bedingung gelingenden Lebens.

Nietzsches normativer Destruktionsdiskurs bleibt strukturell subjektlos. Wer soll, wer wird, wer würde, wer könnte – das Werk der geforderten Ausrottung durchführen? Nietzsche scheint Kants Moralphilosophie methodisch insofern treu geblieben zu sein, als er dessen »Du kannst, denn du sollst« unausdrücklich umformt in ein »Es wird gekonnt, denn es soll geschehen«. Die geschilderte Opferblindheit und selektive Arbitrarität der geforderten Destruktivität hat die Faschisten nicht an der Ausführung ihres Zerstörungswerks gehindert. Die Forderung nach Zerstörung ohne Beschreibung der Täter-Subjekte kann zur Entlastung ihres Autors von Verantwortung stilisiert werden. Das – und die ungehemmte Praxis der Destruktion – liegt hinter uns. Der Beginn eines neuen Jahrtausends kann nicht vorauseilend zur Epochenschwelle erklärt werden. Er bietet eher die Chance, daß Verantwortungsentlastung nicht als etwas zählt, das von Verantwortung befreit, sondern das selbst zu verantworten ist. Vielleicht wäre man deshalb weniger gefährdet, wenn man den normativen Destruktionsdiskurs als ein Gespenst betrachtet, das die zu Friedhöfen verräumlichten zwei vergangenen Jahrhunderte bewohnt. Es wird darauf ankommen zu verhindern, daß dieses Gespenst aus seiner Vergangenheit in die Gegenwart abwandert wie jener Geist von Hamlets totem Vater.

Epilog: Nietzsches Suche nach Kommunikation mit dem Sein

Wer über Nietzsches Öffnungen zum Faschismus schreibt, ist in der Pflicht anzugeben, worin seine philosophischen Züge liegen, die über Faschismus und Destruktivität hinausweisen. Zumindest muß er angeben, worin nach seiner Ansicht jene Züge zu erblicken sind. Die hier vertretene Antwort lautet: Nietzsche hat versucht, die von der Philosophie seit der Antike betriebene Neutralisierung des Seins ansatzweise rückgängig zu machen durch eine Kommunikation zwischen Mensch und dem, was wirklich der Fall ist. Die Sonne, die von Zarathustra jeden Morgen begrüßt wird, begrüßt ebenso ihn. Das Schicksal, die Notwendigkeit, das Fatum, das wir Menschen lieben sollen, liebt ebenso sich selber. Wer durch das Inferno von Nietzsches Destruktionsäußerungen hindurchgeht, darf die Hoffnung auf das Purgatorio nicht aufgeben. Er selbst deutete Dantes Inschrift auf dem Höllentor (wonach auch die Hölle von der göttlichen Gerechtigkeit und Liebe geschaffen wurde) in dem Sinn um, daß der eigene denkerische Werdegang nicht nur dem Inferno, sondern auch dem Wachstum der Liebe gilt.[90]

Es geht jedoch weniger um die Transformation von Heilsgeschichte als um eine Suche nach etwas, dem die Möglichkeit zu wechselseitiger Mitteilung von der Philosophie genommen worden war. Nietzsches Favorit Montaigne hatte aufgedeckt: »Wir haben keinen kommunikativen Umgang mit dem Sein.« All unsere Erkenntnisansprüche bleiben unerwidert von dem, was wir zu erkennen glauben, Referenz ist asymmetrisch. Platon legte einst einen kommunikativen Eros zugrunde, war jedoch zugleich der Überzeugung, dieser erfülle sich erst im Berühren des Vollkommenen, das mitteilungslos in sich ruht. Zwischen dem dialogisch beginnenden und monologisch endenden Eros liegt eine Zäsur, eine wesentliche Veränderung: Um zur himmlischen Beatrice zu gelangen, mußte Dante am Ende des Purgatorio erst Lethe, flüssiges Vergessen, trinken.

Wir haben keine Kommunikation mit dem Sein, unsere Bezugnahme auf Wirklichkeit ist asymmetrisch. Was tun? Montaigne entdeckte dabei die individualisierbare heitere Kommunikation mit sich selbst und mit anderen. Kant deutete die kognitive Asymmetrie als erkennendes Entwerfen von Natur. Nietzsche setzt beides voraus, fragt jedoch nach einer Durchbrechung jener kognitiven Asymmetrie. Im Rückblick überzeugen uns dabei weniger seine Lösungsvorschläge als vielmehr sein Anliegen, anstelle der grundsätzlichen kommunikativen Verschließung Öffnung und Offenes zu denken. Dieses Denken geschieht als Bereitstellen von Bildern. So beginnt *Also sprach Zarathustra* mit einer Wechselbeziehung zwischen menschlichem und tierischem Lebewesen und jener fremden Wirklichkeit, die bei Platon nur Symbol transzendenter Weltbedingung war, der Sonne. Solange diese Öffnung zur Wechselseitigkeit nicht vollzogen wird, besteht laut Nietzsche die Gefahr, daß die alte Kommunikationslosigkeit mit dem Sein zu einer geschlossenen Gesellschaft von »letzten Menschen« gerinnt.

Die Frage bei Nietzsches Bemühungen um eine offene, sich selbst mitteilende Wirklichkeit ist nicht »Wie hängt sie mit seinem Protofaschismus zusammen?«, sondern: Wie erreichen wir es, beides nicht miteinander zu vermengen?

Anmerkungen

1 Belege bei David E. Stannard, American Holocaust. Columbus and the Conquest of the New World, New York/Oxford 1992, S. 245, 336.

2 R. Rorty, A Spectre Haunting the Intellectuals, in: European Journal of Philosophy 3:3, 1995, S. 290.

3 »Noi vogliamo glorificare la guerra – sola igiene del mondo – il militarismo […] L'arte, infatti, non può essere che violenza, crudeltà ed ingiustizia.« Zitiert nach Mario Verdone, Il futurismo, Rom 1994, S. 84 ff.

4 H. Malorny, Zur Philosophie Friedrich Nietzsches, Berlin 1989, S. 53 f.

5 H. H. Holz, Wenn Marxisten noch streiten. Linker Schwindel angesichts des Bodenlosen, in: du, die Zeitschrift der Kultur, 6, 1998, S. 66.

6 Vgl. B. H. F. Taureck, Nietzsche: Zwischen Aufklärung, Faschismus und 21. Jahrhundert, in: S. S. Gehlhaar (Hg.) Friedrich Nietzsche (1844–1900). Beiträge zur Nietzsche-Forschung anläßlich des Jubiläumsjahres, Cuxhaven/Dartford, 2. erw. Auflage 1995, S. 79–87. Ebenso: vgl. Diskussion zu meinem Vortrag »Les apories du métahistoricisme: l'argument présocratique chez Hegel, Nietzsche et Heidegger«, in: G. Boss (Hg.), La philosophie et son histoire, Zürich 1994, S. 288–289.

7 Vgl. Walter Benjamin, Das Kunstwerk im Zeitalter seiner technischen Reproduzierbarkeit, in: W. Benjamin, Illuminationen, Frankfurt/Main 1969, S. 148 ff. Marinetti schrieb u. a.: »Der Krieg ist schön, weil er das Gewehrfeuer, die Kanonaden, die Feuerpausen, die Parfums und Verwesungsgerüche zu einer Symphonie vereinigt« (bei Benjamin, a. a. O., S. 175).

8 Paul Virilio, zit. nach Deleuze/Guattari, Capitalisme et schizophrénie II., Mille Plateaux: Paris 1980, S. 281. Mussolini über die Nationalsozialisten 1934: Zitiert nach Ernst Nolte, Der Faschismus in seiner Epoche, München/Zürich 1986, S. 288.

9 Montinari hat dieses Urteil auch in einem Gespräch, das ich im September 1980 mit ihm führte, bekräftigt.

10 Vgl. Bernard Williams, Morality. An Introduction to Ethics, Cambridge (1972) 1980, S. 34–40; ders., Ethics and the Limits of Philosophy, London 1985, S. 156–174. Vgl. auch meine vorläufigen Überlegungen zu einem Relativismus im Anschluß an Lyotard in der Besprechung von Walter Reese-Schäfer, Lyotard zur Einführung, Hamburg 1988, in: Prima Philosophia 1988, Heft 4, S. 554–558.

11 Mussolini: »La guerra, che mette in giuoco l'esistenza, l'avenire, il destino di tutto un populo, è l'atto più solenne che questo populo compie nella sua storia; e allora è necessario di educare gli uomini alla grandezza degli eventi.« Marinetti: »La pace relativa non può essere che la stanchezza dell'ultima guerra o dell'ultima rivoluzione. La pace assoluta regnerà forse colla sparizione della razze umane.« (Zit. nach A. Montemaggiori, Dizionario della dottrina fascista, Turin 1934, S. 395 u. 407).

12 Zu Mussolini vgl. E. Nolte, Der Faschismus in seiner Epoche, 1986, S. 236 u. S. 575 f., Anm. 188. Zu Italien und Spanien vgl. G. L. Mosse, Einführung: Die Entstehung des Faschismus, in: Journal of Contemporary History, dt.; München 1966, S. 29–46.

13 Man dürfe den Juden, so Schopenhauer, keinen »Anteil am Staat« gewähren, denn »sie sind und bleiben ein fremdes, orientalisches Volk« und »müssen daher stets nur als ansässige Fremde gelten«. Man solle Ehen zwischen Juden und Christen fördern, »und das auserwählte Volk wird« (in 100 Jahren) »selbst nicht wissen, wo es geblieben ist« (Schopenhauer, Parerga und Paralipomena II, § 132).

14 Belege bei H. G. Martens, Rassismus, Sozialdarwinismus und Antisemitismus, in: I. Fetscher/H. Münkler (Hg.), Pipers Handbuch der politischen Ideen, München/Zürich 1987, Bd. 5, S. 73–75.

15 Schopenhauer entnimmt Gobineau allerdings nicht eine politische Rassenontologie, sondern einen Beleg für etwas, das Nietzsches »blonde Bestie« vorprägt: »Gobineau (Des races humaines) hat den Menschen l'animal méchant par excellence genannt [...] denn der Mensch ist das einzige Thier, welches Anderen Schmerz verursacht, ohne weiteren Zweck, als eben diesen. [...] Wirklich also liegt im Herzen eines Jeden ein wildes Thier, das nur auf Gelegenheit wartet, um zu toben und zu rasen, indem es Anderen wehe thun und, wenn sie ihm den Weg versperren, sie vernichten möchte« (Schopenhauer, Parerga und Paralipomena II, § 114).

16 Vgl. Ernest Renan, Qu'est-ce qu'une nation? Conférence faite en Sorbonne 1882, Paris 1884. Der Passus lautet im Kontext: »La race, comme nous l'entendons, nous autres historiens, est donc quelque chose qui se fait et se défait. L'étude de la race est capitale pour le savant qui s'occupe de l'histoire de l'humanité. Elle n'a pas d'application en politique. La conscience instinctive qui a présidé à la confection de la carte de l'Europe n'a tenu aucun compte des nations de sang essentiellement mélangé. Le fait de la race, capital à l'origine, va donc toujours perdant de son importance. L'histoire humaine diffère essentiellement de la zoologie.«

17 Vgl. die pointierte Zusammenfassung bei H. G. Martens (s. Anm. 14), S. 57 ff., mit weiterer Literatur.

18 Ich folge hier der in der Klassenlogik üblichen Diagrammatik nach Venn; vgl. W. van Orman Quine, Grundzüge der Logik, Frankfurt/Main 1978, S. 104 ff., oder Wesley S. Salmon, Logik, Stuttgart 1983, S. 123 ff.

19 Friedrich Glum hat diese Analogien zwischen Nietzsche und dem Nationalsozialismus schon berührt, allerdings ohne weitere theoretische Folgen. Auch fehlt bei Glum die Angabe seiner Fundstellen. Vgl. F. Glum, Philosophen im Spiegel und Zerrspiegel. Deutschlands Weg in den Nationalismus und Nationalsozialismus, München 1954, S. 134–164.

20 José Ortega y Gasset, Der Aufstand der Massen, Reinbek 1961, S. 53. Der Doppelsinn des letzten Satzes ist schwer übersetzbar: »el derecho a non tener razón, la razón de la sinrazón« (die Vernunft der Nichtvernunft/der Grund des Nichtgrundes; La rebelión de las masas, Barcelona 1984, S. 94).

21 Vgl. W. K. Frankena, Analytische Ethik, 3. Aufl., München 1981, S. 37 ff., oder B. Williams, Morality (s. Anm. 10), S. 17 ff.

22 In einer in Politik überführten Ethik erschöpfen sich allerdings Nietzsches Beiträge zu einer Ethik nicht. Nietzsches Erschließung lebensweltlicher Strukturen von Freundschaft oder Kunst bleiben hier aus thematischen Gründen ausgespart. Interessante Überlegungen zu Nietzsches Machiavellismus bietet im Umkreis der analytischen Philosophie F. Waismann, Wille und Motiv, Stuttgart 1983 (Hg. J. Schulte), S. 177–180.

23 1931 erschien B. Mussolinis Drama »Campo di Maggio«, in welchem Napoleon als strahlender Held fallen mußte, weil er – nach seiner Rückkehr aus Elba – Frankreich eine Verfassung

gegeben hatte: der ›Dolchstoß‹ durch Fouché wurde so möglich (vgl. auch S. 101).

24 Vgl. K. R. Popper, The Open Society and its Enemies, London 1962. Dazu: R. Bambrough (Hg.), Platon, Popper und Politics, Cambridge 1967, sowie die gerecht abwägende Darstellung von Lothar Schäfer, Karl R. Popper, München 1988, S. 105 ff. und 169 f.

25 Ausführliche Bild- und Textbelege für Hitlers ästhetisch-politische Antikenverehrung und -Normierung bei: Klaus Backes, Hitler und die bildenden Künste. Kulturverständnis und Kunstpolitik im Dritten Reich, Köln 1988, bes. S. 49 ff. Zum Thema »Italofaschismus und Kultur« vgl. aus neuerer Sicht die Beiträge von Ph. V. Cannistaro und E. Braun, in: Emily Braun, Italian Art in the 20th Century, München/London 1989.

26 »Das Denken ist Aktivität, und das Gedachte ist Produkt der Aktivität, somit Ding. Die Aktivität als solche ist *causa sui* [Grund ihrer selbst] und daher Freiheit« (Il pensare è attività e il pensato è prodotto della attività, cioè cosa. L'attività come tale è *causa sui,* perciò libertà; Gentile, Teoria generale dello spirito come atto puro, 6. Aufl., Florenz 1959, S. 245).

27 Vgl. H. F. Peters, Zarathustras Schwester, Fritz und Lieschen Nietzsche – ein deutsches Trauerspiel, München 1983 (engl. New York 1977), S. 266 ff. und 278 ff.

28 W. Wundt, Die Nationen und ihre Philosophie. Ein Kapitel zum Weltkrieg, Leipzig 1916, S. 122 f. Friedrich Nietzsche, Worte für werdende Menschen. Eine Einführung in seine Werke von W. von Hauff, 4. neubearbeitete und erweiterte Auflage, Stuttgart 1939, S. 7 f. Vgl. Taureck, Nietzsche-ABC, Leipzig 1999, S. 238.

29 Vgl. dazu – sowie zu Simmel und Sombart – W. J. Mommsen, Der autoritäre Nationalstaat. Verfassung, Gesellschaft und Kultur im deutschen Kaiserreich, Frankfurt/Main 1990, S. 414 ff. und 420.

30 Vgl. G. Mensching, Die Weltreligionen, Wiesbaden 1981, S. 281. Ferner: M. Iqbal, Botschaft des Ostens, Hg. A. Schimmel, Tübingen/Basel 1977; Subash C. Kashyap, The Unknown Nietzsche, Delhi 1970, S. 191–209.

31 Charles Maurras, Ob der Staatsstreich möglich ist (Si le coup d'état est possible), in: Maurras, Enquête sur la Monarchie, Paris 1925, S. 541. Ausführlich zur Action française E. Nolte, Der Faschismus in seiner Epoche, 1986. Ferner: P. Moreau,

Weimarer Republik, Faschismus und Nationalsozialismus, in: I. Fetscher/H. Münkler (Hg.), Pipers Handbuch der politischen Ideen, München/Zürich 1987, Bd. 5, S. 341–351. »Es ist die Zeit der Könige nicht mehr: was heute noch Volk heisst, verdient keine Könige«: Der erste Satz Nietzsches ist von Ch. Andler (1979, Bd. I, S. 56 f.) als Zitat aus Hölderlin, Der Tod des Empedokles, 1. Fassung, nachgewiesen worden.

32 Vgl. H. Ottmann (1987), S. 4. Ottmann meidet allerdings Nietzsche/Faschismus-Bezüge.

33 H. F. Peters, Zarathustras Schwester, a. a. O., S. 300. Das Tannenberg-Denkmal war zur Erinnerung an den Sieg über Rußland im Ersten Weltkrieg errichtet worden. In seinem Ehrenhof hielt Hitler 1934 einen Nachruf auf Hindenburg an dessen Sarg.

34 Vgl. den Forschungsbericht von M. Theunissen, Die Verwirklichung der Vernunft. Zur Theorie-Praxis-Diskussion im Anschluß an Hegel, Philos. Rundschau 1970, Beiheft 6.

35 Franz Mehring, Zur Geschichte der Philosophie, Leipzig 1931, S. 188 ff. Vgl. auch ders., Geschichte der deutschen Sozialdemokratie II, Berlin-Ost 1960, S. 704.

36 Vgl. dazu aus meiner Sicht: Taureck, Philosophie und Metaphilosophie. Cuxhaven/Dartford 1998, bes. Nr. II.

37 Vgl. Jürgen Habermas, Die Verschlingung von Mythos und Aufklärung, Bemerkungen zur *Dialektik der Aufklärung* – nach einer erneuten Lektüre, in: K. H. Bohrer, Mythos und Moderne, Frankfurt/Main 1983, bes. S. 419 f.

38 Vgl. Habermas, a. a. O., und besonders: Der philosophische Diskurs der Moderne, 2. Aufl., Frankfurt/Main 1985, S. 104–130. Vgl. dazu auch meine Besprechung in: Nietzsche-Studien 16, 1987, bes. S. 467–473. Zum ersten Kritikpunkt vgl. auch: Habermas, Erkenntnis und Interesse, Frankfurt/Main 1973, bes. S. 362 ff. Vgl. auch mein: Habermas' Critique of Nietzsche's Critique of Reason, 1999.

39 Vgl. z. B. Habermas, Vorstudien und Ergänzungen zur Theorie des kommunikativen Handelns, 2. Aufl., Frankfurt/Main 1986, S. 109 ff. und S. 133 ff.

40 Zu einem neuen Vorschlag, die »ewige Wiederkehr« bei Nietzsche zu verstehen, vgl. Taureck, Philosophie und Metaphilosophie, a. a. O., Nr. IV. Vgl. ders., Nietzsche-ABC, 1999, S. 72–78.

41 Nietzsche verwendet das Wort »Ideologie« bzw. »ideologisch« bereits selber: vgl. VIII, 3, S. 266 u. 267, Nr. 15 [113]; VIII, 3, S. 275, Nr. 15 [120].

42 Kritisch zu Nietzsches Heraklitverständnis (über die bloße Aufzählung von Anspielungen hinaus) vgl. Taureck, Philosophie und Metaphilosophie, a. a. O., Nr. II und IV.

43 Über die Probleme der Philosophie eines verborgenen Leibes vgl. kritisch zu Nietzsche: Eric Blondel, Nietzsche, le corps et la culture, Paris 1986. Dazu meine Besprechung: Nietzsche-Studien 16, 1987.

44 Nietzsche lehnt entsprechend auch den Begriff des »Alls« ab, vgl. VIII, 1, S. 325, Nr. 7 [62].

45 Das ist ein Befund, der in Studien zu Nietzsches Rationalitätskonzept näher zu untersuchen wäre. Dabei wäre speziell Nr. 19 von »Jenseits von Gut und Böse« zu bedenken, d. h. die Analyse des Willensaktes als Fühlen, Denken und Affekt.

46 »Mein Kind, meine Schwester/Denke an das süße Glück/Fern von hier mit dir zu leben!/Ungestört zu lieben/zu lieben und zu sterben/Im Lande, das dir gleicht!«

47 »Nul ne différant alors de ses semblables, personne ne pourra exercer un pouvoir tyrannique; les hommes seront parfaitement libres, parce qu'ils seront tous entièrement égaux [...] Les avantages de l'égalité se font sentir dès à présent [...] l'égalité fournit chaque jour une multitude de petites jouissances à tous moments, et ils sont à la portée de tous; les plus nobles coeurs n'y sont pas insensibles, et les âmes les plus vulgaires en font leur délices [...] les peuples démocratiques [...] ont pour l'égalité une passion ardente [...] ils ne souffriront pas l'aristocratie« (Alexis de Tocqueville, De la démocratie en Amérique III, 1, Paris 1981, Bd. 2, S. 119 ff.).

48 Max Weber, Schriften, Hg. J. Winckelmann, 5. Aufl., Stuttgart 1973, S. 322. Heidegger, Was heißt Denken?, Tübingen 1961, S. 30 ff. Allerdings behalten Weber und Heidegger recht, solange man ihre Deutungen nur als Aspekte, nicht aber als Gesamtdeutungen des »Letzten Menschen« versteht.

49 »On peut donner pour certain que le XXIe siècle, autrement avancé que le nôtre, regardera Hitler et Staline comme des enfants de choeur« (E. M. Cioran, Le mauvais démiurge, Paris 1969, S. 146).

50 Nietzsches an Kant erinnernde Vorhersage, es werde einen europäischen Völkerbund geben (»Der Wanderer und sein Schatten«, Nr. 292), sollte nicht aus dem Kontext von »Menschliches, Allzumenschliches« isoliert werden, d. h. sollte die Behauptung kulturnotwendiger Vernichtungskriege nicht vergessen lassen.

51 Trotz W. Hänel, Hermann Rauschnings »Gespräche mit Hitler« – Eine Geschichtsfälschung, Ingolstadt 1984, gilt das Rauschning-Buch nach wie vor als primäre Quelle. Vgl. Jan Kershaw, Der NS-Staat. Geschichtsinterpretationen und Kontroversen im Überblick, Reinbek 1988, S. 246.

52 Der Satz mündet offenbar in einen Anakoluth. Gemeint ist: »[…] die zweite Schicht […] zu gewinnen, *d. h. diejenigen, die* […]«.

53 »paia, a verderlo et udirlo, tutto pietà, tutto fede, tutto integrità, tutto umanità, tutto religione« (Il principe Nr. 18).

54 Vgl. auch Machiavellis Bekenntnis zur Republik in den Discorsi II, 12: Nur in der Republik wird das Allgemeinwohl garantiert.

55 Gobineau, La Renaissance, Scènes historiques (1877). Das Werk preist den Individualismus, »le culte des héros et des hommes représentatifs, ce sera, avant Nietzsche, l'apologie du surhomme«. So Jean Mistler in seiner Ausgabe, Monaco 1947, S. XXVI. Übrigens hat Cosima Wagner auch über das Renaissance-Buch mit Gobineau korrespondiert (Mistler, a. a. O., S. XXIX).

56 Der von Montinari als einer der besten Nietzsche-Kenner bezeichnete J. Hofmiller schrieb, Nietzsche lebte geistig von zweiter Hand in den Mund (J. Hofmiller, Friedrich Nietzsche, Lübeck 1933, S. 34).

57 Vgl. Taureck, Philosophie und Metaphilosophie, a. a. O., Nr. I.

58 »Multa facit Deus, quae verbo suo non ostendit nobis, multa quoque ŭlt, quae verbo suo non ostendit sese velle.«

59 Max Weber: »Der wirklich radikale ›Machiavellismus‹ im populären Sinn dieses Wortes ist in der indischen Literatur im Athrashâstra des Kautilya […] klassisch vertreten; dagegen ist Machiavellis ›Principe‹ harmlos« (Schriften, a. a. O., S. 179). Auch bei Schopenhauer erscheint Kautilya nicht. Kautilya arbeitet mit einem System von Meuchelmördern, die auch Angehörige der für schuldig Gehaltenen nicht schonen. Der König soll als allwissend und als indirekte Verbindung mit den Göttern im Volksglauben leben. Mittel dazu sind: Agenten als Nonnen, Heilige und Asketen aller Art. Götterbilder als Versteck für Meuchelmörder. Religiöse Feste als Gelegenheiten, um Anschläge gegen politische Feinde durchzuführen. Vgl. G. von Simson, Das Alte Indien, in: Fetscher/Münkler (Hg.), Pipers Handbuch der politischen Ideen, München/Zürich 1988, S. 96 ff.

60 Vgl. ausführlicher dazu: Taureck, Nihilismus und Christentum. Ein Beitrag zur philosophischen Klärung von Nietzsches Verhältnis zum Christentum, in: Wissenschaft und Weltbild 1973/2, S. 115–133.
61 Zu Pascal und de Sade vgl. Taureck, Französische Philosophie im 20. Jahrhundert, a. a. O., S. 242 ff.
62 Vgl. dazu Ottmann (1987), S. 307–309.
63 Heinrich Heine, Zur Geschichte der Religion und Philosophie in Deutschland, in: Sämtliche Werke, Hg. H. Kaufmann.
64 Vgl. R. Saage, Der italienische und der deutsche Faschismus, in: Fetscher/Münkler (Hg.), Politikwissenschaft, Reinbek 1985, S. 485. Vgl. auch die von Jan Kershaw zusammengestellten Listen der Verschiedenheiten bzw. Übereinstimmungen zwischen Italo- und Germanofaschismus, a. a. O., S. 78 u. S. 81. Es sei an dieser Stelle hinzugefügt: Die historische Italofaschismus-Erforschung übergeht Nietzsches Präsenz bei Mussolini. Weder bei de Felice, noch bei Gregor taucht der Name Nietzsches auf: Vgl. R. de Felice, Mussolini il fascista, Turin 3/1968, 2 Bände; A. J. Gregor, Young Mussolini and the Intellectual Origins of Fascism, Berkeley/Los Angeles/London 1979; ders., Italian Fascism and Developmental Dictatorship, Princeton 1979. Die Ausnahme bilden die frühen Arbeiten von Ernst Nolte.
65 Vgl. Heraklit, Fragment 59, dessen Interpretation als Bewegung einer Schraube allerdings nicht authentisch heraklitisch ist.
66 J. Derrida, Otobiographies, Paris 1984, bes. S. 83 f.
67 Vgl. Clément Rosset, Le principe de cruauté, Paris 1988. Dazu: Taureck, Philosophie und Metaphilosophie, a. a. O., S. 142.
68 Es existieren sicher noch weitere Entsprechungen zwischen Nietzsche und Montaigne: Sprachkritik, keine Teleologie für das Individuum, Bereitschaft zur Wiederholung des eigenen Lebens (III, 2). Dazu: Taureck, Nietzsches Alternativen zum Nihilismus. Hamburg 1991.
69 Vgl. VII, 2, S. 75, Nr. 25 [258]; VII, 2, S. 210, Nr. 26 [241]. Kritische Vorbehalte gegen den französischen Nietzscheanismus – der oft das Gegenteil Nietzschescher Gedanken behaupte – äußert C. Rosset, Le philosophe et les sortilèges, Paris 1985, S. 81.
70 Vgl. Michel Foucault, Dispositive der Macht, Berlin 1978, S. 228.
71 Vgl. René Girard, Système du délire – à propos de l'*Anti-*

Œdipe, in: Girard, Critique dans un souterrain, Paris 1976, S. 199–251.

72 Baudrillards Faschismus-Argumentation stellt sich eigentümlich dar (vgl. dazu ausführlich Taureck 1988). Die Ausgangsthese bildet der zunehmende *Verlust von wirklichen Referenten* in der okzidentalen Kultur. Wir leben ohne Referenten für unsere Zeichen, d. h. ohne Geschichte. Wir *simulieren* nur noch geschichtliche Wirklichkeit. In dieser »Leukämie der Geschichte und des Politischen« entsteht eine »rückwärts gewandte« Sehnsucht nach Zuständen, wo es »wenigstens noch Gewalt (auch wenn sie faschistisch war) gab«. Es sei allerdings naiv, aus der faschistischen Simulation z. B. der Kino- und Fernsehfilme auf eine »aktuelle Erneuerung des Faschismus« zu schließen (Baudrillard, Simulacres et simulation, Paris 1981, S. 70 f.). Soweit der *kritische* Baudrillard. In einer längeren Fußnote zu diesen Ausführungen (auf die oben im Text Bezug genommen wird) *wandelt* sich diese Kritik *unter der Hand* in eine Erklärung des Faschismus (Widerstand gegen den Referenzverlust), die sich schließlich mit einer provokativen *Rechtfertigung* paart: Faschismus sei Widerstand gegen etwas »noch Schlimmeres« gewesen.

73 Zu Lyotard in dieser Hinsicht: Taureck 1988, Text 25 und Kommentar. Vgl. auch meinen Beitrag in: Reese-Schäfer/Taureck (Hg.), Lyotard, 2. Aufl. 1990.

74 »Nietzsche n'est pas une nourriture – c'est un excitant.«

75 Zitiert nach B. H. F. Taureck, Michel Foucault, Reinbek 1997, S. 108.

76 Vgl. Taureck 1997, a. a. O., S. 107.

77 Dazu Taureck 1997, a. a. O., S. 105–107.

78 Dazu ausführlicher Taureck, Nihilismus und Christentum (Taureck 1973).

79 Die Bedeutung von »Macht« als »one actor's ability to make another do something that the latter ›would not otherwise do‹« stammt von Robert Dahl. Sie bleibt der Ausgangspunkt aller späteren Theorien der Macht. Vgl. dazu den Überblick von Terence Ball, Power, in: A Companion to Contemporary Political Philosophy, ed. by R. E. Goddin and P. Pettit, Oxford 1996, S. 558–568.

80 M. Foucault, Wahnsinn und Gesellschaft. Eine Geschichte des Wahns im Zeitalter der Vernunft, Frankfurt/Main 1973, S. 94. Vgl. dazu B. H. F. Taureck, Michel Foucault, Reinbek 1997, S. 44 ff.

81 M. Foucault, Überwachen und Strafen. Die Geburt des Gefängnisses, Frankfurt/Main 1976, S. 33.

82 Foucault, Überwachen und Strafen, a. a. O., S. 215. Vgl. Taureck, Michel Foucault, a. a. O., S. 96.

83 E. Flaig, Artikel »Sklaverei« in: Historisches Wörterbuch der Philosophie, Basel 1995, Bd. 9, S. 983.

84 Jean-Jacques Rousseau, Du contrat social I.3 und I.4, Paris 1963 (Classiques Garnier), S. 238 f.

85 Rousseau, ebenda, S. 238.

86 Rousseau, a. a. O., S. 237.

87 Vgl. Barington Moore, Soziale Ursprünge von Diktatur und Demokratie. Die Rolle der Grundbesitzer und Bauern bei der Entstehung der modernen Welt, Frankfurt/Main 1969, S. 153.

88 Ich folge hier Ulrich Menzel, Globalisierung und Fragmentierung, Frankfurt/Main 1998, S. 244 ff.

89 Die Gruppe von Lissabon, Grenzen des Wettbewerbs. Die Globalisierung der Wirtschaft und die Zukunft der Menschheit, München 1997 (engl. Original 1995), S. 135.

90 Vgl. Taureck, Nietzsche-ABC 1999, Artikel »Dante«, S. 52–53.

Literatur

Nietzsches Schriften

Nietzsches Schriften und Briefe werden, sofern es sich um die von ihm selbst veröffentlichten bzw. zur Veröffentlichung redigierten Schriften handelt, nach deren Bezifferung bzw. Datierung zitiert. Das ermöglicht die problemlose Benutzung verschiedener Ausgaben seitens des Lesers. Hinsichtlich des ausgedehnten Nachlasses Nietzsches wird nach der von Colli und Montinari besorgten Edition zitiert, deren komplizierte Numerierung übernommen wurde, die in den beiden verwendeten Ausgaben identisch ist: (1.) Kritische Studienausgabe, München 1980; (2.) Kritische Gesamtausgabe, Berlin/New York. In der Regel wird aus Nietzsches Nachlaß nach den Bänden von (2.) zitiert, d. h. den fünf Bänden von VII, 2 bis VIII, 3, Berlin/New York 1972–74.

Verzeichnis der verwendeten Literatur

Adorno, Th. W. (1961): Noten zur Literatur II, Frankfurt/Main.

– (1982): Minima Moralia. Reflexionen aus dem beschädigten Leben, Frankfurt/Main.

Algermissen, K. (1946): Nietzsche und das Dritte Reich, Celle.

Andler, Ch. (1979): Nietzsche, sa vie et sa pensée, Paris (zuerst 1920).

Andreas-Salomé, L. (1968): Lebensrückblick, 4. Aufl., Frankfurt/Main.

Aschheim, S. E. (1998): Nietzsche und die Deutschen. Karriere eines Kults, Stuttgart und Weimar (engl. Original 1992).

Augstein, R. (1981): Ein Nietzsche für Grüne und Alternative? in: Der Spiegel, Nr. 24, S. 156 ff.

Backes, K. (1988): Hitler und die bildenden Künste, Köln.

Baeumler, A. (1937 a): Nietzsche und der Nationalsozialismus, in: Studien zur deutschen Geistesgeschichte, Berlin.

– (1937 b): Der Kampf um den Humanismus, in: Politik und Erziehung, Berlin.

– (1943 a): Alfred Rosenberg und der Mythus des 20. Jahrhunderts, München.

– (1943 b): Weltdemokratie und Nationalsozialismus, Berlin.
Ball, T. (1996): Power, in: A Companion to contemporary Political Philosophy, ed. Goddin/Pettit, Oxford.
Bargemann, W. (1960): Der Weg der Medizin seit dem 19. Jahrhundert, in: Propyläen Weltgeschichte, Hg. Golo Mann, Bd. 9, Berlin/Wien/Frankfurt.
Barth, H. (1974): Wahrheit und Ideologie, Frankfurt/Main.
Barthel, E. (1947): Nietzsche als Verführer, Baden-Baden.
Barthes, R. (1973): Le plaisir du texte, Paris.
Bataille, G. (1973): Oeuvres complètes, Tome VI, Paris.
– (1976): Oeuvres complètes, Tome VII, Paris.
Baudrillard, J. (1981): Simulacres et simulation, Paris.
Bergmann, P. (1987): Nietzsche: »The Last Antipolitical German«, Bloomington/Indianapolis.
Breuer, S. (1987): Friedrich Nietzsche, in: Fetscher/Münkler (Hg.), Pipers Handbuch der politischen Ideen. München/ Zürich, Bd. 5.
Buhr, M. (1988): Es geht um das Phänomen Nietzsche!, in: Sinn und Form, Heft 40/1.
Burckhardt, J. (1955): Die Kultur der Renaissance in Italien. Ein Versuch, Basel (zuerst 1869).
– (o. J.): Briefe, hrsg. von M. Burckhardt, Basel.

Calandra, G. (1987): Gentile e il facismo, Rom/Bari.
Cioran, E. M. (1969): Le mauvais démiurge, Paris.
Conway, D. W. (1997): Nietzsche and the Political, London/New York.

Dalí, S. (1984): Diario de un genio, Barcelona.
Dannhauser, W. J. (1987): Friedrich Nietzsche, in: Leo Strauss und Joseph Cropsey (ed.), History of Political Philosophy, 3. Aufl., Chicago/London, S. 829–851.
Deleuze, G. (1968 a): Différence et répétition, Paris.
– (1968 b): Logique du sens, Paris.
Deleuze, G./Guattari, F. (1980): Capitalisme et schizophrénie II. Mille plateaux, Paris.
Derrida, J. (1972): Marges de la Philosophie, Paris.
– (1984): Otobiographies, Paris.

Evola, G. (1933): Heidnischer Imperialismus, Berlin.
– (1935): Erhebung wider die moderne Welt, Stuttgart/Berlin.
– (1941): Die arische Lehre von Kampf und Sieg, Wien.

Felice, R. de (1976): Intervista sul fascismo, 6. Aufl., Rom/Bari.
– (1977): Le interpretationi del fascismo, 8. Aufl., Rom/Bari.
Ferry, L./Renault, A. (1985): La pensée 68, Paris.
Fest, J. C. (1974): Hitler, Frankfurt u. a.
Fischer, K. R. (1977): Nazism as a Nietzschean ›Experiment‹, in: Nietzsche-Studien 6.
Flaig, E. (1995): Artikel »Sklaverei« in: Historisches Wörterbuch der Philosophie, Basel, Bd. 9.
Foucault, M. (1997): Il taut faict défendre la société, Paris.

Gentile, G. (1928): Fascismo e cultura, Mailand.
– (1959): Teoria generale dello spirito come atto puro, Florenz.
Glum, F. (1954): Philosophen im Spiegel und Zerrspiegel. Deutschlands Weg in den Nationalismus und Nationalsozialismus, München.
Gobineau, J. A. de (1939): Versuch über die Ungleichheit der Menschenrassen, 5 Bde., Stuttgart.
Gregor, A. J. (1979): Italian Fascism and Developmental Dictatorship, Princeton.
Günther, H. F. K. (1928): Platon als Hüter des Lebens. Platons Zucht- und Erziehungsgedanken und deren Bedeutung für die Gegenwart, München.

Habermas, J. (1983): Die Verschlingung von Mythos und Aufklärung. Bemerkungen zur *Dialektik der Aufklärung* – nach einer erneuten Lektüre, in: K. H. Bohrer, Mythos und Moderne, Frankfurt/Main.
– (1985): Der philosophische Diskurs der Moderne, 2. Aufl., Frankfurt/Main.
Harich, W. (1987): ›Revision des marxistischen Nietzschebildes?‹, in: Sinn und Form, Heft 39/7.
Harth, H./Stölting, E. (1987): Ästhetische Faszination und Demagogie. Zur Entstehung des »faschistischen Stils« in Italien, in: Romanistische Zeitschrift für Literaturgeschichte, 11.
Heidegger, M. (1954): Überwindung der Metaphysik, in: Vorträge und Aufsätze, Pfullingen.
Hillebrand, B. (1978): Nietzsche und die deutsche Literatur, Tübingen.
Hitler, A. (1981): Tischgespräche, Hg. H. Picker, o. O.
Hofmann, H. (1974): Nietzsche, in: Klassiker des politischen Denkens, Hg. H. Maier, H. Rausch, H. Denzer, München, Bd. 2.
Hofmiller, J. (1933): Friedrich Nietzsche, Lübeck.

Holz, H. H. (1989): Aspekte einer marxistischen Nietzsche-Kritik, in: Deutsche Zeitung für Philosophie, Nr. 2.
– (1998): Wenn Marxisten noch streiten. Linker Schwindel angesichts des Bodenlosen, in: du, die Zeitschrift der Kultur 6.

Jünger, E. (1932): Der Arbeiter. Herrschaft und Gestalt, Hamburg.
– (1934): Die totale Mobilmachung, 2. Aufl., Berlin.
– (1980): Strahlungen, 8. Aufl., Stuttgart (zuerst 1949).

Kapp, V. (Hg.) (1994): Italienische Literaturgeschichte, Stuttgart/Weimar.
Kashyap, S. L. (1970): The Unknown Nietzsche. His Socio-Political Thought and Legacy, Delhi.
Kaufmann, W. (1974 a): Nietzsche. Philosopher, Psychologist, Antichrist, 4. Aufl., Princeton.
– (1974 b): Jenseits von Schuld und Gerechtigkeit. Von der Entscheidungsangst zur Autonomie, Hamburg (engl. Original 1973).
Kershaw, J. (1988): Der NS-Staat. Geschichtsinterpretationen und Kontroversen im Überblick, Reinbek.
Kirchhoff, J. (1990): Nietzsche, Hitler und die Deutschen, Berlin.
Kühnl, R. (1979): Faschismustheorien, 2 Bde., Reinbek.

Langbehn, J. (1944): Rembrandt als Erzieher, Berlin.
Lange-Eichbaum, W. (1947): Nietzsches Krankheit und Wirkung, Hamburg.
– (1961): Genie, Irrsinn und Ruhm. Bearbeitet von W. Kurth, München/Basel.
Langreder, H. (1971): Die Auseinandersetzung mit Nietzsche im Dritten Reich. Ein Beitrag zur Wirkungsgeschichte Nietzsches, Dissertation, Kiel.
Laruelle, F. (1977): Nietzsche contre Heidegger. Thèses pour une politique nietzschéenne, Paris.
Lefebvre, H. (1975): Hegel-Marx-Nietzsche ou le royaume des ombres, Tournai.
Ludwig, E. (1932): Gespräche mit Mussolini, Leipzig.
Lukács, G. (1962): Die Zerstörung der Vernunft, Neuwied/Berlin.

Malorny, H. (1989): Zur Philosophie Friedrich Nietzsches, Berlin.
Mann, G. (1959): Deutsche Geschichte des neunzehnten und zwanzigsten Jahrhunderts, Frankfurt/Main.

Mann, Th. (1947): Nietzsche's Philosophie im Lichte unserer Erfahrung (zit. nach Hillebrand, 1978).

Marti, U. (1993): Der große Pöbel- und Sklavenaufstand. Nietzsches Auseinandersetzung mit Revolution und Demokratie, Stuttgart.

Martin, A. von (1948): Geistige Wegbereiter des deutschen Zusammenbruchs. Hegel. Nietzsche. Spengler, Recklinghausen.

Maurras, Ch. (1925): Enquête sur la monarchie, Paris.

Michel, H. (1984): Les fascismes, 4. Aufl., Paris.

Michelini, G. (1978): Nietzsche nell' Italia di D'Annunzio, Palermo.

Moeller van den Bruck, A. (1931): Das dritte Reich, 3. Aufl., Hamburg/Berlin/Leipzig.

Mommsen, W. J. (1990): Der autoritäre Nationalstaat. Verfassung, Gesellschaft und Kultur im deutschen Kaiserreich, Frankfurt/Main.

Montemaggiori, A. (1934): Dizionario della dottrina fascista, Turin.

Montinari, M. (1982): Nietzsche lesen, Berlin/New York.

Mussolini, B. (1951): Opera Omnia, Florenz.

Nietzsche and Politics (1999), ed. J. Scott, The Southern Journal of Philosophy, vol. XXXVII, supplement, Memphis (mit Beiträgen u. a. von A. Nehamas, C.-A. Scheier, B. Magnus).

Nolte, E. (1960): Marx und Nietzsche im Sozialismus des jungen Mussolini, in: Historische Zeitschrift 191.

– (1986): Der Faschismus in seiner Epoche. Action française, Italienischer Faschismus, Nationalsozialismus, 7. Aufl., München.

Oduev, S. F. (1977): Auf den Spuren Zarathustras, Köln (Original Moskau 1971).

Oehler, R. (1935): Friedrich Nietzsche und die deutsche Zukunft, Leipzig.

Ottmann, H. (1987): Philosophie und Politik bei Nietzsche, 2. erw. Aufl. 1999, Berlin/New York.

Pepperle, H. (1986): Revision des marxistischen Nietzsche-Bildes, in: Sinn und Form, Heft 38/5.

Peters, H. F. (1983): Zarathustras Schwester. Fritz und Lieschen Nietzsche. Ein deutsches Trauerspiel, München (Original New York 1977).

Petzold, J. (1983): Wegbereiter des deutschen Faschismus. Die Jungkonservativen in der Weimarer Republik, Berlin-Ost und Köln.
Picker, H. (1981): Hitlers Tischgespräche, o. O.

Rauschning, H. (1973): Gespräche mit Hitler, Zürich/Wien (zuerst 1940).
Reese-Schäfer, W./Taureck, B. H. F. (Hg.) (1989): Lyotard, Cuxhaven.
Ritter, G. (1948): Die Dämonie der Macht, München.
Rorty, R. (1995): A Spectre Haunting the Intellectuals, in: European Journal of Philosophy 3:3.
Rosenberg, A. (1935): Der Mythus des 20. Jahrhunderts. Eine Wertung der Seelisch-geistigen Gestaltenkämpfe unserer Zeit, 74. Aufl., München.

Saage, R. (1985): Der italienische und der deutsche Faschismus, in: I. Fetscher/H. Münkler (Hg.), Politikwissenschaft, Reinbek.
Salinari, E. (1976): Miti e coscienza del decadentismo italiano, Mailand.
Sandvoss, E. (1969): Hitler und Nietzsche, Göttingen.
Schnädelbach, H. (1987): Vernunft und Geschichte, Frankfurt/Main.
Schottlaender, R. (1988): Richtiges und Wichtiges, in: Sinn und Form, Heft 40/1.
Spengler, O. (1973): Der Untergang des Abendlandes. Umrisse einer Morphologie der Weltgeschichte, 2. Aufl., München.
Stackelberg, R. (1988): Nietzsche und der Nationalsozialismus (Vortrag vom 30. 9. 1988 in Sils-Maria).
Steding, Ch. (1938): Das Reich und die Krankheit der europäischen Kultur, Hamburg.
Stirner, M. (1970): Der Einzige und sein Eigentum und andere Schriften, Hg. H. G. Helms, 3. Aufl., München.
Strong, T. B. (1988): Friedrich Nietzsche and the Politics of Transfiguration. Erweiterte Auflage, Berkeley/Los Angeles/London.

Taureck, B. H. F. (1973): Nihilismus und Christentum. Ein Beitrag zur philosophischen Klärung von Nietzsches Verhältnis zum Christentum, in: Wissenschaft und Weltbild, Bd. 2.
– (1984): La scepsi di Nietzsche, in: Friedrich Nietzsche o la verità come problema. Hg. G. Penzo, Bologna.

– (1985): Selbstbezügliche Konsistenz bei Nietzsche?, in: Nietzsche-Studien 14.
– (1987): Destruktivistisch-Konstruktivistische Nietzsche-Zerstörungsversuche, in: Nietzsche-Studien 16.
– (1988): Französische Philosophie im 20. Jahrhundert, Reinbek.
– (1989): Philosophie und Metaphilosophie, erw. 2. Aufl. 1999, Cuxhaven u. Dartford.
– (1991): Nietzsches Denken des Nihilismus, Hamburg.
– (1992): Ethikkrise, Krisenethik, Reinbek.
– (1995): Nietzsche: Zwischen Aufklärung, Faschismus und 21. Jahrhundert, in: Friedrich Nietzsche (1844–1900). Beiträge zur Nietzsche-Forschung anläßlich des Jubiläumsjahres, Hg. S. S. Gehlhaar, Cuxhaven/Dartford, S. 79–87.
– (1997): M. Foucault, Reinbek.
– (1998): Vorwort zur holländischen Ausgabe »Nietzsche en het Fascisme«, übersetzt von P. Hijmans, Best.
– (1998): Decentring Humanity: Nietzsche's Debt to Montaigne and Others. New Nietzsche Studies, The Journal of the Nietzsche Society, vol. 2:3/4, S. 93–111.
– (1999): Habermas' Critique of Nietzsche's Critique of Reason. In B. Babich und R. S. Cohen (ed.), Theories of Knowledge, and Critical Theory: Nietzsche and the Sciences I, Dordrecht/Boston/London, S. 289–294.
– (1999): Nietzsche-ABC, Leipzig.

Valéry, P. (1973): Cahiers, Bd. I, Paris.
– (1974): Cahiers, Bd. II, Paris.
Verdone, M. (1994): Il futurismo, Rom.

Weber, M. (1980): Wirtschaft und Gesellschaft, 5. Aufl., Tübingen.
– (1988): Gesammelte Aufsätze zur Religionssoziologie II, 7. Aufl., Tübingen.
Westernhagen, C. von (1936): Nietzsche, Juden, Antijuden; Weimar.
Wippermann, W. (1989): Faschismustheorien. Zum Stand der gegenwärtigen Diskussion, Darmstadt.
Wundt, W. (1916): Die Nationen und ihre Philosophie. Ein Kapitel zum Weltkrieg, Leipzig.

Personenregister

Sachregister